최상위권 독해의 비결, **추론**

KB080482

추론독해

5

초등 국어 **5단계**

5 · 6학년 권장

용선생 추론독해가 필요한 이유

추론을 잡아야 독해가 된다

글에는 모든 정보가 다 담겨 있지 않습니다. 읽는 이가 알 만한 정보나 맥락상 알 수 있는 내용은 생략되어 있지요. 그러니 독해를 잘하려면 문맥을 통해 생략된 정보를 짐작하고, 글의 내용과 배경지식을 연결 지으며 읽을 수 있어야 합니다. 이것이 추론입니다.

새 국어과 교육과정에서도 추론적 읽기가 강화되었습니다. 글의 내용을 제대로 정확하게 읽어 내는 능력이 '추론'에 달려 있기 때문입니다.

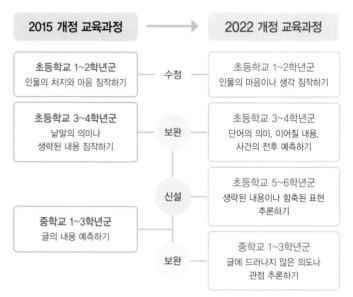

2015 개정 교육과정		2022 개정 교육과정
초등학교 1~2학년군 인물의 처지와 마음 짐작하기	수정	초등학교 1~2학년군 인물의 마음이나 생각 짐작하기
초등학교 3~4학년군 낱말의 의미나 생략된 내용 짐작하기	보완	초등학교 3~4학년군 단어의 의미, 이어질 내용, 사건의 전후 예측하기
	신설	초등학교 5~6학년군 생략된 내용이나 함축된 표현 추론하기
중학교 1~3학년군 글의 내용 예측하기	보완	중학교 1~3학년군 글에 드러나지 않은 의도나 관점 추론하기

▲ 추론적 읽기가 강화된 2022 개정 국어과 교육과정

용선생 추론독해가 특별한 이유

읽기 이론과 교육과정에 기초한
체계적인 커리큘럼

단계가 올라갈수록

\# 전략은_심화되고
\# 지문은_길어지고
\# 핵심은_더_꼼꼼하게
\# 어휘는_더_탄탄하게

		1단계	2단계
내용 이해		① 문장 이해하기 (기초) ② 문장 부호 알기 (기초) ③ 중심 낱말 찾기 ④ 글의 내용 확인하기 ⑤ 누가 무엇을 했는지 알기 ⑥ 인물의 생각 알기	① 중심 문장 찾기 ② 설명하는 대상의 특징 찾기 ③ 인물의 마음 변화 알기 ④ 장면 떠올리며 읽기 ⑤ 의견과 까닭 파악하기
구조·표현 파악			⑥ 중요한 내용 정리하기 ⑦ 장소 변화에 따라 일이 일어난 차례 알기
추론		⑦ 시간 흐름에 따라 일이 일어난 차례 알기 ⑧ 꾸며 주는 말 알기	⑧ 뒷이야기 상상하기 ⑨ 인물의 모습과 행동 상상하기 ⑩ 알맞은 문장 짐작하기
평가		⑨ 인물의 마음 짐작하기 ⑩ 알맞은 낱말 짐작하기	⑪ 글쓴이의 의견과 나의 의견 비교하기
창의		⑪ 글쓴이의 생각 판단하기 ⑫ 일상생활에 적용하기	⑫ 자료에 적용하기

- 500~800자의 지문
- 생활문(감상문, 기행문, 일기, 편지글 등), 설명문, 논설문
- 전래 동화, 창작 동화, 세계 명작 동화, 동시, 극
- 비슷한 말, 반대되는 말, 헷갈리는 말, 관용 표현 학습

논리적 추론을 위한 전략·문제·연습

빈틈없는 추론 전략

인물의 마음·행동·가치관 짐작하기, 생략된 낱말과 문장 짐작하기, 낱말의 뜻 짐작하기, 이어질 내용 짐작하기, 함축된 표현의 의미 추론하기, 작가의 의도 짐작하기 등 추론적 사고력을 향상시키는 읽기 전략을 빠짐없이 구성하였습니다.

다양한 추론 문제

추론은 아이들이 문제를 풀 때 가장 어려워하는 유형입니다. 다양하고 질 좋은 ★추론 문제를 통해 추론 능력을 탄탄히 다질 수 있습니다.

효과적인 추론 연습

문제 아래에 💡어떻게 알았나요?를 두어, 문제를 풀 때 글 속에서 근거를 찾는 방법을 연습하게 하였습니다. 이는 글에 드러난 정보에 기반하여 내용을 능동적으로 추론하며 읽는 습관을 길러 줄 것입니다.

3단계	4단계	5단계	6단계
① 중심 문장과 뒷받침 문장 알기	① 글의 주제 찾기	① 글쓴이의 관점 파악하기	① 글의 종류에 따라 다르게 읽기
② 사실과 의견 구별하기	② 인물, 사건, 배경 알기	② 인물의 갈등 이해하기	② 말하는 이 파악하기
③ 글의 목적 파악하기			
	③ 감각적 표현 알기	③ 비유하는 표현 이해하기	③ 반어와 역설 이해하기
④ 글의 내용 간추리기	④ 원인과 결과 파악하기	④ 설명 방법 알기: 정의, 예시, 열거, 인과	④ 설명하는 글의 짜임 알기
⑤ 이야기의 내용 간추리기	⑤ 주장과 근거 파악하기	⑤ 설명 방법 알기: 비교, 대조	⑤ 주장하는 글의 짜임 알기
⑥ 시의 특징 알기		⑥ 설명 방법 알기: 분류, 분석	
	⑥ 뒷받침 문장 짐작하기		⑥ 함축된 표현의 의미 추론하기
⑦ 낱말의 뜻 짐작하기	⑦ 어울리는 시각 자료 짐작하기	⑦ 소재의 의미 추론하기	⑦ 작품의 시대 상황 추론하기
⑧ 이어 주는 말 짐작하기	⑧ 인물의 성격 파악하기	⑧ 인물이 추구하는 가치 추론하기	⑧ 작가의 의도 해석하기
⑨ 이야기의 분위기 파악하기	⑨ 이어질 내용 짐작하기	⑨ 생략된 내용 추론하기	
			⑨ 표현의 적절성 판단하기
⑩ 인물의 행동 평가하기	⑩ 뒷받침 문장의 적절성 판단하기	⑩ 내용의 타당성 판단하기	⑩ 글쓴이의 관점 평가하기
⑪ 서로 다른 의견 비교하기	⑪ 근거의 타당성 판단하기	⑪ 두 글의 관점 분석하기	
			⑪ 구체적인 상황에 적용하기
⑫ 인물의 가치관을 삶에 적용하기	⑫ 질문하며 읽기	⑫ 자료를 통해 문제 해결하기	⑫ 두 글을 통합적으로 읽기

- 700~1,100자의 지문
- 인문·사회·과학·예술 영역의 설명문, 논설문
- 고전 소설, 현대 소설, 세계 명작 소설, 현대 시, 현대 수필
- 내용 구조화로 핵심 정리
- 다의어, 동형어, 헷갈리는 말, 한자어 학습

- 900~1,300자의 지문
- 인문·사회·과학·예술 영역의 설명문, 논설문
- 고전 소설, 현대 소설, 세계 명작 소설, 현대 시, 현대 수필
- 문단별 요약으로 핵심 정리
- 다의어, 동형어, 헷갈리는 말, 뜻을 더하는 말, 한자어 학습

추론독해의 구성과 특징

읽기 전략

개념 설명을 읽고 확인 문제를 풀어 보며
초등 5~6학년 수준에서 필수적인 읽기 전략을 익힙니다.

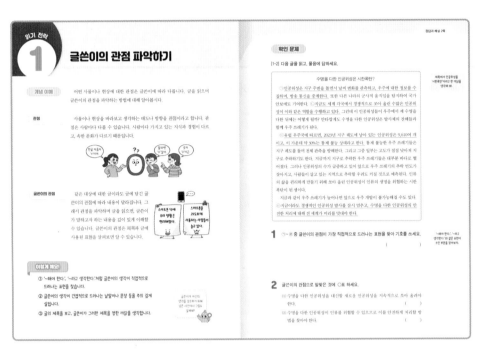

개념 이해
읽기 전략을 쉽게 이해할 수 있도록 재미있는 그림과 함께 제시하였습니다.

이렇게 해요!
읽기 전략을 사용하는 방법을 간단히 정리하였습니다.

확인 문제
짧은 지문과 적용 문제를 통해 읽기 전략을 제대로 이해했는지 점검할 수 있게 하였습니다.

연습

비교적 쉬운 지문과 4개의 중요 문제로
독해의 기본기를 다집니다.

📖 교과 연계
지문 내용과 연계된 교과목 및 단원을 제시하였습니다.

어휘 풀이
지문 속 어려운 어휘를 한자와 함께 풀이해 주었습니다. 왼쪽 체크 박스를 활용해 학습 여부를 확인할 수 있습니다.

전략 적용
읽기 전략을 적용해 풀어야 하는 문제를 표시해 두었습니다.

💡 어떻게 알았나요?
답을 어떻게 찾았는지 써 보며 지문에서 답을 찾는 습관을 들일 수 있게 하였습니다.

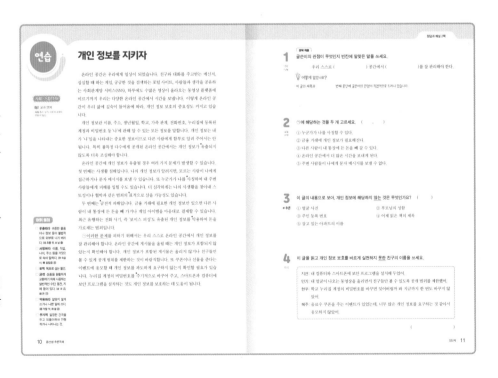

실전 다양한 영역의 지문과 5개의 문제, 지문의 요점을 파악하는 핵심 정리,
어휘 확인 및 확장 학습을 통해 남다른 독해 실력을 쌓습니다.

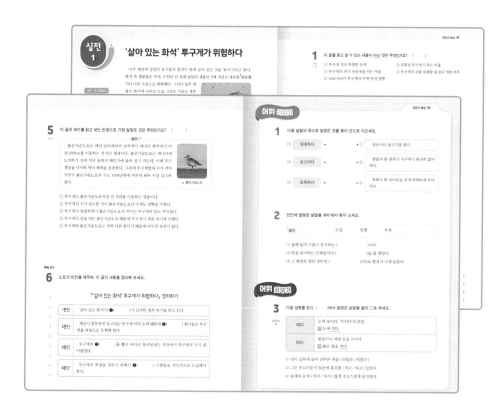

핵심 정리

지문의 내용을 스스로 요약하고 핵심어를 복습할 수 있게 하였습니다.

어휘 다지기

지문에서 배운 어휘를 다시 한 번 확인하며 어휘 실력을 탄탄히 다질 수 있게 하였습니다.

어휘 키우기

어휘 지식을 확장할 수 있도록 지문과 관련된 다의어, 동형어, 헷갈리는 말, 뜻을 더하는 말, 한자어 학습을 구성하였습니다.

정답과 해설 정답을 빠르게 확인할 수 있는 정답표,
친절하고 자세한 해설을 제공하였습니다.

오답 피하기

오답이 오답인 이유를 명쾌하게 설명하였습니다.

이 문제를 틀렸다면

문제에 대한 힌트를 주어, 틀린 문제를 다시 풀어 보고 정답을 찾을 수 있게 하였습니다.

차례

읽기 전략
1

글쓴이의 관점 파악하기

개념 이해

어떤 사물이나 현상에 대한 관점은 글쓴이에 따라 다릅니다. 글을 읽으며 글쓴이의 관점을 파악하는 방법에 대해 알아봅시다.

관점

사물이나 현상을 바라보고 생각하는 태도나 방향을 관점이라고 합니다. 관점은 사람마다 다를 수 있습니다. 사람마다 가지고 있는 지식과 경험이 다르고, 속한 문화가 다르기 때문입니다.

글쓴이의 관점

같은 대상에 대한 글이라도 글에 담긴 글쓴이의 관점에 따라 내용이 달라집니다. 그래서 관점을 파악하며 글을 읽으면, 글쓴이가 말하고자 하는 내용을 깊이 있게 이해할 수 있습니다. 글쓴이의 관점은 제목과 글에 사용된 표현을 살펴보면 알 수 있습니다.

이렇게 해요!

① '~해야 한다.', '~라고 생각한다.'처럼 글쓴이의 생각이 직접적으로 드러나는 표현을 찾습니다.

② 글쓴이의 생각이 간접적으로 드러나는 낱말이나 문장 등을 주의 깊게 살핍니다.

③ 글의 제목을 보고, 글쓴이가 그러한 제목을 정한 까닭을 생각합니다.

> 글쓴이가 자신의 생각을 강조하기 위해 넣은 사진이나 그림도 살펴봐!

확인 문제

[1~2] 다음 글을 읽고, 물음에 답하세요.

제목에서 인공위성을 '시한폭탄'이라고 한 까닭을 생각해 봐.

수명을 다한 인공위성은 시한폭탄?

㉠인공위성은 지구 주변을 돌면서 날씨 변화를 관측하고, 우주에 대한 정보를 수집하며, 방송 통신을 중계한다. 또한 다른 나라의 군사적 움직임을 탐지하여 국가 안보에도 기여한다. ㉡지금도 세계 각국에서 경쟁적으로 쏘아 올린 수많은 인공위성이 이와 같은 역할을 수행하고 있다. 그런데 이 인공위성들이 우주에서 제 수명을 다한 뒤에는 어떻게 될까? 안타깝게도 수명을 다한 인공위성은 발사체의 잔해들과 함께 우주 쓰레기가 된다.

㉢유럽 우주국에 따르면, 2023년 지구 궤도에 남아 있는 인공위성은 9,610여 개이고, 이 가운데 약 30%는 통제 불능 상태라고 한다. 통제 불능한 우주 쓰레기들은 지구 궤도를 돌며 천체 관측을 방해한다. 그리고 그중 일부는 고도가 점점 낮아져 지구로 추락하기도 한다. 지금까지 지구로 추락한 우주 쓰레기들은 대부분 바다로 떨어졌다. 그러나 인공위성의 수가 급증하고 있어 앞으로 우주 쓰레기의 추락 빈도가 잦아지고, 사람들이 살고 있는 지역으로 추락할 우려도 커질 것으로 예측된다. 인류의 삶을 편리하게 만들기 위해 쏘아 올린 인공위성이 인류의 생명을 위협하는 시한폭탄이 된 셈이다.

지금과 같이 우주 쓰레기가 늘어나면 앞으로 우주 개발이 불가능해질 수도 있다. ㉣지금이라도 경쟁적인 인공위성 발사를 잠시 멈추고, 수명을 다한 인공위성의 안전한 처리에 대해 전 세계가 머리를 맞대야 한다.

1 ㉠~㉣ 중 글쓴이의 관점이 가장 직접적으로 드러나는 표현을 찾아 기호를 쓰세요.

(   )

'~해야 한다.', '~라고 생각한다.'와 같은 표현이 쓰인 부분을 찾아보자.

2 글쓴이의 관점으로 알맞은 것에 ○표 하세요.

(1) 수명을 다한 인공위성을 대신할 새로운 인공위성을 지속적으로 쏘아 올려야 한다. (   )

(2) 수명을 다한 인공위성이 인류를 위협할 수 있으므로 이를 안전하게 처리할 방법을 찾아야 한다. (   )

개인 정보를 지키자

사회 | 1,071자

📖 교과 연계
사회 5-1 우리 사회의 과제와
문화의 발전

　　온라인 공간은 우리에게 일상이 되었습니다. 친구와 대화를 주고받는 메신저, 심심할 때 하는 게임, 궁금한 것을 검색하는 포털 사이트, 사람들과 생각을 공유하는 사회관계망 서비스(SNS), 하루에도 수많은 영상이 올라오는 동영상 플랫폼에 이르기까지 우리는 다양한 온라인 공간에서 시간을 보냅니다. 이렇게 온라인 공간이 우리 삶에 깊숙이 들어옴에 따라, 개인 정보 보호의 중요성도 커지고 있습니다.

　　개인 정보란 이름, 주소, 생년월일, 학교, 가족 관계, 전화번호, 누리집에 등록된 계정과 비밀번호 등 '나'에 관해 알 수 있는 모든 정보를 말합니다. 개인 정보는 내가 '나'임을 나타내는 중요한 정보이므로 다른 사람에게 함부로 알려 주어서는 안 됩니다. 특히 불특정 다수에게 공개된 온라인 공간에서는 개인 정보가 •유출되지 않도록 더욱 조심해야 합니다.

　　온라인 공간에 개인 정보가 유출될 경우 여러 가지 문제가 발생할 수 있습니다. 첫 번째는 사생활 침해입니다. 나의 개인 정보가 알려지면, 모르는 사람이 나에게 접근하거나 문자 메시지를 보낼 수 있습니다. 또 누군가가 나를 •사칭하여 내 주변 사람들에게 피해를 입힐 수도 있습니다. 더 심각하게는 나의 사생활을 찾아내 스토킹이나 협박과 같은 범죄의 •표적으로 삼을 가능성도 있습니다.

　　두 번째는 •금전적 피해입니다. 금융 거래에 필요한 개인 정보만 있으면 다른 사람이 내 통장에 든 돈을 빼 가거나 게임 아이템을 마음대로 결제할 수 있습니다. 최근 유행하는 전화 사기, 즉 '보이스 피싱'도 유출된 개인 정보를 •악용하여 돈을 가로채는 범죄입니다.

　　㉠이러한 문제를 피하기 위해서는 우리 스스로 온라인 공간에서 개인 정보를 잘 관리해야 합니다. 온라인 공간에 게시물을 올릴 때는 개인 정보가 포함되지 않았는지 확인해야 합니다. 개인 정보가 포함된 게시물은 올리지 않거나 친구들만 볼 수 있게 공개 범위를 제한하는 것이 바람직합니다. 또 쿠폰이나 선물을 준다는 이벤트에 응모할 때 개인 정보를 과도하게 요구하지 않는지 확인할 필요가 있습니다. 누리집 계정의 비밀번호를 •주기적으로 바꾸어 주고, 스마트폰과 컴퓨터에 보안 프로그램을 설치하는 것도 개인 정보를 보호하는 데 도움이 됩니다.

어휘 풀이

□ **유출되다** 귀중한 물품이나 정보 등이 불법적으로 외부로 나가 버리다. (流 흐를 유, 出 날 출)

□ **사칭하다** 이름, 직업, 나이, 주소 등을 거짓으로 속여 말하다. (詐 속일 사, 稱 일컬을 칭)

□ **표적** 목표로 삼는 물건.

□ **금전** 상품을 원활하게 교환하기 위해 사용하는 일반적인 수단. 동전, 지폐 등이 있다. (金 쇠 금, 錢 돈 전)

□ **악용하다** 알맞지 않게 쓰거나 나쁜 일에 쓰다. (惡 악할 악, 用 쓸 용)

□ **주기적** 일정한 간격을 두고 되풀이하여 진행하거나 나타나는 것.

1

글쓴이의 관점이 무엇인지 빈칸에 알맞은 말을 쓰세요.

내용
이해

우리 스스로 (　　　　　　　) 공간에서 (　　　　　　　)를 잘 관리해야 한다.

💡 어떻게 알았나요?

이 글의 제목과 　　　　　 번째 문단에 글쓴이의 관점이 직접적으로 드러나 있습니다.

2

㉠에 해당하는 것을 두 개 고르세요.　(　　,　　)

내용
이해

① 누군가가 나를 사칭할 수 있다.
② 금융 거래에 개인 정보가 필요해진다.
③ 다른 사람이 내 통장에 든 돈을 빼 갈 수 있다.
④ 온라인 공간에서 더 많은 시간을 보내게 된다.
⑤ 주변 사람들이 나에게 문자 메시지를 보낼 수 없다.

3

이 글의 내용으로 보아, 개인 정보에 해당하지 <u>않는</u> 것은 무엇인가요?　(　　　)

★ 추론

① 얼굴 사진　　　　　　　② 부모님의 성함
③ 주민 등록 번호　　　　　④ 어제 읽은 책의 제목
⑤ 살고 있는 아파트의 이름

4

이 글을 읽고 개인 정보 보호를 바르게 실천하지 <u>못한</u> 친구의 이름을 쓰세요.

창의

지연: 내 컴퓨터와 스마트폰에 보안 프로그램을 설치해 두었어.
민기: 내 얼굴이 나오는 동영상을 올리면서 친구들만 볼 수 있도록 공개 범위를 제한했어.
현우: 학교 누리집 계정의 비밀번호를 바꾸면 잊어버릴까 봐 지금까지 한 번도 바꾸지 않았어.
혜주: 음료수 쿠폰을 주는 이벤트가 있었는데, 너무 많은 개인 정보를 요구하는 것 같아서 응모하지 않았어.

(　　　　　　　　)

'살아 있는 화석' 투구게가 위험하다

과학 | 1,044자

아주 옛날에 살았던 동식물의 흔적이 땅에 남아 있는 것을 '화석'이라고 한다. 화석 속 생물들은 수억, 수천만 년 전에 살았던 생물이기에 지금은 대부분 멸종했거나 다른 모습으로 변화했다. 그러나 일부 생물은 화석에 나타난 모습 그대로 지금도 생존해 있어 '살아 있는 화석'이라고 불린다. 투구게도 약 4억 5,000만 년이라는 긴 세월 동안 예전 모습을 유지해 온 살아 있는 화석이다. 그런데 최근 투구게가 심각한 생존 위기를 맞고 있다. 투구게의 특별한 피 때문이다.

▲ 투구게

사람과 달리 투구게의 피는 파란색을 띤다. 그리고 이 파란색 피에는 매우 특별한 능력이 있다. 세균이 침투하면 곧바로 응고되어 겔 상태로 변하는 것이다. ㉠이와 같은 투구게의 피를 이용하면, 인간에게 접종할 의약품이 세균에 오염되었는지를 쉽게 확인할 수 있다. ☐ ㉡제약 회사들은 새로 개발하는 의약품의 안전성을 시험하기 위해 투구게를 대량으로 포획해 왔다.

포획된 투구게는 전체 피의 3분의 1가량을 뽑힌 뒤 바다로 돌려보내진다. 이 과정에서 약 10% 정도의 투구게가 극심한 스트레스를 받아 죽는다. 살아남은 투구게도 바다로 돌아간 뒤에 오래 살지 못할 가능성이 크다. 이렇다 보니 투구게의 수는 꾸준히 감소해 왔다. 30여 년 전만 해도 그 수가 많았던 투구게는 2016년, 국제 자연 보전 연맹에 의해 '위기 근접종'으로 분류되기에 이르렀다. 게다가 전 세계를 휩쓴 코로나19로 인해 엄청난 양의 백신이 필요해지면서 투구게의 수는 급속도로 줄어들었다.

투구게가 생존 위기에 처하자, 투구게의 피를 다른 물질로 대체하자는 목소리에 힘이 실리고 있다. 다행히 투구게의 피를 대신해 유전자 재조합 물질을 사용하는 대체 시험법이 과학적 검증을 받았다. 나아가 미국, 유럽, 중국 등 여러 국가에서 대체 시험법을 허용하는 추세이다. 그러나 제약 회사들은 여전히 비용과 검증의 필요성 등을 이유로 대체 시험법의 도입을 망설이고 있다. 이제 기업들도 투구게의 희생을 멈추고 생태계 보호에 대한 사회적 책임을 질 때이다. 투구게가 미래에도 '살아 있는 화석'이 될 수 있도록 대체 시험법을 적극적으로 도입해야 한다.

어휘 풀이

☐ **멸종하다** 생물의 한 종류가 지구에서 완전히 없어지다. (滅 멸망할 멸, 種 씨 종)

☐ **응고되다** 액체가 한 덩어리로 뭉쳐 딱딱하게 굳어지다.

☐ **포획하다** 짐승이나 물고기를 잡다.

☐ **연맹** 같은 목적을 가지고 서로 돕기로 약속한 조직이나 집단.

☐ **추세** 어떤 현상이 일정한 방향으로 나아가는 경향.

☐ **도입** 기술, 방법, 물자 등을 끌어 들임.

1 이 글을 읽고 알 수 있는 내용이 <u>아닌</u> 것은 무엇인가요? (   )

내용
이해

① 투구게 피의 특별한 능력　　　　　② 포획된 투구게가 죽는 비율
③ 투구게의 피가 파란색을 띠는 까닭　④ 투구게의 피를 대체할 물질의 개발 여부
⑤ 코로나19가 투구게의 수에 끼친 영향

2 이 글의 내용으로 알맞은 것을 두 개 고르세요. (,   )

내용
이해

① 투구게의 피는 세균에 쉽게 오염된다.
② 투구게는 긴 세월 동안 예전 모습을 유지해 왔다.
③ 투구게는 2016년에 멸종 위기종으로 분류되었다.
④ 제약 회사들은 대체 시험법의 도입을 환영하고 있다.
⑤ 제약 회사들은 투구게의 피를 이용하여 의약품의 안전성을 시험한다.

💡 어떻게 알았나요?

투구게는 화석에 나타난 모습 그대로 지금도 생존해 있어 '＿＿＿＿＿＿＿ 화석'이라 불립니다.

3 전략 적용
글쓴이의 관점으로 알맞은 것은 무엇인가요? (   )

내용
이해

① 투구게의 피를 뽑는 방법을 개선해야 한다.
② 제약 회사가 새로운 의약품 개발을 중지해야 한다.
③ 투구게의 희생을 멈출 대체 시험법을 도입해야 한다.
④ 투구게의 피를 코로나19 백신 개발에만 이용해야 한다.
⑤ 제약 회사가 생태계 보호를 위해 많은 돈을 기부해야 한다.

4 ㉠과 ㉡의 관계와 ＿＿＿＿＿ 안에 들어갈 말을 알맞게 설명한 것에 ○표 하세요.

구조
파악

(1) ㉠은 원인, ㉡은 결과로, ＿＿＿＿에는 '그러나'가 들어가야 한다.　　　　(　　)
(2) ㉠은 원인, ㉡은 결과로, ＿＿＿＿에는 '그래서'가 들어가야 한다.　　　　(　　)
(3) ㉠은 결과, ㉡은 원인으로, ＿＿＿＿에는 '그리고'가 들어가야 한다.　　　　(　　)
(4) ㉠은 결과, ㉡은 원인으로, ＿＿＿＿에는 '그러므로'가 들어가야 한다.　　　(　　)

5 이 글과 보기 를 읽고 보인 반응으로 가장 알맞은 것은 무엇인가요?　(　　　)

창의

> **보기**
>
> 　붉은가슴도요는 매년 남아메리카 남부에서 캐나다 북부까지 약 30,000km를 이동하는 장거리 철새이다. 붉은가슴도요는 캐나다에 도착하기 전에 미국 동쪽의 해안가에 들러 잠시 쉬는데, 이때 투구게알을 넉넉히 먹어 체력을 보충한다. 그런데 투구게알의 수가 적어지면서 붉은가슴도요의 수도 1990년대에 비하여 80% 이상 감소하였다.
>
>
> ▲ 붉은가슴도요

① 투구게도 붉은가슴도요처럼 먼 거리를 이동하는 생물이다.
② 투구게의 수가 감소한 것이 붉은가슴도요의 수에도 영향을 미쳤다.
③ 투구게가 멸종하면서 붉은가슴도요의 먹이인 투구게의 알도 적어졌다.
④ 투구게의 알을 먹는 붉은가슴도요 때문에 투구게가 생존 위기에 처했다.
⑤ 투구게와 붉은가슴도요는 전혀 다른 종이기 때문에 아무런 관련이 없다.

핵심 정리

6 노트의 빈칸을 채우며, 이 글의 내용을 정리해 보세요.

「'살아 있는 화석' 투구게가 위험하다」 정리하기

1문단	'살아 있는 화석'인 ❶(　　　　)가 심각한 생존 위기를 맞고 있다.
2문단	세균이 침투하면 응고되는 투구게 피의 능력 때문에 ❷(　　　　) 회사들은 투구게를 대량으로 포획해 왔다.
3문단	투구게의 ❸(　　　)를 뽑고 바다로 돌려보내는 과정에서 투구게의 수가 줄어들었다.
4문단	투구게의 희생을 멈추기 위해서 ❹(　　　　) 시험법을 적극적으로 도입해야 한다.

어휘 다지기

1 다음 낱말의 뜻으로 알맞은 것을 찾아 선으로 이으세요.

(1) 멸종하다 •

(2) 응고되다 •

(3) 포획하다 •

• ① 짐승이나 물고기를 잡다.

• ② 생물의 한 종류가 지구에서 완전히 없어지다.

• ③ 액체가 한 덩어리로 뭉쳐 딱딱하게 굳어지다.

2 빈칸에 알맞은 낱말을 보기 에서 찾아 쓰세요.

보기	도입	연맹	추세

(1) 올해 들어 수출이 증가하는 (   )이다.

(2) 뜻을 같이하는 단체들끼리 (   )을/를 맺었다.

(3) 그 병원은 첨단 장비의 (   )(으)로 환자가 크게 늘었다.

어휘 키우기

3 다음 설명을 읽고, (   )에서 알맞은 낱말을 골라 ○표 하세요.

헷갈리는 말

띄다	눈에 보이다. '뜨이다'의 준말. 예 눈에 띄다.
띠다	빛깔이나 색채 등을 가지다. 예 붉은 빛을 띠다.

(1) 멍이 심하게 들어 검푸른 색을 (띄었다 / 띠었다).

(2) 그는 부끄러운지 얼굴에 홍조를 (띄고 / 띠고) 있었다.

(3) 술래의 눈에 (띄지 / 띠지) 않게 조심스럽게 움직였다.

소년 범죄, 처벌이 능사일까?

사회 | 1,138자

📖 교과 연계
사회 5-1 인권 존중과 정의로운 사회

우리나라에서 만 14세 미만의 어린이와 청소년은 범죄를 저지르더라도 징역 등의 형사 처벌을 받지 않는다. 다만 「소년법」에 따라 만 10세에서 만 14세 미만의 소년범은 '촉법소년'이라 하여 소년원 입소나 보호 관찰 등의 보호 처분을 받는다. 그런데 최근 촉법소년 범죄가 급증하고 그 수위도 높아지면서 「소년법」을 개정해야 한다는 주장이 나오고 있다. ㉠촉법소년의 연령 기준을 낮추어 만 14세 미만도 형사 처벌을 받게 하자는 것이다. 하지만 이는 소년 범죄 문제에 대한 근본적인 대책이 될 수 없다.

㉡촉법소년의 연령 기준을 낮추자고 주장하는 사람들은 어린 소년범에게도 형사 처벌을 함으로써 범죄를 예방할 수 있다고 말한다. 그러나 소년 범죄는 무거운 처벌을 통한 범죄 예방 효과가 크지 않다. 나이가 어릴수록 처벌에 대한 두려움을 인식하는 능력이 떨어지기 때문이다. 실제로 일본은 2000년에 촉법소년의 연령을 만 16세에서 만 14세로 낮추었지만, 범죄가 감소하는 효과는 나타나지 않았다.

또한 촉법소년의 연령 기준을 낮추었을 때 재범이 증가하는 역효과가 날 수도 있다. 어린 나이에 범죄자라는 낙인이 찍히면 어른이 되어서도 사회에 적응하지 못하고 또 범죄를 저지를 가능성이 높아진다. 그리고 소년범이 형사 처벌을 받아 성인과 함께 수감될 경우, 성인 범죄자와 관계를 형성해 다시 범죄에 빠지기 쉽다. 이렇듯 촉법소년의 연령 기준을 낮추는 것으로 소년 범죄를 줄이기는 어려우며, 오히려 재범을 늘릴 우려가 있다.

아직 신체적, 정신적 성장이 완성되지 않은 어린이와 청소년에게는 처벌이 능사가 아니다. 처벌보다는 교화를 우선해야 한다. ㉢애초에 「소년법」은 범죄를 저지른 미성년자를 교화하여 건강한 사회 구성원으로서 살아가도록 돕고자 만든 법이다. 이 법의 목적에 맞게, 우리 사회는 그들의 변화 가능성에 초점을 맞추어 올바른 행동을 할 수 있도록 이끌어 주어야 한다.

아울러 어린이와 청소년이 범죄로 내몰리지 않게 돕는 것도 필요하다. 소년 범죄의 원인은 소년범 본인에게만 있는 것이 아니다. 가정, 학교, 지역 사회, 국가가 적절한 보호와 교육을 제공하지 못했기 때문에 잘못된 행동을 하게 된 사례가 많다. ㉣따라서 진정으로 소년 범죄를 줄이려면 어린이와 청소년의 처지에 관심을 기울이고, 이들이 범죄로 빠질 수 있는 환경을 개선해야 한다.

어휘 풀이

□ 징역 죄인을 교도소에 가두어 두고 일을 시키는 형벌.

□ 급증하다 갑작스럽게 늘어나다. (急 급할 급, 增 더할 증)

□ 수위 어떤 일이 진행되는 정도를 비유적으로 이르는 말.

□ 낙인 바꾸기 힘든 나쁜 평가나 판정.

□ 수감되다 사람이 감옥에 가두어지다.

□ 능사 (주로 '아니다'와 함께 쓰여) 잘하는 일. (能 능할 능, 事 일 사)

□ 교화하다 가르치고 이끌어서 좋은 방향으로 나아가게 하다. (敎 가르칠 교, 化 될 화)

1

중심
생각

글쓴이가 이 글을 쓴 까닭으로 알맞은 것은 무엇인가요?　(　　　)

① 소년 범죄의 심각성을 알리려고

②「소년법」의 문제점을 설명하려고

③ 촉법소년의 연령 기준을 낮추자고 설득하려고

④ 처벌로는 소년 범죄를 줄일 수 없음을 주장하려고

⑤ 우리나라의「소년법」과 일본의「소년법」을 비교하려고

2

내용
이해

이 글을 읽고 알 수 있는 내용으로 알맞지 <u>않은</u> 것에 ✕표 하세요.

(1) 만 10세에서 만 14세 미만의 소년범을 촉법소년이라고 한다.　(　　　)

(2) 일본은 촉법소년의 연령을 만 16세에서 만 14세로 낮추었다.　(　　　)

(3)「소년법」의 목적은 범죄를 저지른 미성년자를 교화하는 것이다.　(　　　)

(4) 촉법소년은 형사 처벌과 함께 소년원 입소 등의 보호 처분을 받는다.　(　　　)

💡 어떻게 알았나요?

우리나라는 만 14세가 되지 않은 어린이와 청소년의 범죄에 대해 징역 등의 　　　　　　　 을 하지 않습니다.

3

내용
이해

전략 적용

㉠~㉢ 중 글쓴이의 관점이 가장 잘 드러난 것을 찾아 기호를 쓰세요.

(　　　　　)

4

구조
파악

이 글에서 글쓴이가 제시한 근거로 알맞은 것을 두 개 고르세요.　(　　,　　)

① 소년 범죄의 원인은 소년범 본인에게 있다.

② 다른 나라들도 촉법소년의 연령 기준을 낮추고 있다.

③ 어린이와 청소년은 신체적, 정신적으로 성인과 다르지 않다.

④ 소년 범죄는 무거운 처벌을 통한 범죄 예방 효과가 크지 않다.

⑤ 어린 나이에 범죄자라는 낙인이 찍히면 재범 가능성이 높아진다.

5 글쓴이가 보기를 읽고 할 말로 알맞은 것에 ○표 하세요.

> **보기**
>
> 한 범죄 심리학과 교수는 "촉법소년 범죄가 해마다 크게 증가하고 있는 것은 문제 상황"이라며, "소년원은 기록에 남지 않아서 아이들이 별로 두려워하지 않는다. 형사 처벌을 받을 수 있다는 두려움이 있어야 소년 범죄가 줄어들 것"이라고 말했다.

(1) 최근 들어 촉법소년 범죄가 감소하고 있다. 그러므로 더 무거운 처벌인 형사 처벌을 할 필요가 없다. ( )

(2) 보호 처분을 받아 소년원에 간 것을 기록으로 남겨야 한다. 그러면 형사 처벌을 하지 않아도 괜찮을 것이다. ( )

(3) 나이가 어리면 처벌에 대한 두려움을 인식하는 능력이 떨어진다. 그래서 형사 처벌로 범죄를 예방하기 어렵다. ( )

핵심 정리

6 노트의 빈칸을 채우며, 이 글의 내용을 정리해 보세요.

「소년 범죄, 처벌이 능사일까?」 정리하기

1문단	촉법소년의 ❶( ) 기준을 낮추어 만 14세 미만도 형사 처벌을 받게 하자는 주장이 나오고 있으나, 이는 근본적인 대책이 될 수 없다.
2문단	소년 범죄는 무거운 처벌을 통한 범죄 ❷( ) 효과가 크지 않다.
3문단	촉법소년의 연령을 낮추면 오히려 재범이 증가하는 ❸( )가 날 수 있다.
4문단	아직 신체적, 정신적 성장이 완성되지 않은 어린이와 청소년에게는 처벌보다 ❹( )를 우선해야 한다.
5문단	진정으로 소년 범죄를 줄이려면 어린이와 청소년의 처지에 관심을 기울이고, 이들이 범죄로 빠질 수 있는 ❺( )을 개선해야 한다.

어휘 다지기

1 다음 낱말의 뜻으로 알맞은 것을 찾아 선으로 이으세요.

(1) 교화하다 •

(2) 급증하다 •

(3) 수감되다 •

• ① 갑작스럽게 늘어나다.

• ② 사람이 감옥에 가두어지다.

• ③ 가르치고 이끌어서 좋은 방향으로 나아가게 하다.

2 빈칸에 알맞은 낱말을 보기 에서 찾아 쓰세요.

보기	낙인	능사	징역

(1) 아무리 급해도 서두르는 것만이 (   )은/는 아니다.

(2) 그는 큰 범죄를 저질러서 오랫동안 (   )을/를 살았다.

(3) 동료를 버리고 혼자 도망을 가는 바람에 배신자라는 (   )이/가 찍혔다.

어휘 키우기

3 다음 '역-'이 붙은 낱말이 쓰인 것에 모두 ∨표 하세요.

뜻을 더하는 말

역-	낱말의 앞에 붙어 '반대되는' 또는 '차례나 방법이 뒤바뀐'의 뜻을 더하는 말. 예 좋은 약도 잘못 먹으면 역효과가 나서 오히려 건강을 해칠 수 있다.

(1) 경복궁은 역사적 가치가 매우 높다.　　　　　　　　　　　　　　　　　□

(2) 통신의 발달은 인터넷 중독이라는 역기능도 가져왔다.　　　　　　　　□

(3) 한 차가 역방향으로 달려 다른 차와 부딪히는 사고가 났다.　　　　　□

인물의 갈등 이해하기

개념 이해

갈등은 여러 가지 일이 복잡하게 얽혀 서로 대립하거나 충돌하는 상태를 말합니다. 우리 삶에 다양한 갈등이 일어나듯이 이야기에 등장하는 인물들도 갈등을 겪습니다.

갈등의 종류

이야기에서 갈등은 인물과 인물 사이에서 일어나기도 하고, 한 인물의 마음속에서 나타나기도 합니다.

갈등의 진행과 이야기의 구조

이야기의 구조는 '발단-전개-절정-결말'로 되어 있습니다. 일반적으로 인물의 갈등은 절정 부분에서 최고조에 이르렀다가 결말 부분에서 해결됩니다.

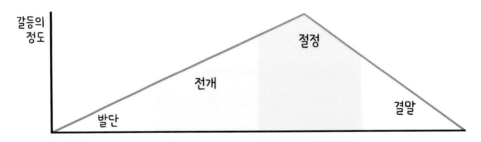

발단	전개	절정	결말
사건이 시작되고 갈등의 실마리가 나타남.	사건이 본격적으로 발생하고 갈등이 일어남.	갈등이 커지면서 긴장감이 가장 높아짐.	갈등이 해결되면서 사건이 마무리됨.

이렇게 해요!

① 이야기를 읽으며 갈등을 겪고 있는 인물을 찾아봅니다.

② 인물이 처한 상황과 인물들의 관계를 통해 갈등의 원인과 내용을 파악합니다.

③ 갈등 상황에서 인물이 하는 말이나 행동을 살펴봅니다.

> 갈등은 이어질 내용을 기대하게 만들어서 읽는 이에게 재미를 줘.

확인 문제

[1~2] 다음 글을 읽고, 물음에 답하세요.

20○○년 ○월 ○일 수요일　　　　　　날씨: 내 마음처럼 해와 구름이 오락가락한 날

매주 수요일, 학교 앞 문구점에 새 포토 카드가 들어온다. 좋아하는 연예인의 포토 카드가 나오기를 기대하며 용돈 지갑을 열었지만, 오늘도 역시 꽝이었다. 짝 영주는 지난주에 이어 오늘도 인기 많은 가수의 포토 카드가 나왔다. 특히 이번 주에 뽑은 것은 내가 정말 좋아하는 가수의 포토 카드였다.

㉠┌　영주에게 내 포토 카드와 교환하자고 해 보았지만 영주는 쌀쌀맞게 거절
　│　했다. 내가 여러 장의 카드를 주겠다고 한 번 더 부탁했더니, 영주는 안 바꿀 거
　└　라고 소리를 지르고는 학원 쪽 골목길로 뛰어가 버렸다.

아쉬운 마음에 문구점 앞을 떠나지 못하고 서 있었다. 그때 주머니 안에서 학원 수업 시간을 알리는 휴대 전화 알람이 울렸다. 수업에 늦을까 봐 영주가 사라졌던 골목길을 따라 달리기 시작했다. 학원 앞에 도착해 숨을 고르는데 내 발 앞에 무언가가 떨어져 있었다. 낯익은 네모난 포토 카드, 그것은 조금 전에 영주가 뽑았던 바로 그 포토 카드였다. 주변을 둘러보았지만 영주는 보이지 않았다. 내일 영주를 만나면 돌려주어야겠다고 생각하며 포토 카드를 주워 가방에 넣었다.

교실에 들어와서도 내 신경은 온통 가방 속 포토 카드에 가 있었다.

㉡┌　'내가 줍지 않았다면 영주는 이 포토 카드를 영영 잃어버렸을 텐데, 꼭 돌려주
　│　어야 할까?'
　└　'그래도 영주 것인 줄 알면서 내가 가질 수는 없어. 돌려주어야 해.'

> 글의 앞부분에는 인물과 인물 사이의 갈등이, 글의 뒷부분에는 한 인물의 마음속 갈등이 나타나 있어.

1 ㉠에서 '내'가 누구와 어떤 문제로 갈등을 겪고 있는지 빈칸에 알맞은 말을 각각 쓰세요.

> '나'는 (　　　　　　　　　)를 교환하는 문제로 (　　　　　　　　　)와 갈등을 겪고 있다.

2 ㉡에서 '내'가 겪고 있는 마음속 갈등으로 알맞은 것에 ○표 하세요.

(1) 영주의 포토 카드를 내가 가질 것인가, 영주에게 돌려줄 것인가?　　(　　　)

(2) 영주에게 포토 카드 교환을 계속 부탁할 것인가, 그만할 것인가?　　(　　　)

> 작은따옴표(' ') 안에 '내'가 마음속으로 갈등하는 내용이 잘 나타나 있어.

할머니를 따라간 메주 | 오승희

앞부분의 줄거리 | 할아버지가 돌아가신 뒤, 할머니가 우리 집에 왔다. 할머니는 항아리를 여러 개 가져왔고, 베란다에 그 항아리들을 두었다. 어느 날 아버지가 베란다에 늘어놓은 메주를 보고 장을 사다 먹으면 된다고 말하자, 할머니는 장은 집에서 담가야 제맛이 난다며 나무랐다.

소설 | 1,062자

나도 밖으로 나가 보았다. 할머니가 베란다에 의자를 내놓고 그 위에 올라가 있었다. 그러고는 또 하나 못을 박는 것이었다. 창고 문틀 위에 나란히 못이 박혀 있었다.

"메주 매달아 놓을라고 그려." / 엄마는 한숨을 푹 쉬었다.

"어머니, 그런 데다 못을 박으시면 어떡해요?"

"매달아 놓을 데가 마땅치 않아 그러재. 원 메주 하나 매달아 놓을 데도 없는 집 구석이 어디 있다냐. 몹쓸 놈의 집구석이여."

할머니는 못을 또 하나 들어서 박았다. 그것을 본 엄마는 입을 앙다물고 눈을 한 번 꼭 감았다 뜨더니 떨리는 목소리로 외쳤다.

"아니, 메주만 중요하고 집 꼴은 아무렇게나 돼도 괜찮단 말씀이세요?"

할머니는 그제야 돌아서서 엄마 얼굴을 똑바로 바라보았다.

"뭐여? 집 꼴? 그럼 내가 집 꼴을 망치고 있단 말여? 못 몇 개 박은 게 집 꼴을 망치는 거란 말여?"

할머니는 눈을 부릅뜨고 노여워 어쩔 줄 몰라 했다. 나는 무서웠다. 엄마가 이렇게 할머니에게 대드는 것은 처음 보았다. 엄마는 울상을 지으며 말했다.

"그러니까 메주 만들지 마시라 그랬잖아요."

"뭣이여? 메주를 만들지 마라? 니가 지금 메주 만드는 거 돕기나 하면서 그런 말을 하냐? 손가락 하나 까딱 안 하고 만들지 말란 소리만 하면 다여?"

"요즘 아파트에서 그런 거 만드는 사람이 몇이나 된다고 그러세요."

"너는 안 먹고 살래? 아무리 아파트기로서니 사람이 할 일은 하고 살아야재. 그래, 아파트 살면 장을 다 사 먹어야 한단 말이여?"

"아유, 그만두세요. 어머닌 옛날 방식만 고집하시니."

엄마는 돌아서서 안방 쪽으로 갔다. 할머니는 속이 상했는지 한참이나 그대로 서 있었다. 나는 조심스럽게 할머니를 불러 보았다.

"…… 할머니."

할머니는 그제야 내 얼굴을 보더니 혼잣말같이 중얼거렸다.

"세상이 아무리 달라졌다 혀도 달라지지 않는 것도 있는 법이여. 그렇재, 암."

그러고는 박아 놓은 못에 메주를 걸었다. 메주는 창고 문 앞에 주렁주렁 매달렸다. 못에 다 걸 수가 없어서 빨래 건조대에도 매달았다.

어휘 풀이

□ **메주** 콩을 삶아서 찧은 다음, 덩이를 지어서 띄워 말린 것. 간장, 된장, 고추장 등을 담그는 원료로 쓴다.

□ **마땅하다** 어떤 조건에 잘 어울리거나 적당하다.

□ **앙다물다** 힘을 주어 꽉 다물다.

□ **꼴** 겉으로 보이는 사물의 모양.

□ **노엽다** 화가 날 만큼 분하고 섭섭하다.

□ **대들다** 윗사람에게 맞서서 의견을 강하게 내세우거나 반항하다.

내 방으로 가다가 안방 문을 살짝 열어 보았다. 엄마가 쪼그려 앉아 두 팔에 머리를 묻고 있었다. 나는 엄마를 부르지도 못하고 문을 다시 닫았다.

1 이 글에서 '메주'의 역할로 알맞은 것을 두 개 고르세요. (,)

중심
생각

① '나'의 생각을 변화시킨다.　　　　　② 인물 사이에 갈등을 일으킨다.

③ 요즈음의 생활 방식을 상징한다.　　④ 사건 해결의 실마리를 제공한다.

⑤ 인물들의 생각 차이를 드러낸다.

💡 어떻게 알았나요?

메주를 매달아 놓으려고 집에 못을 박는 문제로 인물들 간에 　　　 이 생겼습니다.

2 다음은 이 글의 등장인물 중 누구의 생각인가요? ( )

내용
이해

> 아파트에 산다고 하더라도 집에서 메주를 만들어 장을 담가야 한다.

① '나'　　　　　　　② 엄마　　　　　　　③ 할머니

④ '나'와 엄마　　　　⑤ 할머니와 엄마

전략 적용

3 이 글에서 일어난 갈등을 알맞게 파악한 것에 ○표 하세요.

내용
이해

(1) 할머니께서 장을 사 먹기로 하면서 갈등이 시작되었다. ( )

(2) 집에 못을 박는 할머니께 엄마가 대들면서 갈등이 최고조에 이르렀다. ( )

(3) 할머니께서 빨래 건조대에 메주를 매달아 놓으면서 갈등이 해소되었다. ( )

4 엄마와 할머니를 바라보는 '나'의 마음을 가장 알맞게 짐작한 것은 무엇인가요? ( )

★ 추론

① 할머니께 대드는 엄마의 모습이 실망스럽다.

② 엄마와 할머니의 사이가 나빠져서 속상하다.

③ 메주 만드는 것을 돕지 않은 엄마께 화가 난다.

④ 마음대로 집에 못을 박은 할머니가 원망스럽다.

⑤ 집에서 메주를 만들지 못하게 된 할머니가 걱정된다.

소음 공해 | 오정희

앞부분의 줄거리 | '나'는 장애인 시설에서 자원봉사를 하고 돌아와 휴식을 취하다 위층에서 들려오는 소음에 기분이 상한다. 한 달 전 위층 주인이 바뀐 뒤부터 시작된 밤낮 없는 소음 때문에 '나'와 가족들은 괴로움을 겪고, 경비원을 통해 항의하지만 소음은 멈추지 않는다.

소설 | 1,257자

📖 교과 연계
국어 5-1 대화와 공감

위층의 소리는 멈추지 않았다. 드르륵거리는 소리에 머리털이 ˙진저리를 치며 곤두서는 것 같았다. 철없고 상식 없는 요즘 젊은 엄마들이 아이들에게 집 안에서 자전거나 스케이트보드 따위를 타게도 한다는데, 아무래도 그런 것 같았다. ㉠인터폰의 수화기를 들자, 경비원의 응답이 들렸다. 내 목소리를 알아채자마자 길게 말꼬리를 늘이며 지레 짚었다. 귀찮고 ˙성가서하는 표정이 눈앞에 ˙역력히 떠올랐다.

㉡"위층이 또 시끄럽습니까? 조용히 해 달라고 말씀드릴까요?"

잠시 후 인터폰이 울렸다. / "충분히 주의하고 있으니 염려 마시랍니다."

경비원의 ˙전갈이었다. 염려 마시라고? 다분히 도전적인 ˙저의가 느껴지는 ˙전언이었다. 게다가 드르륵드르륵 소리는 여전하지 않은가? 이젠 한판 싸워 보자는 얘긴가? 나는 인터폰을 들어 다짜고짜 909호를 바꿔 달라고 말했다. 신호음이 서너 차례 울린 후에야 신경질적인 젊은 여자의 응답이 들렸다.

"아래층인데요. 댁이 그런 식으로 말할 건 없잖아요? 나도 참을 만큼 참았다고요. 공동 주택에는 지켜야 할 규칙들이 있잖아요? 난 그 소리 때문에 병이 날 지경이에요."

"여보세요. 난 날아다니는 나비나 파리가 아니에요. 내 집에서 맘대로 움직이지도 못하나요? 해도 너무하시네요. 이틀거리로 전화를 해 대시니 저도 피가 마르는 것 같아요. 저더러 어쩌라는 거예요?"

"하여튼 아래층 사람 고통도 생각하시고 주의해 주세요."

나는 거칠게 수화기를 내려놓았다. "뻔뻔스럽긴. 이젠 순 배짱이잖아?" 소리 내어 욕설을 퍼부어도 화가 가라앉지 않았다. 〈중략〉 선물도 무기가 되는 법. 발소리를 죽이는 폭신한 슬리퍼를 선물함으로써 소리를 죽이라는 메시지와 함께 소리 때문에 고통받는 내 심정을 간접적으로 나타낼 수 있으리라. 사려 깊고 양식 있는 이웃으로서 공동생활의 규범에 대해 조곤조곤 타이르리라.

위층으로 올라가 벨을 눌렀다. 안쪽에서 "누구세요?" 묻는 소리가 들리고도 십분 가까이 지나 문이 열렸다. '이웃사촌이라는데 아직 인사도 없이……' 등등 준비했던 인사말과 함께 포장한 슬리퍼를 내밀려던 나는 첫마디를 뗄 겨를도 없이 ˙우두망찰했다. 좁은 현관을 꼭 채우며 휠체어에 앉은 젊은 여자가 ˙달갑잖은 표정으로 나를 올려다보았다.

"안 그래도 바퀴를 갈아 볼 작정이었어요. 소리가 좀 덜 나는 것으로요. 어쨌든

어휘 풀이

□ **진저리** 몹시 싫거나 괴롭거나 끔찍할 때 몸을 떠는 것.

□ **성가시다** 어떤 것이 자꾸 못살게 굴어 괴롭고 귀찮다.

□ **역력히** 감정이나 모습, 기억 등이 뚜렷하고 분명하게.

□ **전갈** 사람을 시켜 전하는 말이나 안부.

□ **저의** 겉으로 드러나지 않은, 속에 품고 있는 생각. (底 밑 저, 意 뜻 의)

□ **전언** 말을 전함. 또는 그 말. (傳 전할 전, 言 말씀 언)

□ **우두망찰하다** 정신이 얼떨떨하여 어찌할 바를 모르다.

□ **달갑잖다** 마음에 들지 않아 싫고 만족스럽지 않다.

죄송해요. 도와주는 아줌마가 지금 안 계셔서 차 대접할 형편도 안 되네요."

여자의 텅 빈, 허전한 하반신을 덮은 화사한 빛깔의 담요와 휠체어에서 황급히 시선을 떼며 나는 할 말을 잃은 채 부끄러움으로 얼굴만 붉히며 슬리퍼 든 손을 등 뒤로 감추었다.

1 이 글의 주제로 가장 알맞은 것은 무엇인가요? (   )

중심
생각

① 공동 주택의 문제점
② 선물에 담긴 다양한 의미
③ 공동생활 규범의 중요성
④ 장애인을 향한 차별과 편견
⑤ 이웃에 대한 관심과 배려의 필요성

2 이 글의 '나'에 대한 설명으로 알맞은 것에 ○표 하세요.

내용
이해

(1) 위층에서 들리는 소리 때문에 병이 났다.   (   )

(2) 푹신한 슬리퍼를 사서 위층 주인에게 선물했다.   (   )

(3) 위층 주인의 뻔뻔스러운 태도 때문에 화가 났다.   (   )

전략 적용
3 이 글의 갈등에 대한 설명으로 알맞지 <u>않은</u> 것을 찾아 기호를 쓰세요.

내용
이해

㉮ 갈등의 원인은 위층에서 들리는 소음이다.

㉯ 위층 주인과 경비원 사이에서 갈등이 일어났다.

㉰ '내'가 위층 주인과 직접 통화하면서 갈등이 심화되었다.

㉱ 소음의 정체가 휠체어 바퀴 소리라는 것을 '내'가 알게 되면서 갈등이 해소되었다.

(   )

4 ㉠과 ㉡을 읽고 알맞게 짐작한 것은 무엇인가요? (   )

★추론

① 경비원은 '나'보다 위층 주인의 편이다.

② 경비원은 '내'가 누구인지 눈치채지 못한 상태이다.

③ '나'는 평소에 경비원에게 미안한 마음을 가지고 있었다.

④ '나'는 전부터 위층의 소음 문제로 경비원에게 자주 연락했다.

⑤ 경비원은 '나'의 문제를 해결해 주기 위해 적극적으로 나설 것이다.

💡 어떻게 알았나요?

경비원은 '나'의 목소리를 알아채자마자 "위층이   시끄럽습니까?"라고 말했습니다.

5 보기 의 내용을 참고하여, 이 글에 나타난 '나'의 행동과 생각을 알맞게 평가한 것에 ○표 하세요.

평가

보기

「소음 공해」의 등장인물인 '나'는 일주일에 한 번씩 장애인 시설에서 자원봉사를 한다. 비록 몸은 고단하지만 '나'는 그 일에 큰 보람을 느낀다.

(1) '나'는 장애인 시설에서 자원봉사를 하는 만큼 장애인을 만났을 때 더욱 편견 없이 대했어야 했다. 그럼에도 위층에서 들리는 휠체어 소리에 짜증을 내고, 장애가 있는 위층 주인을 보고 선물하려던 슬리퍼를 감춘 것은 잘못된 행동이다.   (   )

(2) '나'는 장애인 시설에서 자원봉사를 하면서도 이웃이 장애인이라는 사실은 알지 못했다. 위층에서 들리는 소리에 짜증을 내기 전에 이웃의 처지에 관심을 가졌다면, 휠체어를 탄 위층 주인을 보고 부끄러워할 상황은 생기지 않았을 것이다.   (   )

핵심 정리

6 노트의 빈칸을 채우며, 이 글의 내용을 정리해 보세요.

「소음 공해」 정리하기

위층의 소리가 멈추지 않자, '나'는 인터폰을 들어 ❶(   )을 통해 항의했다.

↓

'나'는 위층 주인과 직접 통화해 보았지만, 뻔뻔스러운 태도에 화만 났다.

↓

'나'는 ❷(   )를 선물하며 공동생활 규범에 대해 타일러야겠다고 생각하면서 위층에 찾아간다.

↓

소음의 원인이 ❸(   ) 바퀴 소리임을 알게 된 '나'는 부끄러워하며 슬리퍼를 감춘다.

• 이 글의 등장인물

이 글에는 ❹(   )에 사는 이웃의 처지를 모른 채 드르륵거리는 소음에 괴로워하는 '나'와, 장애가 있어 휠체어를 타고 생활하며 바퀴 소음을 덜 내려고 신경 쓰는 위층 주인이 등장한다.

어휘 다지기

1 다음 낱말의 뜻으로 알맞은 것을 찾아 선으로 이으세요.

(1) 달갑잖다 •

(2) 성가시다 •

(3) 우두망찰하다 •

• ① 정신이 얼떨떨하여 어찌할 바를 모르다.

• ② 마음에 들지 않아 싫고 만족스럽지 않다.

• ③ 어떤 것이 자꾸 못살게 굴어 괴롭고 귀찮다.

2 빈칸에 알맞은 낱말을 보기 에서 찾아 쓰세요.

보기	전갈	역력히	진저리

(1) 어머니가 쓰러지셨다는 (   )을/를 받고 급하게 고향으로 향했다.

(2) 그는 개를 무서워해서 멀리서 짖는 소리만 들려도 (   )을/를 친다.

(3) 삼촌이 돌아온다는 소식에 할머니의 얼굴에 반가움이 (   ) 드러났다.

어휘 키우기

3 다음 설명을 읽고, (   )에서 알맞은 낱말을 골라 ○표 하세요.

헷갈리는 말

- (으)로서	어떤 지위나 신분, 자격을 나타내는 말. 예 그는 의사로서 최선을 다해 환자를 치료했다.
- (으)로써	어떤 물건의 재료나 어떤 일을 하는 데 쓰이는 방법을 나타내는 말. 예 친구와 싸웠을 때는 대화로써 풀어야 한다.

(1) 힘들 때 도와주는 것은 (친구로서 / 친구로써) 당연히 해야 할 일이다.

(2) 공부를 열심히 (함으로서 / 함으로써) 시험에서 좋은 성적을 받을 수 있었다.

(3) 우리나라 선수가 금메달을 받는 것을 보니 (한국인으로서 / 한국인으로써) 자랑스럽다.

나비 | 헤르만 헤세

앞부분의 줄거리 | 어린 시절 나비 수집에 열중하던 '나(하인리히)'는 푸른 날개의 나비를 잡아 이웃집 모범생 에밀에게 보여 주었다가 혹평만 듣고 마음이 상했다. 2년 뒤, '나'는 에밀이 점박이 나비를 가졌다는 소문을 듣고, 점박이 나비가 보고 싶어 에밀의 집에 갔다가 그것을 훔치려 한다.

소설 | 1,218자

가 누군가 올라오는 발소리에 양심이 깨어나고 두려움이 몰려왔다. 나는 나비를 쥔 손을 주머니에 넣고, 서둘러 현관으로 내려갔다. 그 자리에 서서 •수치심과 불안감에 괴로워하다 문득 이 나비를 가져서는 안 된다는 생각이 들었다. 누군가에게 들킬까 봐 두려워하며 나는 재빨리 에밀의 방으로 되돌아갔다. 그리고 나서 주머니에서 손을 빼 나비를 책상 위에 꺼내 놓았다.

나비는 앞날개 하나와 더듬이가 떨어져 보기 싫게 망가져 있었다. 조심스럽게 주머니 속에서 떨어진 날개를 꺼내 보았지만 산산조각이 나서 붙일 수도 없었다. 도둑질을 했다는 것보다 아름다운 나비를 내 손으로 망가뜨렸다는 것이 더 괴로웠다. 그것을 •원형대로 돌려놓을 수만 있다면 무엇이라도 할 수 있을 것 같았다.

나 나는 슬픔에 •잠겨 집으로 돌아와 하루 종일 주저앉아 있었다. 그러다가 마침내 어머니께 모든 일을 털어놓았다. 어머니는 놀라고 슬퍼하셨지만, 이내 •단호한 목소리로 말씀하셨다.

"당장 에밀에게 가서 잘못을 고백하고 용서를 빌어라. 너에게는 그 길밖에 없다."

나는 에밀이 나를 용서해 주지 않으리라는 것을 알았기 때문에 밤이 되도록 용기를 내지 못하고 있었다. 어머니는 그런 나에게 다시 한번 딱 잘라 말씀하셨다.

" [㉠   ] "

다 나는 마지못해 에밀을 찾아갔다. 그는 나를 보자마자 누군가 점박이 나비를 망가뜨렸는데, 누가 그런 짓을 했는지 모르겠다고 말했다. 나는 그것을 보여 달라고 부탁했다. 에밀은 나를 방으로 데리고 가서 엉망이 된 나비를 보여 주었다. 부서진 날개 조각을 모아 펼쳐 놓았지만 원래대로 되돌릴 수는 없어 보였다. 나는 그제야 그것이 내가 한 짓임을 밝혔다. 그 말을 듣고도 에밀은 화를 내거나 소리를 지르지 않았다. 대신 한참 동안 나를 쳐다보다가 •나직한 목소리로 말했다.

"그래, 너는 그런 녀석이었지."

나는 내 장난감을 모두 주겠다고 했지만, 그는 비웃으며 나를 쳐다보기만 할 뿐이었다. 그래서 나는 내가 수집한 나비를 전부 주겠다고 말했다.

"그럴 필요 없어. 네가 모은 것들은 이미 잘 알고 있거든. 게다가 오늘 일로 네가 나비를 어떻게 다루는지에 대해서도 알게 되었으니까."

그 말을 듣는 순간, 나는 녀석에게 달려들어 •멱살을 잡고 싶었다. 하지만 상황은

어휘 풀이

- □ **수치심** 매우 창피하고 부끄러운 마음.
- □ **원형** 처음 생긴 대로의 모양이나 형태. (原 근원 원, 形 모양 형)
- □ **잠기다** 어떤 기분 상태에 놓이게 되다.
- □ **단호하다** 결심이나 태도, 입장 등이 흔들림이 없이 엄격하고 분명하다.
- □ **나직하다** 소리가 꽤 낮다.
- □ **멱살** 목 아래의 옷깃 부분.
- □ **도리** 어떤 일을 해 나갈 방법.
- □ **경멸** 매우 싫어하거나 무시하는 듯한 태도로 낮추어 봄.

이미 정해져 있었다. 어찌할 도리 없이 나는 아주 나쁜 놈이 되었고, 에밀은 정직한 사람으로 당당하게 내 앞에 서 있었다. 냉정하고 경멸에 찬 표정으로 나를 쳐다보면서 말이다.

그때 나는 한번 저지른 잘못은 어떻게 해도 바로잡을 수 없다는 것을 깨달았다.

1 이 글의 내용으로 알맞지 <u>않은</u> 것은 무엇인가요? (   )

내용
이해
① '나'는 에밀의 나비를 훔치려고 했다.
② '나'는 어머니께 모든 일을 말씀드렸다.
③ 에밀은 '나'의 말을 듣고 버럭 화를 냈다.
④ 에밀은 '나'에게 엉망이 된 나비를 보여 주었다.
⑤ '나'는 에밀을 찾아가서 내가 나비를 망가뜨렸다고 밝혔다.

2 전략 적용
가에 나타난 갈등을 바르게 이해하지 <u>못한</u> 것에 ✕표 하세요.

내용
이해
(1) '나'의 마음속에서 일어난 갈등이다.   (   )
(2) 갈등의 실마리가 된 것은 에밀의 나비이다.   (   )
(3) '내'가 산산조각이 난 나비를 보았을 때 갈등이 깊어졌다.   (   )
(4) '내'가 나비를 돌려주러 에밀의 방에 되돌아가면서 갈등이 해소되었다. (   )

3 전략 적용
나와 **다**에서 '나'와 갈등을 겪고 있는 인물을 각각 쓰세요.

내용
이해
(1) **나**: (   )   (2) **다**: (   )

4 ㉠에 들어갈 어머니의 말로 가장 알맞은 것은 무엇인가요? (   )

★추론
① 똑같은 나비를 잡아서 가져다 주거라.   ② 다음부터는 절대 도둑질을 하지 말거라.
③ 오늘을 넘기지 않도록 지금 당장 가거라.   ④ 말할 용기가 나지 않으면 편지를 써 보거라.
⑤ 정 그러면 나와 함께 가서 용서를 빌자꾸나.

💡 어떻게 알았나요?

에밀에게 잘못을 고백하라고   목소리로 말했던 어머니는 '내'가 용기를 내지 못하자 다시 한번 딱 잘라 말했습니다.

5 이 글에 등장하는 인물의 행동을 알맞게 평가하지 <u>못한</u> 친구의 이름을 쓰세요.

평가

> 선우: 어머니는 '나'의 말을 듣고 잘못을 감싸 주는 대신에 당장 에밀을 찾아가 잘못을 고백하고 용서를 빌라고 하셨어. 이런 단호한 모습을 볼 때, 어머니는 정직함을 매우 중요하게 생각하는 분이야.
>
> 재아: '나'는 에밀에게 사과하며 '내'가 가진 장난감과 지금까지 수집한 나비를 전부 주겠다고 했지만 에밀은 받지 않았어. 이런 모습을 보면 에밀은 겉으로는 냉정해 보여도 속으로는 친구에 대한 배려심이 많은 것 같아.
>
> 보미: '나'는 에밀의 나비를 망가뜨리고 나서 곧 그 일을 후회하며 괴로워했어. 그리고 자신의 잘못을 고백하고 용서를 구했지. 비록 큰 잘못을 저질렀지만 솔직하게 말하고 바로잡으려 한 것은 매우 용기 있는 행동이었다고 생각해.

(   )

핵심 정리

6 노트의 빈칸을 채우며, 이 글의 내용을 정리해 보세요.

「나비」 정리하기

> '나'는 에밀의 ❶(   )를 훔치려다 잘못을 깨닫고, 다시 에밀의 방에 가져다 놓았지만, 나비는 망가지고 말았다.

⬇

> '내'가 모든 일을 털어놓자, ❷(   )는 '나'에게 당장 ❸(   )에게 가서 용서를 빌라고 말했다.

⬇

> '나'는 에밀을 찾아가 사실을 밝히고 용서를 빌었다. 그러나 에밀은 '나'를 비웃으며 용서해 주지 않았고, '나'는 한번 저지른 ❹(   )은 바로잡을 수 없음을 깨달았다.

• 이 글의 주제

> 친구의 나비를 훔치려 한 사건으로 인해 '내'가 겪은 갈등과 깨달음

어휘 다지기

1 다음 낱말의 뜻으로 알맞은 것을 찾아 선으로 이으세요.

(1) 잠기다 •

(2) 나직하다 •

(3) 단호하다 •

• ① 소리가 꽤 낮다.

• ② 어떤 기분 상태에 놓이게 되다.

• ③ 결심이나 태도, 입장 등이 흔들림이 없이 엄격하고 분명하다.

2 빈칸에 알맞은 낱말을 보기 에서 찾아 쓰세요.

보기	도리	멱살	원형

(1) 이번에 발굴된 유물은 놀랍게도 (　　　　) 그대로 보존되어 있었다.

(2) 나희는 잃어버린 이어폰을 찾을 (　　　　)이/가 없다며 속상해했다.

(3) 쌀을 얻으러 간 흥부는 놀부에게 (　　　　)이/가 잡힌 채 대문 밖으로 끌려나왔다.

어휘 키우기

3 다음 뜻을 가진 '치(恥)'가 사용된 낱말에 모두 ∨표 하세요.

한자어

恥
부끄러울 치

예 수치심(羞恥心): 매우 창피하고 부끄러운 마음.

(1) 치욕(　辱): 부끄럽고 욕됨. ☐

(2) 염치(廉　): 체면을 차릴 줄 알며 부끄러움을 아는 마음. ☐

(3) 일치(一　): 비교되는 대상들이 서로 다르지 않고 꼭 같거나 들어맞음. ☐

비유하는 표현 이해하기

개념 이해

　문학 작품에서는 표현하려는 대상을 직접 풀어 쓰지 않고, 다른 것에 빗대어 그림을 그리듯 표현하기도 합니다. 이러한 표현 방법을 문학적 표현이라고 합니다. 다양한 문학적 표현 가운데 비유하는 표현에 대해 알아봅시다.

비유하는 표현

　비유하는 표현은 어떤 대상을 비슷한 특성을 가진 대상에 빗대어 표현하는 것입니다.

　비유하는 표현에 나오는 두 대상 사이에는 공통점이 있습니다. 두 대상의 공통점을 떠올리면 비유하는 표현을 더 잘 이해할 수 있습니다.

＜공통점＞
등이 굽었다.

할미꽃처럼 등이 굽은 우리 할머니

비유하는 표현의 종류

　직유법은 '~처럼', '~같이', '~듯이'와 같은 말을 사용하여 대상을 다른 대상에 직접적으로 빗대어 표현하는 방법입니다.

　은유법은 '~은/는 ~이다'와 같은 형식으로 대상을 다른 대상에 간접적으로 빗대어 표현하는 방법입니다.

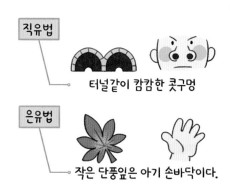

직유법
터널같이 캄캄한 콧구멍

은유법
작은 단풍잎은 아기 손바닥이다.

이렇게 해요!

① 시에서 '~처럼', '~같이', '~듯이', '~은/는 ~이다'와 같은 말로 비유한 부분을 찾아봅니다.

② 표현하려는 대상과 빗댄 대상을 찾아 두 대상의 공통점을 떠올려 보고, 그렇게 비유한 까닭을 알아봅니다.

'보름달' 대신
'쟁반같이 둥근 달'이라고
표현하면 보름달의
둥근 모습이 더
실감 나게 느껴져.

확인 문제

1 다음 시를 읽고, ㉠~㉤ 중 수도꼭지에서 물이 쏟아져 나오는 소리를 빗대어 표현한 대상을 두 개 찾아 기호를 쓰세요.

> 수도꼭지를 확 틀면
> ㉠박수 소리가 터져 나온다
>
> 한꺼번에 벼락같이
> 내지르는 탄성처럼
>
> ㉡꼭 참고 또 참았다가
> 쏟아 낸 재채기처럼
>
> ㉢북받치는 설렘으로
> 물 튀기며 안달하는
>
> 고 작은 폭포수에
> ㉣두 손을 갖다 대면
>
> ㉤마음이 저 먼저 달려와
> 시원하게 씻긴다
>
> ― 김용희, 「수도꼭지」

수도꼭지에서 물이 쏟아져 나오는 소리와 그 소리를 빗댄 대상들의 공통점을 생각해 봐.

(,   )

2 다음 시에서 '달 조각'은 무엇을 빗대어 표현한 것인지 찾아 쓰세요.

> 가자 가자 가자
> 숲으로 가자
> 달 조각을 주우러
> 숲으로 가자.
>
> 그믐밤 반딧불은
> 부서진 달 조각,
>
> 가자 가자 가자
> 숲으로 가자
> 달 조각을 주우러
> 숲으로 가자.
>
> ― 윤동주, 「반딧불」

시에서 은유법으로 표현된 부분을 찾아보자.

(   )

처음 안 일 | 박두순

지하철 보도 계단 맨바닥에
손 내밀고 엎드린
거지 아저씨 손이 텅 비어 있었다.
비 오는 날에도
빗방울 하나 움켜쥐지 못한
㉠나뭇잎들의 손처럼.

동전 하나 놓아 줄까
망설이다 망설이다
그냥 지나치고

내내
무얼 잊어버린 듯…….
집에 와서야
가슴이 비어 있음을 알았다.
거지 아저씨의 손처럼.

마음 한 귀퉁이
잘라 주기가 어려운 걸
처음 알았다.

어휘 풀이

□ **보도** 사람이 걸어다닐 수 있게 만든 길. (步 걸음 보, 道 길 도)

□ **맨바닥** 아무것도 깔려 있지 않은 바닥.

□ **망설이다** 이리저리 생각만 하고 태도를 결정하지 못하다.

□ **귀퉁이** 사물이나 마음의 한구석이나 부분.

1 이 시의 주제를 알맞게 말한 친구의 이름을 쓰세요.

중심
생각

> 현수: 이 시의 주제는 거지 아저씨에 대한 연민과 안타까운 마음이야.
>
> 경희: 이 시에서는 모든 일에 최선을 다하는 삶의 중요성을 말하고 있어.
>
> 선아: 다른 사람을 돕는 일이 어렵다는 것에 대한 깨달음이 이 시의 주제야.
>
> 지애: 이 시에서 말하려는 것은 나뭇잎과 동전처럼 작은 존재의 소중함이야.

(   )

2 이 시에 대한 설명으로 알맞지 <u>않은</u> 것에 ×표 하세요.

내용
이해

(1) 1연의 공간적 배경은 지하철 보도이다. (   )

(2) 2연에서 말하는 이는 거지 아저씨에게 동전 하나를 주었다. (   )

(3) 3연에서 말하는 이는 집에 돌아와 자신의 행동을 되돌아보았다. (   )

(4) 4연의 "마음 한 귀퉁이 잘라 주기"의 의미는 '누군가를 돕는 것'이다. (   )

전략 적용

3 ㉠에 사용된 비유하는 표현에 대한 설명으로 알맞은 것은 무엇인가요? (   )

표현
파악

① 직유법을 사용하여 '비 오는 날'을 '나뭇잎들의 손'에 빗대어 표현하였다.

② 직유법을 사용하여 '나뭇잎들의 손'을 '비 오는 날'에 빗대어 표현하였다.

③ 직유법을 사용하여 '거지 아저씨 손'을 '나뭇잎들의 손'에 빗대어 표현하였다.

④ 은유법을 사용하여 '나뭇잎들의 손'을 '거지 아저씨 손'에 빗대어 표현하였다.

⑤ 은유법을 사용하여 '거지 아저씨 손'을 '나뭇잎들의 손'에 빗대어 표현하였다.

어떻게 알았나요?

　　　　　은 '~처럼', '~같이', '~듯이'와 같은 말을 사용하여 대상을 다른 대상에 직접적으로 빗대어 표현하는 방법

입니다.

4 이 시에 나타난 말하는 이의 마음 변화를 알맞게 짐작한 것은 무엇인가요? (   )

★추론

	1연	2연	3연	4연
①	두려움	아쉬움	반가움	깨달음
②	반가움	아쉬움	미안함	깨달음
③	반가움	망설임	두려움	깨달음
④	안타까움	망설임	미안함	깨달음
⑤	안타까움	망설임	반가움	깨달음

실전 1

돌담에 속삭이는 햇발 | 김영랑

시 | 130자

㉠돌담에 속삭이는 햇발같이
㉡풀 아래 웃음 짓는 샘물같이
내 마음 고요히 고운 봄 길 위에
오늘 하루 하늘을 우러르고 싶다.

㉢새악시 볼에 떠오는 부끄럼같이
㉣시의 가슴에 살포시 젖는 물결같이
보드레한 에메랄드 얇게 흐르는
실비단 하늘을 바라보고 싶다.

어휘 풀이

☐ **햇발** 사방으로 퍼지는 햇살.

☐ **우러르다** 위를 향하여 고개를 정중히 들고 쳐다보다.

☐ **새악시** '갓 결혼한 여자'를 뜻하는 '새색시'의 방언.

☐ **보드레하다** 꽤 보드라운 느낌이 있다.

☐ **실비단** 가는 실로 짠 비단.

1 이 시에 대한 설명으로 알맞지 <u>않은</u> 것은 무엇인가요? (   )

내용
이해

① 전체적으로 따뜻하고 평화로운 분위기이다.

② 1연과 2연의 구조를 전혀 다르게 하여 다채로움을 준다.

③ '~같이', '~고 싶다.'와 같은 말을 반복하여 리듬감을 느끼게 한다.

④ '햇발'과 '샘물'이 사람처럼 속삭이고 웃음 짓는다고 표현하고 있다.

⑤ '살포시', '보드레한'과 같이 순우리말의 아름다움이 느껴지는 시어를 사용하고 있다.

2 이 시를 읽고 떠올린 장면으로 알맞지 <u>않은</u> 것은 무엇인가요? (   )

내용
이해

① 돌담에 햇볕이 내리쬐는 모습

② 풀밭 아래로 샘물이 흐르는 모습

③ 물결을 타고 노느라 옷이 젖는 모습

④ 새색시가 부끄러워하며 볼을 붉히는 모습

⑤ 에메랄드빛처럼 푸른 하늘이 펼쳐진 모습

3 전략 적용

ᄀ~ᄅ에 대해 알맞게 설명한 것을 두 개 고르세요. (,   )

표현
파악

① '내 마음은 호수요'와 비슷한 표현 방법을 사용하였다.

② '천사처럼 고운 아기'와 비슷한 표현 방법을 사용하였다.

③ '돌담'을 '햇발', '샘물', '부끄럼', '물결'에 빗대어 표현하였다.

④ 대상을 다른 대상에 간접적으로 빗대어 표현하는 방법을 사용하였다.

⑤ 대상을 다른 대상에 직접적으로 빗대어 표현하는 방법을 사용하였다.

💡 어떻게 알았나요?

                       은 '~은/는 ~이다'와 같은 형식으로 대상을 다른 대상에 간접적으로 빗대어 표현하는 방법입니다.

4 다음과 같은 표현이 사용된 말을 이 시에서 찾을 때, 알맞은 것에 ○표 하세요.

표현
파악

> 촉각적 표현은 감촉, 온도 등을 손으로 만지듯이 표현한 것을 말한다.

(1) 고운 봄 길   (   )   (2) 속삭이는 햇발   (   )

(3) 웃음 짓는 샘물   (   )   (4) 보드레한 에메랄드   (   )

5 다음은 이 시에 대한 해석입니다. 빈칸에 공통으로 들어갈 알맞은 말은 무엇인가요? (   )

창의

> 이 시의 1연에서 말하는 이는 봄 길 위에 서서 [   ]을 우러르기를 소망한다. 그리고 2연에서 [   ]은 아름다운 에메랄드와 고운 실비단으로 표현되고 있다. 따라서 이 시에서 말하는 이가 간절하게 소망하는 대상인 [   ]은 '아름답고 고운 세상'을 뜻한다고 해석할 수 있다.

① 풀   ② 돌담   ③ 물결
④ 웃음   ⑤ 하늘

핵심 정리

6 노트의 빈칸을 채우며, 이 시의 내용을 정리해 보세요.

「돌담에 속삭이는 햇발」 정리하기

1연	내 마음은 햇발같이, ❶( )같이 하늘을 우러르고 싶다.
2연	내 마음은 ❷( )같이, 물결같이 하늘을 바라보고 싶다.

⬇

주제	❸( )을 소망하는 마음

• 이 시의 운율

> 이 시는 '돌담에∨속삭이는∨햇발같이'처럼 대체로 ❹(   ) 마디씩 끊어 읽게 되어 읽을 때 리듬감이 느껴진다.

어휘 다지기

1 다음 낱말의 뜻으로 알맞은 것을 찾아 선으로 이으세요.

(1) 속삭이다 •　　　　　• ① 꽤 보드라운 느낌이 있다.

(2) 우러르다 •　　　　　• ② 위를 향하여 고개를 정중히 들고 쳐다보다.

(3) 보드레하다 •　　　　• ③ 남이 알아듣지 못하게 작은 목소리로 가만가만 이야기하다.

2 빈칸에 알맞은 낱말을 보기 에서 찾아 쓰세요.

보기	햇발	고요히	살포시

(1) 그는 소리를 내지 않고 (　　　　　　) 미소를 지었다.

(2) 잠든 아기가 깨지 않도록 (　　　　　　) 이불을 덮어 주었다.

(3) 밝은 (　　　　　　)에 눈이 부셔서 나도 모르게 얼굴을 찌푸렸다.

어휘 키우기

뜻을
더하는
말

3 다음 '실-'이 붙은 낱말이 쓰인 것에 모두 ∨표 하세요.

실-	낱말의 앞에 붙어 '가느다란', '엷은'의 뜻을 더하는 말. 예 하늘거리는 <u>실비단</u>으로 한복을 지어 입었다.

(1) 아기가 졸린지 <u>실눈</u>을 뜨고 하품을 한다.　　　　　　　□

(2) 우리 동네에는 꼬불꼬불한 <u>실개천</u>이 흐른다.　　　　　　□

(3) 텔레비전에서 해외 축구 경기를 <u>실시간</u>으로 중계해 준다.　　□

실전 2

호랑나비 돛배 | 고진하

시 | 207자

홀로 산길을 오르다 보니,
가파른 ˙목조 계단 위에
호랑나비 날개 한 짝 떨어져 있다.
문득
개미 한 마리 나타나
뻘뻘 기어 오더니
호랑나비 날개를 턱, 입에 문다.
그리고 나서
제 몸의 몇 배나 되는
호랑나비 날개를 번쩍 쳐드는데
어쭈,
㉠날개는 근사한 ˙돛이다.
(암, 날개는 돛이고말고!)

바람 한 점 없는데
바람을 받는 돛배처럼
기우뚱
㉡기우뚱대며
산길을 가볍게 떠가고 있었다
개미를 태운
호랑나비 돛배!

어휘 풀이

☐ **목조** 나무로 만든 물건.
 (木 나무 목, 造 지을 조)

☐ **돛** 배 바닥에 기둥을 세
 운 후 매다는 넓은 천.
 바람을 받아 배를 가게
 한다.

1 이 시의 내용으로 알맞은 것은 무엇인가요? (   )

내용
이해

① 말하는 이는 친구와 함께 산길을 올랐다.

② 떨어진 호랑나비 날개를 개미가 입에 물었다.

③ 근사한 날개를 가진 호랑나비가 춤을 추었다.

④ 개미들이 힘을 합쳐 호랑나비 날개를 옮겼다.

⑤ 바람 한 점 없는 하늘에 구름이 떠가고 있었다.

2

전략 적용

㉠에 쓰인 표현 방법에 대한 설명으로 알맞지 않은 것에 ✕표 하세요.

표현
파악

(1) 직유법을 사용하였다.   (   )

(2) 은유법을 사용하였다.   (   )

(3) 호랑나비 날개를 돛에 빗대어 표현하였다.   (   )

(4) 표현하려는 대상과 빗댄 대상의 공통점은 기우뚱대며 나아간다는 점이다.   (   )

3 ㉡에 대해 알맞게 설명한 친구를 두 명 고르세요. (,   )

표현
파악

① 영우: 행마다 글자 수를 비슷하게 반복해서 리듬감이 느껴져.

② 윤하: 돛배가 산길을 떠가는 모습을 생생하게 보여 주고 있어.

③ 해미: 흉내 내는 말을 사용하여 대상을 실감 나게 표현하고 있어.

④ 미진: 돛배가 바람을 받아 떠가는 원리를 자세히 알려 주고 있어.

⑤ 종수: 개미가 호랑나비 날개를 물고 가는 모습을 돛배에 빗대어 표현하고 있어.

4 개미를 바라보는 말하는 이의 마음을 가장 알맞게 짐작한 것은 무엇인가요? (   )

★추론

① 무섭고 겁난다.   ② 설레고 행복하다.

③ 안타깝고 걱정된다.   ④ 근사하고 기특하다.

⑤ 답답하고 불안하다.

💡 어떻게 알았나요?

말하는 이는 개미가 제 몸의 _____ 나 되는 호랑나비 날개를 드는 모습을 보았습니다.

5 이 시와 보기 의 시를 비교한 내용으로 알맞은 것에 ○표 하세요.

창의

> 보기
>
> 저것은 벽
>
> 어쩔 수 없는 벽이라고 우리가 느낄 때
>
> 그때
>
> 담쟁이는 말없이 그 벽을 오른다
>
> 물 한 방울 없고 씨앗 한 톨 살아남을 수 없는
>
> 저것은 절망의 벽이라고 말할 때
>
> 담쟁이는 서두르지 않고 앞으로 나아간다
>
> — 도종환, 「담쟁이」 중

(1) 이 시의 '개미'와 보기 의 '담쟁이'는 작은 몸으로 하기 어려운 일을 해낸다. (　　　)

(2) 이 시의 '개미'와 보기 의 '담쟁이'는 사람이 아니지만 사람처럼 표현되어 있다. (　　　)

(3) 이 시의 '개미'는 긍정적으로 그려지지만, 보기 의 '담쟁이'는 부정적으로 그려진다.

(　　　)

핵심 정리

6 노트의 빈칸을 채우며, 이 시의 내용을 정리해 보세요.

「호랑나비 돛배」 정리하기

1~13행	❶(　　　) 한 마리가 나타나 땅에 떨어진 호랑나비 날개를 입에 물고 번쩍 쳐든다. → 호랑나비 날개는 근사한 돛이다.
14~20행	개미가 호랑나비 날개를 물고 기우뚱대며 산길을 간다. → 개미가 호랑나비 날개를 물고 가는 모습은 개미를 태운 ❷(　　　)이다.

⬇

주제	제 몸보다 몇 배나 큰 호랑나비 ❸(　　　)를 물고 가는 개미의 모습

• 이 시의 표현

> 이 시에서 "날개는 근사한 돛이다."는 ❹(　　　)을 사용한 표현이고, "바람을 받는 돛배처럼"은 ❺(　　　)을 사용한 표현이다. 이와 같은 비유적 표현을 읽으면 대상이 더욱 참신하고 실감 나게 느껴진다.

1 다음 낱말의 뜻으로 알맞은 것을 찾아 선으로 이으세요.

(1) 가파르다 •

(2) 근사하다 •

(3) 기우뚱대다 •

• ① 멋있고 보기에 좋다.

• ② 산이나 길이 몹시 기울어져 있다.

• ③ 물체가 자꾸 이쪽저쪽으로 기울어지며 흔들리다.

2 빈칸에 알맞은 낱말을 보기 에서 찾아 쓰세요.

보기	돛	점	목조

(1) 하늘에 구름 한 (　　　　　) 없는 맑은 날이다.

(2) 원목을 깎아 만든 (　　　　　) 장식장이 멋스럽다.

(3) 그 배는 거센 폭풍에 (　　　　　)이/가 갈기갈기 찢어졌다.

어휘 키우기

3 다음 밑줄 친 낱말과 같은 뜻의 '받다'가 쓰인 것에 V표 하세요.

동형어

> 바람을 받는 돛배처럼 기우뚱 기우뚱대며 산길을 가볍게 떠가고 있었다.

(1) 바닷물이 햇빛을 받아 반짝였다. ☐

(2) 그 선수는 날아오는 공을 머리로 받았다. ☐

(3) 빗길에 미끄러진 차는 난간을 받은 후에 간신히 멈췄다. ☐

4

설명 방법 알기
: 정의, 예시, 열거, 인과

개념 이해

설명하는 글에서는 읽는 이가 설명하는 대상에 대해 쉽게 이해할 수 있도록 대상의 특징을 잘 드러내는 설명 방법을 사용합니다. 다양한 설명 방법 가운데 정의, 예시, 열거, 인과에 대해 알아볼까요?

정의

정의는 어떤 대상의 뜻을 쉽게 풀어서 설명하는 방법입니다.

```
□은/는
□(이)다.
```

예시

예시는 대상과 관련된 구체적인 예를 들어 설명하는 방법입니다.

```
예를 들어…….
예컨대…….
```

열거

열거는 대상의 특징을 나열하여 설명하는 방법입니다.

```
첫째, …….
둘째, …….
셋째, …….
```

인과

인과는 대상에 대해 원인과 결과를 중심으로 설명하는 방법입니다.

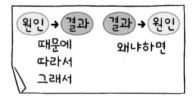

```
원인 → 결과      결과 → 원인
때문에           왜냐하면
따라서
그래서
```

이렇게 해요!

① 글에서 설명하는 대상이 무엇인지 파악합니다.

② 대상의 특징을 잘 드러내기 위해 어떤 설명 방법을 사용했는지 살펴봅니다.

하나의 글에 여러 가지 설명 방법이 사용되기도 해.

확인 문제

[1~2] 다음 글을 읽고, 물음에 답하세요.

> ㉠마찰력은 물체가 어떤 면과 접촉하여 운동할 때 그 운동을 방해하는 힘이다. 마찰력의 크기는 접촉면의 거칠기에 따라 달라진다. 물체의 접촉면이 거칠면, 마찰력이 커서 물체가 잘 미끄러지지 않는다. 반대로 물체의 접촉면이 매끄러우면, 마찰력이 작아서 잘 미끄러진다. 스포츠 종목 중에는 마찰력이 경기력을 좌우하는 것이 많다. ㉡예를 들면, 얼음 위에서 이루어지는 동계 스포츠 종목인 쇼트트랙과 컬링이 대표적이다.
>
> ㉢쇼트트랙은 111.12 m의 아이스링크 트랙을 돌아 순위를 겨루는 경기이다. 경기에서 이기려면 다른 선수보다 결승선에 먼저 들어와야 하므로 경기 내내 속도를 유지하는 것이 중요하다. 쇼트트랙 선수들은 곡선 구간에서 넘어지지 않으려고 손으로 빙판을 짚는데, 이때 마찰력이 커지면서 속도가 줄어든다. 이를 최소화하기 위해 쇼트트랙 선수들은 손끝에 매끄러운 에폭시를 붙인 장갑을 착용한다. 이것이 개구리 손처럼 생긴 쇼트트랙 장갑의 비밀이다.
>
> ㉣컬링은 빙판에서 둥글고 납작한 돌인 '스톤'을 표적 안으로 미끄러뜨려 득점을 겨루는 경기이다. 컬링 선수들은 스톤을 표적에 최대한 가까이 보내기 위해 '브룸'이라는 빗자루 모양의 도구를 써서 스톤의 이동 거리를 조절한다. ㉤브룸으로 빙판을 문질러 얼음을 녹이면 마찰력이 작아지기 때문에 스톤이 더 멀리까지 미끄러진다. 반대로 스톤을 멀리 보내고 싶지 않을 때에는 브룸을 문지르지 않는다. 컬링 경기 자체가 마찰력의 원리로 진행되는 것이다.

이 글에는 정의, 예시, 인과 등 여러 가지 설명 방법이 사용되었어.

1 이 글에서 설명하는 대상이 무엇인지 빈칸에 알맞은 말을 각각 쓰세요.

(   )이 경기력을 좌우하는 동계 (   ) 종목

2 ㉠~㉤이 다음 중 어떤 설명 방법을 사용하였는지 찾아 기호를 쓰세요.

(1) 정의: (,   ,   )

(2) 예시: (   )

(3) 인과: (   )

세상을 바꾸는 공유 경제

사회 | 1,032자

📖 교과 연계
사회 6-1 우리나라의 경제 발전

따릉이, 타슈, 타랑께, 누비자. 이 친근한 이름들은 모두 지역에서 운영하는 공공 자전거 제도의 명칭입니다. ㉠공공 자전거 제도는 지방 자치 단체가 자전거를 사서 곳곳에 비치해 놓고 주민들에게 적은 비용으로 빌려주는 서비스를 말합니다. 공공 자전거 제도처럼 어떤 물건을 소유한 사람이 그 물건을 자신만 쓰는 것이 아니라, 여럿이 함께 사용하거나 필요한 만큼 빌려주는 것을 '공유 경제 서비스'라고 합니다. 공유 경제 서비스는 책, 의류, 자동차, 장소에 이르기까지 광범위한 분야에서 활성화되어 있습니다.

공유 경제 서비스가 주목받은 것은 2008년 세계 경제 위기 이후였습니다. 경제가 어려워지자 사람들은 소비를 줄였고, 필요한 물건을 사는 대신 저렴하게 빌려 쓰는 서비스를 적극적으로 이용하기 시작했습니다. 아울러 인터넷의 발달로 물건을 가진 사람과 빌릴 사람을 연결해 주는 온라인 공간이 많아지면서 공유 경제 서비스는 빠르게 확산하였습니다.

공유 경제 서비스는 효율적입니다. 물건을 빌려주는 사람은 사용하지 않는 물건을 제공하여 수익을 올리고, 빌려 쓰는 사람은 필요한 물건을 저렴하게 이용할 수 있기 때문입니다. 또한 불필요한 구매를 줄여 자원의 낭비를 최소화한다는 점에서 친환경적입니다. 이와 같은 장점 때문에 미국의 시사 주간지『타임』은 세상을 변화시킬 10대 아이디어 중 하나로 공유 경제를 선정하기도 했습니다.

㉡ 그러나 공유 경제 서비스를 둘러싼 문제점도 있습니다. 다른 사람이 소유한 물건을 빌리는 것이다 보니 물건의 안전성을 확인하기 어렵습니다. 그리고 안전 문제가 발생했을 때 누구에게 책임을 물어야 할지 모호할 수 있습니다. 또 새롭게 등장한 공유 경제 서비스가 기존에 물건을 생산하던 업체의 이익을 침해하여 사회적 갈등이 나타나기도 합니다.

내가 가진 물건을 다른 사람과 나누어 사용하고, 물건을 새로 사기보다 합리적인 가격에 빌려 쓰는 공유 경제 서비스는 현재 전 세계적으로 각광을 받고 있습니다. 전문가들은 공유 경제 서비스가 그 장점을 유지하면서 문제점을 보완한다면, 앞으로도 분야를 확장하며 빠르게 성장할 것으로 전망합니다.

어휘 풀이

☐ **비치하다** 마련하여 갖추어 두다.

☐ **확산하다** 흩어져 널리 퍼지다. (擴 넓힐 확, 散 흩을 산)

☐ **효율적** 들인 노력에 비하여 얻는 결과가 큰 것.

☐ **수익** 일이나 사업 등에서 얻은 이익. (收 거둘 수, 益 더할 익)

☐ **모호하다** 어떤 말이나 태도가 정확하게 무엇을 뜻하는지 분명하지 않다.

☐ **각광** 사회적 관심이나 흥미.

1 이 글에서 주로 설명하는 대상은 무엇인가요?   (   )

중심
생각

① 친환경적 소비   ② 공유 경제 서비스

③ 공공 자전거 제도   ④ 온라인 거래 서비스

⑤ 합리적인 소비 방식

2 이 글의 내용으로 알맞지 <u>않은</u> 것은 무엇인가요?   (   )

내용
이해

① 공공 자전거 제도는 공유 경제 서비스이다.

② 2008년 세계 경제 위기 이후로 공유 경제 서비스가 주목받았다.

③ 공유 경제 서비스는 기존에 물건을 생산하던 업체의 이익을 보호해 준다.

④ 『타임』은 세상을 변화시킬 10대 아이디어 중 하나로 공유 경제를 선정하였다.

⑤ 공유 경제 서비스를 이용하면 필요한 물건을 합리적인 가격에 빌려 쓸 수 있다.

전략 적용

3 ㉠과 ㉡에서 사용한 설명 방법을 알맞게 묶은 것은 무엇인가요?   (   )

구조
파악

① ㉠ – 예시, ㉡ – 인과   ② ㉠ – 예시, ㉡ – 열거   ③ ㉠ – 정의, ㉡ – 예시

④ ㉠ – 정의, ㉡ – 인과   ⑤ ㉠ – 정의, ㉡ – 열거

💡 어떻게 알았나요?

㉠은 공공 자전거 제도의 뜻을 쉽게 풀어서 설명하였고, ㉡은 공유 경제 서비스의 문제점들을 _____ 하여 설명하였습니다.

4 이 글을 읽고 짐작한 내용을 <u>잘못</u> 말한 친구의 이름을 쓰세요.

★ 추론

> 지영: 내가 타던 자전거를 적은 비용으로 다른 사람들에게 빌려준다면 그것도 공유 경제
> 　　　 서비스겠구나.
> 찬희: 자전거가 필요한 사람들이 공유 경제 서비스를 이용하면 자전거 판매점에서는 수익
> 　　　 이 줄어들겠네.
> 경수: 공유 경제 서비스는 다른 사람이 사용했던 물건을 사서 쓰는 것이다 보니 안전 문제
> 　　　 가 발생할 우려가 있겠어.
> 진주: 물건을 빌려줄 사람과 빌릴 사람을 연결해 주는 스마트폰 애플리케이션이 많아지면
> 　　　 서 공유 경제 서비스가 확산되었을 거야.

(   )

직선보다 강한 곡선, 아치

예술 | 1,102자

1 고대 로마의 원형 경기장이었던 콜로세움은 유럽의 대표적인 명소입니다. 콜로세움에서 가장 눈길을 끄는 것은 층마다 뚫려 있는 아치입니다. '아치'란 윗부분이 곡선형이 되도록 •자재를 쌓아 올린 구조를 말합니다. 콜로세움은 거대한 아치 가 240개나 있어서 '아치들의 •교향곡'이라고도 불

▲ 콜로세움

립니다. 고대 로마에서는 콜로세움과 같은 •견고하고 거대한 건축물을 짓기 위해 아치를 적극적으로 활용하였습니다.

2 아치는 건축물의 무게를 더 많이 •지탱할 수 있는 구조입니다. 아치 구조에서는 윗부분을 누르는 힘이 수직으로 미치는 대신에 아치의 곡선을 따라 주변 기둥과 땅으로 •분산됩니다. 그래서 비어 있는 공간이 있어도 건축물이 무너지지 않고 형 태를 안정적으로 유지할 수 있습니다. 반면, 아치형이 아닌 네모 모양의 구조물은 같은 힘이 가해지더라도 평평한 윗부분에 무게가 집중되기 때문에 •균열이 생기고 건축물이 무너질 위험이 있습니다. 이러한 아치의 과학적 원리를 적용한 고대 로 마의 건축물에는 콜로세움 외에도 판테온 신전, 수도교, 콘스탄티누스 개선문 등 이 있습니다.

3 아치는 시대에 따라 다양한 형태로 변화해 왔습니다. 고대 로마에서 주로 사용 한 아치는 윗부분이 반원 모양인 ㉠원호 아치였습니다. 원호 아치는 중세에 들어 로마네스크 건축의 기본 형식으로 자리 잡았습니다. 이후 고딕 건축이 등장하면 서 원호 아치는 윗부분의 꼭대기가 뾰족한 ㉡첨두 아치로 발전하였습니다. 나아 가 이슬람 건축에도 아치가 전파되어, 볼록한 곡선과 오목한 곡선의 조합으로 이 루어진 독특한 형태의 ㉢오지 아치가 나타났습니다. 근대에 와서는 철근 콘크리 트, •철골 등 다양한 건축 재료가 발전하면서 아치의 모양과 크기가 더욱 자유로워 졌습니다.

4 아치형 구조는 건축물뿐만 아니라 우리 몸이나 주변 사물에서도 쉽게 찾아볼 수 있습니다. 사람의 발바닥은 일반적으로 가운데가 오목하게 들어간 아치형입 니다. 이 아치형 구조는 걸을 때마다 발에 가해지는 체중을 분산하고 몸의 균형을 잡아 주는 역할을 합니다. 또 탄산음료 캔의 바닥도 오목한 아치형입니다. 탄산음 료의 톡 쏘는 맛을 내는 이산화 탄소는 압력이 높아야 물에 잘 녹습니다. 그래서 탄산음료 캔은 내부의 압력이 높은데, 이와 같은 압력을 견딜 수 있도록 바닥을 아 치형으로 만든 것입니다.

어휘 풀이

☐ **자재** 무엇을 만들기 위 한 기본적인 재료. (資 재 물 자, 材 재목 재)

☐ **교향곡** 관현악을 위하 여 만든 규모가 큰 곡.

☐ **견고하다** 굳고 단단하 다. (堅 굳을 견, 固 굳을 고)

☐ **지탱하다** 어떤 것을 버 티거나 견디거나 유지 하다. (支 지탱할 지, 撐 버 팀목 탱)

☐ **분산되다** 갈라져 흩어지 다. (分 나눌 분, 散 흩을 산)

☐ **균열** 거북의 등에 있는 무늬처럼 갈라져 터짐.

☐ **철골** 철재로 된 건축물 의 뼈대. (鐵 쇠 철, 骨 뼈 골)

1 이 글을 읽고 알 수 있는 내용이 <u>아닌</u> 것은 무엇인가요? (   )

<small>내용
이해</small>

① 아치의 뜻

② 아치의 예술적 가치

③ 아치의 과학적 원리

④ 생활 속 아치형 구조의 예

⑤ 시대에 따른 아치 형태의 변화

2 아치에 대한 설명으로 알맞지 <u>않은</u> 것은 무엇인가요? (   )

<small>내용
이해</small>

① 건축물의 무게를 더 많이 지탱할 수 있다.

② 윗부분이 곡선형이 되도록 자재를 쌓아 올린 구조이다.

③ 누르는 힘이 가해질 때 평평한 부분에 무게가 집중된다.

④ 판테온 신전, 수도교, 콘스탄티누스 개선문 등에 적용되었다.

⑤ 사람의 발바닥이나 캔의 바닥에서도 그 형태를 찾아볼 수 있다.

3

<small>전략 적용</small>

각 문단에서 사용한 설명 방법으로 알맞은 것을 두 개 찾아 ○표 하세요.

<small>구조
파악</small>

(1) **1**문단: 아치가 무엇인지를 정의의 방법으로 설명하였다.   (   )

(2) **2**문단: 아치 구조가 안정적으로 유지되는 까닭을 열거의 방법으로 설명하였다. (   )

(3) **3**문단: 아치의 모양과 크기가 달라진 과정을 인과의 방법으로 설명하였다.   (   )

(4) **4**문단: 건축물이 아닌 아치형 구조의 사례를 예시의 방법으로 설명하였다.   (   )

4 다음 그림은 ㉠ ~ ㉢ 중 무엇에 해당하는지 찾아 알맞은 기호를 쓰세요.

<small>★ 추론</small>

(1)

(   )

(2)

(   )

(3)

(   )

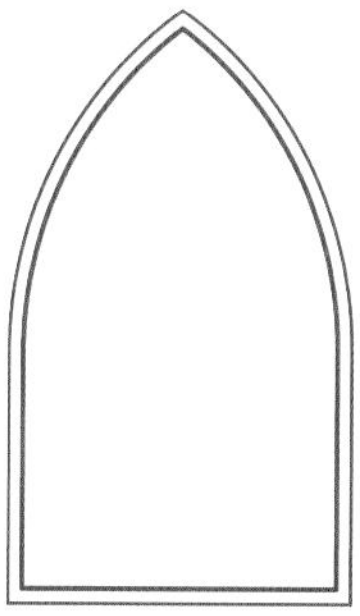

💡 **어떻게 알았나요?**

오목한 곡선이 있는 형태의 아치는 _____ 아치입니다.

5 이 글과 보기 를 읽고 평발을 가진 사람에 대해 알맞게 짐작한 것은 무엇인가요? (   )

★ 추론

> 보기
>
> 발바닥에 오목하게 들어간 데가 없이 평평하게 된 발을 '평발'이라고 한다. 평발은 발바닥 안쪽이 아치형을 이루지 못하고 평평하게 생겼다.
>
>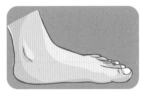
>
> ▲ 일반적인 발   ▲ 평발

① 발바닥이 두꺼워서 체중을 잘 견딜 것이다.

② 발바닥의 면적이 넓어 더 빨리 걸을 수 있을 것이다.

③ 발에 힘을 잘 주지 못하므로 오래 걷기가 힘들 것이다.

④ 발에 가해지는 체중이 분산되지 않아 걸을 때 발이 쉽게 피로해질 것이다.

⑤ 발바닥 전체가 땅에 닿기 때문에 몸의 균형을 더 잘 유지할 수 있을 것이다.

핵심 정리

6 노트의 빈칸을 채우며, 이 글의 내용을 정리해 보세요.

「직선보다 강한 곡선, 아치」 정리하기

1문단	고대 로마에서는 견고하고 거대한 건축물을 짓기 위해 윗부분이 곡선형이 되도록 자재를 쌓아 올린 구조인 ❶( )를 활용하였다.
2문단	아치는 윗부분을 누르는 힘이 아치의 곡선을 따라 ❷( )되어 건축물의 무게를 더 많이 지탱할 수 있다.
3문단	고대 로마에서는 ❸( ) 아치를 주로 사용하였고, 이후 첨두 아치, 오지 아치 등으로 발전하다가 근대에 와서는 아치의 모양과 크기가 더욱 자유로워졌다.
4문단	건축물뿐만 아니라 사람의 발바닥, ❹( )의 바닥 등 우리 몸이나 주변 사물에서도 오목한 아치의 형태를 찾아볼 수 있다.

어휘 다지기

1 다음 낱말의 뜻으로 알맞은 것을 찾아 선으로 이으세요.

(1) 견고하다 •

(2) 분산되다 •

(3) 지탱하다 •

• ① 굳고 단단하다.

• ② 갈라져 흩어지다.

• ③ 어떤 것을 버티거나 견디거나 유지하다.

2 빈칸에 알맞은 낱말을 보기 에서 찾아 쓰세요.

보기   균열   철골   교향곡

(1) 집이 오래되어 군데군데 (   )이 생겼다.

(2) 베토벤이 작곡한 (   )은 웅장한 느낌을 준다.

(3) 지진으로 벽이 무너져 건물의 (   )이 그대로 드러났다.

어휘 키우기

3 다음 뜻을 가진 '집(集)'이 사용된 낱말에 모두 ∨표 하세요.

한자어

集
모을 집

예 집중(集中): 한곳을 중심으로 하여 모임. 또는 그렇게 모음.

(1) 집필(筆): 직접 글을 씀. ☐

(2) 집단(團): 여럿이 모여서 이룬 무리나 단체. ☐

(3) 집대성(大成): 여러 가지를 모아 하나의 체계를 이루어 완성함. ☐

실전 2

논증의 오류

인문 | 1,127자

교과 연계
국어 6-1 주장과 근거를 판단해요

1 자신과 생각이 다른 사람을 설득하기 위해서는 적절한 근거를 들어 자신의 주장이 옳음을 증명해야 한다. 이러한 과정을 '논증'이라고 한다. 논증은 논리적이어야 한다. 만약 근거가 적절하지 않음에도 자신의 주장이 옳다고 결론짓는다면, 이는 논증의 오류이다. 논증 과정에서 저지를 수 있는 오류 가운데 대표적인 몇 가지를 살펴보면 다음과 같다.

2 ㉠성급한 일반화의 오류는 대표성이 없는 자료나 일부의 사례를 가지고 곧바로 결론을 내리는 것이다. 고사성어 '맹인모상(盲人摸象)'에 얽힌 이야기를 살펴보면 성급한 일반화의 오류를 잘 이해할 수 있다. 옛날에 인도의 어떤 왕이 눈이 보이지 않는 사람들을 모아 코끼리를 만져 보게 하고는 코끼리의 생김새에 대해 물었다. 그러자 코끼리의 상아를 만진 사람은 '무'를 닮았다고 하였고, 코를 만진 사람은 '방망이'처럼 생겼다고 말했으며, 꼬리를 만진 사람은 '밧줄'과 같이 생겼다고 주장하였다. 이렇듯 코끼리의 일부만을 만져 보고 섣불리 결론을 내리는 모습은 성급한 일반화의 오류를 보여 준다.

3 ㉡합성의 오류는 부분이 옳음을 근거로 하여 전체도 옳을 것이라고 단정하는 것이다. 이는 각 부분의 속성과 그 부분들이 결합한 전체의 속성이 서로 다를 수 있음을 간과할 때 발생한다. 예를 들어 "1과 3은 홀수이므로, 1과 3을 더한 4도 홀수이다."라는 주장은 대표적인 합성의 오류이다. '1'과 '3'은 홀수가 맞지만, 그 속성이 두 숫자를 더했을 때도 유지되는 것은 아니기 때문이다.

4 ㉢피장파장의 오류는 다른 사람의 잘못을 들어 자신의 잘못을 정당화하는 것이다. 이 오류는 타인의 지적을 반박하는 상황에서 흔히 나타난다. "숙제를 하지 않은 것은 잘못이야."라고 지적하는 친구에게 "너도 예전에 숙제를 안 한 적이 있잖아. 그런데 뭐가 문제야?"라고 말하는 것이 그 예이다. 이처럼 자신이 옳다는 근거를 제시하는 대신, 상대방의 도덕성을 공격하여 자기주장의 정당성을 확보하려는 것을 피장파장의 오류라고 한다.

5 이와 같은 논증의 오류는 겉으로는 그럴듯해 보이지만 실제로는 비논리적이기 때문에 잘못된 판단으로 이어질 수 있다. 따라서 논증을 할 때는 정확하고 객관적인 근거를 들어야 한다. 그리고 다른 사람의 논증을 평가할 때도 그 사람이 오류를 범하고 있는 것은 아닌지 비판적으로 검토해야 한다.

어휘 풀이

□ **단정하다** 딱 잘라서 판단하고 결정하다. (斷 끊을 단, 定 정할 정)

□ **속성** 사물의 특징이나 성질.

□ **간과하다** 큰 관심 없이 대강 보아 넘기다. (看 볼 간, 過 지날 과)

□ **피장파장** 두 편이 서로 낫고 못함이 없음.

□ **반박하다** 어떤 의견이나 주장 등에 반대하여 말하다.

□ **정당성** 이치에 맞아 올바른 성질. (正 바를 정, 當 마땅할 당, 性 성품 성)

1 글쓴이가 이 글을 쓴 목적은 무엇인가요?   (   )

중심
생각

① 논증의 장단점을 설명하기 위해서
② 다양한 논증의 오류를 설명하기 위해서
③ 고사성어에 담긴 교훈을 알려 주기 위해서
④ 논증의 오류가 발생하는 원인을 설명하기 위해서
⑤ 다른 사람의 논증을 평가하는 방법을 알려 주기 위해서

2 이 글의 내용으로 알맞지 <u>않은</u> 것에 ✕표 하세요.

내용
이해

(1) 적절하지 못한 근거를 들어 자신의 주장이 옳다고 결론짓는다면, 이는 논증의 오류이다.

(   )

(2) 논증의 오류는 잘못된 판단으로 이어질 수 있으므로, 타인의 논증을 비판적으로 검토하는 것도 중요하다. (   )

(3) 다른 사람의 잘못을 지적하거나 도덕성을 공격하여 자기주장의 정당성을 확보하는 것은 올바른 논증이다. (   )

(4) "1과 3은 홀수이므로, 이들을 더한 4도 홀수이다."라는 말은 부분의 속성과 전체의 속성이 다를 수 있음을 간과한 주장이다. (   )

3
구조
파악

> 전략 적용

각 문단에서 사용한 설명 방법을 알맞게 짝 지은 것은 무엇인가요?   (   )

	1문단	**2**~**4**문단	**5**문단		**1**문단	**2**~**4**문단	**5**문단
①	열거	정의, 예시	인과	②	열거	정의, 인과	예시
③	정의	정의, 예시	인과	④	정의	정의, 인과	예시
⑤	인과	정의, 예시	예시				

💡 어떻게 알았나요?

대상과 관련된 구체적인 예를 들어 설명하는 방법을   라고 합니다.

4 ㉠~㉢ 중 다음 사례에 해당하는 것을 찾아 기호를 쓰세요.

★ 추론

> 친한 친구들에게 나중에 커서 어떤 직업을 갖고 싶은지 물었더니, 다섯 명 중에 네 명이 '연예인'이라고 답했다. 따라서 초등학생들이 가장 선호하는 직업은 연예인이다.

(   )

5 이 글을 읽고, 동우에게 해 줄 수 있는 조언으로 가장 적절한 것은 무엇인가요? ( )

창의

> 호현: 동우야, 청소 시간에는 놀지 말고 청소를 해야 돼.
>
> 동우: 오늘은 청소하기가 싫어. 그리고 준형이도 청소를 안 하고 있는데, 왜 나만 가지고 그래?

① 대표성이 있는 자료와 여러 사례를 살펴보고 결론을 내려야 해.

② 좀 더 권위 있는 전문가의 의견을 들어 보고 그대로 따르는 게 좋겠어.

③ 부분이 옳다고 하더라도 그 부분들이 결합한 전체가 옳은 것은 아니야.

④ 다른 사람이 같은 잘못을 저질렀다고 해서 너의 잘못이 사라지지는 않아.

⑤ 다른 사람의 주장을 들을 때는 그 주장에 오류가 있는지 확인할 필요가 있어.

핵심 정리

6 노트의 빈칸을 채우며, 이 글의 내용을 정리해 보세요.

「논증의 오류」 정리하기

1문단	근거가 적절하지 않음에도 자신의 주장이 옳다고 결론짓는 것을 논증의 ❶( )라고 한다.
2문단	성급한 ❷( )의 오류는 대표성이 없는 자료나 일부의 사례를 가지고 곧바로 결론을 내리는 것이다.
3문단	❸( )의 오류는 부분이 옳음을 근거로 하여 전체도 옳을 것이라고 단정하는 것이다.
4문단	피장파장의 오류는 다른 사람의 잘못을 들어 자신의 잘못을 정당화하는 것이다.
5문단	논증을 할 때는 정확하고 객관적인 ❹( )를 들고, 다른 사람의 논증을 평가할 때는 비판적으로 검토해야 한다.

어휘 다지기

1 다음 낱말의 뜻으로 알맞은 것을 찾아 선으로 이으세요.

(1) 간과하다 •   • ① 딱 잘라서 판단하고 결정하다.

(2) 단정하다 •   • ② 큰 관심 없이 대강 보아 넘기다.

(3) 반박하다 •   • ③ 어떤 의견이나 주장 등에 반대하여 말하다.

2 빈칸에 알맞은 낱말을 보기 에서 찾아 쓰세요.

보기   속성   정당성   피장파장

(1) 불법적인 선거 운동으로 당선된 후보는 (   )이 부족하다.

(2) 물은 언제나 높은 곳에서 낮은 곳으로 흐르는 (   )이 있다.

(3) 내가 동생의 학용품을 썼지만 동생도 내 옷을 입었으니 (   )이다.

어휘 키우기

3 다음 뜻풀이를 읽고, 밑줄 친 낱말의 뜻으로 알맞은 것을 찾아 각각 기호를 쓰세요.

다의어

내리다	㉠ 눈, 비, 서리, 이슬 등이 오다. ㉡ 탈것에서 밖이나 땅으로 옮아가다. ㉢ 판단, 결정을 하거나 결말을 짓다.

(1) 학생들이 차례대로 버스에서 내렸다.   (   )

(2) 비가 내린다는 예보가 있어서 우산을 챙겼다.   (   )

(3) 심사위원들은 그 선수에게 좋은 평가를 내렸다.   (   )

설명 방법 알기: 비교, 대조

개념 이해

　다양한 설명 방법 가운데 비교와 대조는 두 가지 이상의 대상을 설명하는 글에서 주로 사용하는 설명 방법입니다. 비교와 대조에 대해 알아볼까요?

비교

비교는 둘 이상의 대상에서 **공통점**을 찾아 설명하는 방법입니다.

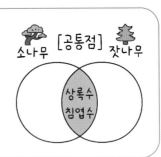

> **예** 소나무와 잣나무는 일 년 내내 푸른 상록수이고, 바늘 모양의 뾰족한 잎을 가진 침엽수이다.

대조

대조는 둘 이상의 대상에서 **차이점**을 찾아 설명하는 방법입니다.

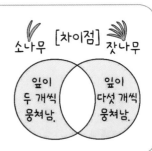

> **예** 소나무는 잎이 두 개씩 뭉쳐나지만, 잣나무는 다섯 개씩 뭉쳐난다.

이렇게 해요!

① 글에서 설명하는 대상이 무엇인지 파악합니다.

② 설명하는 대상들의 공통점을 찾아 설명했다면 비교이고, 차이점을 찾아 설명했다면 대조입니다.

> '사과'와 '호랑이'처럼 전혀 관련 없는 대상은 비교나 대조를 할 수 없어.

확인 문제

[1~2] 다음 글을 읽고, 물음에 답하세요.

> 1 국립 중앙 박물관의 '사유의 방'에는 반가 사유상 두 점이 나란히 전시되어 있다. 한 점은 6세기 후반, 다른 한 점은 7세기 전반에 제작된 것으로 우리나라 불교 조각 가운데 최고의 걸작으로 손꼽히는 작품들이다.
>
> 2 두 반가 사유상은 왼쪽 무릎에 오른쪽 다리를 얹고, 오른손을 살짝 뺨에 댄 채 생각에 잠긴 모습이다. 눈매가 또렷하고 콧날이 오뚝하며, 꼭 다문 입은 은은하게 미소를 짓고 있다. 둘 다 삼국 시대의 뛰어난 주조 기술을 바탕으로 제작된 금동불이며 우리나라를 대표하는 국보이다.
>
> 3 두 반가 사유상 사이에는 뚜렷한 차이점도 있다. 6세기 후반에 제작된 반가 사유상은 탑처럼 보이는 장식이 달린 화려한 관을 쓰고 있고, 양쪽 어깨의 천이 위로 뻗은 형태의 옷을 입고 있다. 반면 7세기 전반에 제작된 반가 사유상은 납작한 세 개의 반원이 이어진 단순한 형태의 관을 쓰고 있고, 상반신에 옷을 입지 않은 채 목걸이만 착용하고 있다. 크기도 6세기 후반에 제작된 반가 사유상보다 13cm가량 더 크다.

▲ 6세기 후반에 제작된 반가 사유상   ▲ 7세기 전반에 제작된 반가 사유상

1 이 글에서 설명하는 대상이 무엇인지 빈칸에 알맞은 말을 쓰세요.

설명 대상은 글에서 가장 자주 나오는 말이야.

> 국립 중앙 박물관의 '사유의 방'에 전시되어 있는 두 (   )의 공통점과 차이점

2 2문단과 3문단에서 사용한 설명 방법을 찾아 각각 선으로 이으세요.

각 문단이 설명 대상의 공통점과 차이점 중 무엇을 다루고 있는지 찾아봐.

(1) 2문단 •   • ①   대조

(2) 3문단 •   • ②   비교

연습

닮은 듯 서로 다른 두 나라

인문 | 1,057자

📖 교과 연계

사회 6-1 세계 여러 나라의 자연과 문화

1 우리나라와 중국은 지리적으로 이웃해 있으며 함께한 역사도 길다. 그만큼 두 나라는 비슷한 문화를 공유하고 있다. 우리나라와 중국 모두 한자를 사용하고, 유교와 불교의 영향을 많이 받아 절차와 예절을 중시한다. 우리나라와 중국은 식문화에서도 닮은 점이 많다.

2 우리나라와 중국은 쌀을 주식으로 하는 밥 문화권이다. 두 나라는 일찍부터 벼농사가 발달해 쌀로 지은 밥을 먹어 왔다. 우리나라에서는 청동기 시대부터 쌀을 생산하였고, 철기 시대에 들어 지금과 비슷한 밥을 지어 먹었다고 추정된다. 이후 쌀농사는 한반도 전역으로 확산되어, 조선 시대부터는 쌀이 여러 곡류 가운데 대표를 차지하게 되었다. 중국 역시 7,000여 년 전에 벼를 재배했던 흔적을 찾아볼 수 있을 정도로 오랜 역사를 가지고 있다. 이렇게 밥과 더불어 살아오다 보니, 두 나라 모두 "밥을 먹어야 힘이 난다."와 같이 밥의 중요성을 드러내는 말을 일상적으로 사용한다.

3 우리나라와 중국의 또 다른 공통점은 젓가락을 사용한다는 점이다. 고대 중국에서 발명된 젓가락은 원래 식사 도구보다는 조리 도구에 가까웠다. 젓가락이 주요한 식사 도구의 위치에 오른 것은 찰기가 강한 쌀로 밥을 지어 먹으면서부터이다. 밥이 어느 정도 뭉쳐져 젓가락으로도 쉽게 밥을 들어 올릴 수 있게 된 것이다. 그러다 제분 기술이 발달하여 국수와 만두 등이 인기를 끌면서 젓가락은 더욱 보편화되었다. 오늘날 젓가락은 우리나라와 중국은 물론 아시아의 식문화를 상징하는 물건이다.

4 우리나라와 중국의 식문화에는 차이점도 있다. 우리나라에서는 식사할 때 숟가락과 젓가락을 동시에 사용한다. 국물 요리가 발달하여 기본적인 상차림에 국이 포함되기 때문이다. 그래서 숟가락으로는 밥과 국을 떠먹고, 젓가락으로는 반찬을 집어 먹는다. 하지만 중국에서는 우리나라에서 쓰는 것과 같은 숟가락을 거의 사용하지 않고 젓가락으로 식사를 한다. 젓가락으로도 충분히 밥을 먹을 수 있는 데다가, 국물 요리보다 볶음 요리나 튀김 요리가 발달한 영향이 크다. 다만 중국에는 작은 국자처럼 생긴 '탕츠'라는 도구가 있는데, 탕츠는 밥을 먹을 때는 사용하지 않고 주로 국물을 식혀 먹을 때만 쓴다.

▲ 탕츠

어휘 풀이

□ **공유하다** 두 사람 이상이 한 물건을 공동으로 소유하다. (共 함께 공, 有 있을 유)

□ **식문화** 식생활에 관한 문화.

□ **추정되다** 미루어져 생각되어 판정되다.

□ **전역** 어느 지역의 전체. (全 온전할 전, 域 지경 역)

□ **찰기** 곡식이나 그것으로 만든 음식 등의 끈기 있는 성질이나 기운.

□ **제분** 곡식이나 약재 등을 빻아서 가루로 만듦. (製 지을 제, 粉 가루 분)

1

중심
생각

이 글에서 주로 설명하는 대상은 무엇인가요? (   )

① 쌀농사의 역사

② 우리나라 상차림의 특징

③ 우리나라와 중국의 식문화

④ 숟가락과 젓가락의 발전 과정

⑤ 우리나라와 중국의 언어와 종교

2

내용
이해

이 글의 내용으로 알맞지 <u>않은</u> 것은 무엇인가요? (   )

① 젓가락은 고대 중국에서 발명되었다.

② 중국은 숟가락으로 밥과 국을 떠먹는다.

③ 우리나라는 청동기 시대부터 쌀을 생산하였다.

④ 우리나라와 중국 모두 유교와 불교의 영향을 받았다.

⑤ 제분 기술이 발달하면서 젓가락이 더욱 보편화되었다.

3

구조
파악

전략 적용

1~**4** 문단에서 사용한 설명 방법을 알맞게 구분한 것은 무엇인가요? (   )

	비교		대조
①	**1**문단	–	**2**, **3**, **4**문단
②	**1**, **2**문단	–	**3**, **4**문단
③	**2**, **3**문단	–	**1**, **4**문단
④	**3**, **4**문단	–	**1**, **2**문단
⑤	**1**, **2**, **3**문단	–	**4**문단

어떻게 알았나요?

대상들의   을 찾아 설명하는 방법이 비교이고,   을 찾아 설명하는 방법이 대조입니다.

4

★ 추론

이 글을 읽고 짐작한 내용을 알맞게 말한 친구에게 ○표 하세요.

(1) 나영: 식사 도구에 따라 발달하는 요리가 다르구나.   (   )

(2) 덕윤: 조선 시대 이전에는 쌀이 아닌 곡류를 더 많이 먹었나 봐.   (   )

(3) 명진: 밀가루로 만든 빵보다 쌀로 지은 밥이 더 건강한 음식이겠어.   (   )

세균과 바이러스

과학 | 985자

📖 교과 연계
과학 5-1 다양한 생물과 우리 생활

1 세균과 바이러스는 둘 다 눈에 보이지 않는 •미생물입니다. 그리고 몸속에 들어오면 크고 작은 질병을 일으킬 수 있습니다. 이런 점에서 세균과 바이러스는 얼핏 비슷해 보이지만, 그 특성이 매우 다릅니다.

2 우선, 세균과 바이러스는 크기에서 차이가 납니다. 세균의 크기는 일반적으로 1~5마이크로미터입니다. 인간의 머리카락 두께가 약 80마이크로미터인 것을 고려하면 아주 작은 크기임을 알 수 있습니다. 그런데 바이러스의 크기는 이보다 훨씬 작습니다. 바이러스는 0.003~0.05마이크로미터 정도밖에 되지 않습니다.

3 세균과 바이러스는 생존 방식도 다릅니다. 세균은 몸이 하나의 •세포로 구성된 단세포 생물입니다. 세포가 하나뿐이기는 하지만 생물이기 때문에 스스로 영양분을 먹고 번식하는 생명 활동을 합니다. 그러나 바이러스는 유전 물질과 단백질로만 이루어져 있습니다. 세포를 가진 •온전한 생물이 아니다 보니 스스로 살아갈 수 없으며, 반드시 살아 있는 다른 생명체의 세포에 들어가야만 생존하고 번식할 수 있습니다.

4 또한 세균과 바이러스는 감염되었을 때 치료하는 방법이 다릅니다. 세균은 세포벽을 약화시켜 감염된 세포를 죽이는 항생제로 치료합니다. 단세포인 세균은 세포가 죽으면 성장과 번식을 멈춥니다. 반면, 바이러스에는 항생제를 쓰지 않습니다. 바이러스에 걸렸을 때 항생제를 먹으면 사람의 세포도 피해를 입을 수 있기 때문입니다. 대신 바이러스에는 항바이러스제가 이용됩니다. 항바이러스제는 바이러스가 •증식하는 데 필요한 물질을 억제하는 역할을 합니다. 항바이러스제가 몸속에 들어오면 바이러스는 더 늘어나지 못하고 죽게 됩니다.

5 이처럼 세균과 바이러스는 •엄연히 다른 존재입니다. 결핵균, 콜레라균, 탄저균, 폐렴구균 등이 세균에 해당하고 코로나바이러스, 독감 바이러스, 간염 바이러스, 인플루엔자 등이 바이러스에 해당합니다. 그럼에도 세균과 바이러스를 •혼동하거나 같은 것으로 아는 사람들이 많습니다. 세균과 바이러스는 ⬚ ㉠ ⬚ 건강을 지키려면 이 둘의 차이를 잘 알아 두어야 합니다.

1 이 글의 내용으로 알맞은 것은 무엇인가요?   (   )

내용
이해

① 바이러스는 머리카락의 두께보다 크다.

② 세균은 여러 개의 세포로 구성되어 있다.

③ 결핵과 콜레라는 바이러스로 인한 질병이다.

④ 항바이러스제는 바이러스의 증식을 억제한다.

⑤ 세균은 미생물이지만 바이러스는 미생물이 아니다.

2 세균과 바이러스에 대한 설명으로 알맞은 것을 두 개씩 찾아 각각 기호를 쓰세요.

내용
이해

> ㉮ 크기가 1~5마이크로미터이다.
> ㉯ 스스로 생존하고 번식할 수 없다.
> ㉰ 감염되었을 때 항생제로 치료한다.
> ㉱ 세포가 없고 유전 물질과 단백질로만 이루어져 있다.

(1) 세균: (,   )   (2) 바이러스: (,   )

💡 어떻게 알았나요?

　　　　　　　　는 다른 생명체의 세포에 들어가야만 생존하고 번식할 수 있습니다.

3

전략 적용

2~**4**문단에서 사용한 설명 방법으로 알맞은 것은 무엇인가요?   (   )

구조
파악

① 세균과 바이러스의 뜻을 정의의 방법으로 설명하였다.

② 세균과 바이러스의 공통점을 비교의 방법으로 설명하였다.

③ 세균과 바이러스의 차이점을 대조의 방법으로 설명하였다.

④ 세균과 바이러스의 위험성을 예시의 방법으로 설명하였다.

⑤ 세균과 바이러스가 질병을 일으키는 원리를 인과의 방법으로 설명하였다.

4 ㉠에 들어갈 말을 가장 알맞게 짐작한 것에 ○표 하세요.

★ 추론

(1) 크기가 다르므로   (   )

(2) 치료 방법이 다르므로   (   )

(3) 눈에 보이지 않으므로   (   )

5단계 **61**

5 이 글을 읽고 보기 에 대해 알맞게 말하지 <u>못한</u> 친구를 두 명 고르세요.   (,   )

창의

보기

> 코로나19는 신종 코로나바이러스에 의하여 일어나는 호흡기 감염병입니다. 이 병은 주로 감염된 사람이 재채기나 기침을 할 때 나오는 침과 콧물을 통해 전염됩니다. 따라서 코로나19에 걸리지 않으려면 외출 시 반드시 마스크를 쓰고, 씻지 않은 손으로 코와 입을 만지지 말아야 합니다. 또한 코로나바이러스는 보통 공기 중에 3시간가량만 생존할 수 있으므로 환기를 자주 하는 것도 중요합니다.

① 규리: 코로나바이러스는 현미경으로만 관찰할 수 있을 거야.

② 나라: 코로나19가 유행할 때는 항생제를 미리 준비해 두어야겠어.

③ 봉준: 코로나19를 예방하려면 바이러스가 통과하지 못하는 마스크를 써야겠네.

④ 성주: 코로나바이러스가 손에 묻기만 해도 전염될 수 있으니 손을 잘 씻어야 해.

⑤ 수아: 코로나바이러스는 온전한 생물이 아니어서 공기 중에 오래 생존하지 못하는구나.

핵심 정리

6 노트의 빈칸을 채우며, 이 글의 내용을 정리해 보세요.

「세균과 바이러스」 정리하기

1문단	❶( )과 바이러스는 비슷해 보이지만 그 특성이 매우 다르다.
2문단	일반적으로 세균의 ❷( )는 1~5마이크로미터이지만, 바이러스의 크기는 0.003~0.05마이크로미터이다.
3문단	세균은 생물이기 때문에 스스로 ❸( ) 활동을 하지만, 바이러스는 생물이 아니다 보니 살아 있는 다른 생명체의 세포에 들어가야만 생존할 수 있다.
4문단	세균은 ❹( )로 치료하지만, 바이러스는 항바이러스제로 치료한다.
5문단	건강을 지키려면 세균과 바이러스의 차이를 잘 알아야 한다.

어휘 다지기

1 다음 낱말의 뜻으로 알맞은 것을 찾아 선으로 이으세요.

(1) 온전하다 •

(2) 증식하다 •

(3) 혼동하다 •

• ① 늘어서 많아지다.

• ② 구별하지 못하고 뒤섞어서 생각하다.

• ③ 잘못된 것이 없이 완벽하거나 올바르다.

2 빈칸에 알맞은 낱말을 보기 에서 찾아 쓰세요.

> 보기   세포   미생물   엄연히

(1) 사람은 수없이 많은 (   )(으)로 이루어져 있다.

(2) 경찰서에 장난 전화를 하는 것은 (   ) 범죄이다.

(3) 과학 시간에 현미경으로 흙에 사는 (   )을/를 관찰했다.

어휘 키우기

3 다음 '항-'이 붙은 낱말이 쓰인 것에 모두 ∨표 하세요.

뜻을
더하는
말

항-	낱말의 앞에 붙어 '그것에 저항하는'의 뜻을 더하는 말. 예 독감에 걸려 <u>항바이러스제</u>를 처방받았다.

(1) 화장실에 <u>항균</u> 비누를 비치해 두었다. ☐

(2) 화물을 실은 큰 배가 <u>항구</u>로 들어왔다. ☐

(3) 의사는 암 환자를 치료하기 위해 <u>항암</u> 주사를 투여했다. ☐

달력에 담긴 천체의 움직임

과학 | 1,128자

📖 교과 연계
과학 6-1 지구와 달의 운동

1 달력을 보면 양력과 음력이 함께 표시되어 있습니다. 양력 날짜는 큰 숫자로, 음력 날짜는 작은 숫자로 적혀 있지요. 양력과 음력의 날짜는 서로 다르게 흘러갑니다. 음력 1월 1일인 설과 음력 8월 15일인 추석의 양력 날짜가 매년 바뀌는 것도 이 때문입니다.

2 양력과 음력의 차이를 이해하려면 달력을 만드는 원리를 알아야 합니다. 달력에 나타나 있는 연, 월, 일은 천체의 움직임을 기준으로 정한 것입니다. 지구가 태양을 한 바퀴 도는 시간으로 '1년'을 정하고, 달이 지구를 한 바퀴 도는 시간으로 '한 달'을 정하고, 지구가 스스로 한 바퀴 도는 시간으로 '하루'를 정했습니다. 이렇게 주기적으로 반복되는 천문 현상을 이용하여 만든 것이 달력입니다.

3 양력은 태양을 기준으로 한 달력입니다. 지구가 태양 주위를 한 바퀴 공전하는데 걸리는 시간은 약 365일 6시간입니다. 이를 기준으로 1년을 총 365일로 정하고 한 달을 28일, 30일 또는 31일로 맞춘 것이 양력입니다. 그런데 이렇게 하면 1년에 6시간의 오차가 생기고 4년이 지나면 24시간, 즉 하루의 오차가 생깁니다. 이 오차를 바로잡기 위해 양력에서는 4년에 한 번씩 하루를 추가하여 1년을 366일로 만듭니다. 이날이 바로 4년마다 돌아오는 2월 29일입니다. 2월 29일이 있는 해를 윤년이라고 하고, 나머지 해는 평년이라고 합니다.

4 음력은 달을 기준으로 한 달력입니다. 달이 지구 주위를 한 바퀴 공전하는 동안, 지구에서 보는 달은 그 모양이 매일 바뀝니다. 밤하늘에서 사라졌다가 초승달로 나타나 보름달, 그믐달을 거쳐 다시 완전히 사라지지요. 달의 모양이 바뀌는 주기는 약 29일 12시간입니다. 이를 기준으로 한 달을 29일 또는 30일로 정한 것이

▲ 음력 한 달 동안 변화하는 달의 모양

음력입니다. 그런데 한 달을 이렇게 정하면 1년이 354일이 됩니다. 양력인 365일과 비교하면 11일이 모자라고, 3년이 지나면 약 한 달이 모자라지요. 그래서 음력에서는 이 오차를 보완하기 위해 2~3년에 한 번씩 한 달을 추가합니다. 이렇게 추가된 달을 윤달이라고 하며, 윤달이 있는 해는 총 열세 달이 됩니다.

5 우리나라는 전통적으로 음력을 사용해 오다가 고종 때인 1896년부터 양력을 쓰기 시작했습니다. 하지만 명절이나 생일은 음력으로 지내는 등 여전히 음력을 병행하여 사용하고 있습니다.

어휘 풀이

☐ **천체** 우주에 존재하는 모든 물체.

☐ **공전하다** 한 천체가 다른 천체의 둘레를 주기적으로 돌다.

☐ **오차** 실제로 계산하거나 측정한 값과 이론적으로 정확한 값과의 차이. (誤 그릇할 오, 差 어그러질 차)

☐ **주기** 같은 현상이나 특징이 한 번 나타나고 다음에 다시 나타나기까지의 기간. (週 돌 주, 期 기약할 기)

☐ **보완하다** 모자라거나 부족한 것을 보충하여 완전하게 하다.

☐ **병행하다** 둘 이상의 일을 한꺼번에 진행하다.

1

중심
생각

이 글의 제목을 바꾸어 쓸 때, 가장 적절한 것은 무엇인가요?   (   )

① 달력 속 작은 숫자의 비밀   ② 설과 추석의 유래를 찾아서

③ 신기한 윤년과 윤달 이야기   ④ 양력과 음력은 무엇이 다를까?

⑤ 태양을 도는 지구, 지구를 도는 달

2

내용
이해

이 글의 내용으로 알맞지 <u>않은</u> 것은 무엇인가요?   (   )

① 양력은 1년을 365일로 정한 것이다.

② 우리나라는 1896년부터 양력을 썼다.

③ 설과 추석의 음력 날짜는 매년 바뀐다.

④ 하루는 지구가 스스로 한 바퀴 도는 시간이다.

⑤ 음력은 달의 모양이 바뀌는 주기를 기준으로 한 달력이다.

3

구조
파악

전략 적용

3 ~ 4 문단에서 사용한 설명 방법은 무엇인가요?   (   )

① 대조   ② 비교   ③ 열거   ④ 예시   ⑤ 인과

4

★ 추론

이 글의 내용을 바탕으로, 다음 (   )에서 알맞은 말을 골라 ○표 하세요.

내 동생은 양력 2월 29일에 태어났어. 그날이 (윤년 / 윤달)에 있다 보니, 동생의 생일은 (2~3년 / 4년)에 한 번씩 돌아와.

💡 어떻게 알았나요?

양력에서는 1년에 6시간의 오차가 생기고   이 지나면 하루의 오차가 생깁니다.

5 이 글을 읽고, 다음 달력을 바르게 이해하지 <u>못한</u> 것은 무엇인가요?   (   )

창의

2025년 07월

일	월	화	수	목	금	토
29 음6.5	30 음6.6	1 음6.7	2 음6.8	3 음6.9	4 음6.10	5 음6.11
6 음6.12	7 음6.13	8 음6.14	9 음6.15	10 음6.16	11 음6.17	12 음6.18
13 음6.19	14 음6.20	15 음6.21	16 음6.22	17 음6.23 제헌절	18 음6.24	19 음6.25
20 음6.26	21 음6.27	22 음6.28	23 음6.29	24 음6.30	25 윤6.1	26 윤6.2
27 윤6.3	28 윤6.4	29 윤6.5	30 윤6.6	31 윤6.7	1 윤6.8	2 윤6.9

① 양력 2025년은 1년이 366일이다.

② 양력 7월 25일부터 윤달이 시작된다.

③ 양력 7월 7일은 음력으로 6월 13일이다.

④ 작은 숫자로 표시된 날짜에는 31일이 없다.

⑤ 큰 숫자로 표시된 날짜는 태양을 기준으로 한 달력의 날짜이다.

핵심 정리

6 노트의 빈칸을 채우며, 이 글의 내용을 정리해 보세요.

「달력에 담긴 천체의 움직임」 정리하기

1문단	양력과 ❶( )의 날짜는 서로 다르게 흘러간다.

2문단	❷( )은 주기적으로 반복되는 천문 현상을 이용하여 만든 것이다.

3문단	양력은 태양을 기준으로 한 달력으로, 1년마다 생기는 6시간의 오차를 바로잡기 위해 4년에 한 번씩 ❸( )이 있다.

4문단	음력은 ❹( )을 기준으로 한 달력으로, 양력에 비해 1년에 11일이 모자라는 오차를 보완하기 위해 2~3년에 한 번씩 윤달이 있다.

5문단	우리나라는 1896년부터 ❺( )을 썼지만, 여전히 음력을 병행하여 사용하고 있다.

어휘 다지기

1 다음 낱말의 뜻으로 알맞은 것을 찾아 선으로 이으세요.

(1) 공전하다 •

(2) 병행하다 •

(3) 보완하다 •

• ① 둘 이상의 일을 한꺼번에 진행하다.

• ② 한 천체가 다른 천체의 둘레를 주기적으로 돌다.

• ③ 모자라거나 부족한 것을 보충하여 완전하게 하다.

2 빈칸에 알맞은 낱말을 보기 에서 찾아 쓰세요.

보기	오차	주기	천체

(1) 나는 한 달 (　　　　　　)로 선인장에 물을 준다.

(2) 우리는 천문대에 가서 (　　　　　　)를 관측했다.

(3) 이 시계는 아주 정밀해서 (　　　　　　)가 거의 없다.

어휘 키우기

3 다음 설명을 읽고, (　　　)에서 알맞은 낱말을 골라 ○표 하세요.

헷갈리는 말

거치다	어떤 과정이나 단계를 겪거나 밟다. 예 여러 과정을 거치다.
걷히다	구름이나 안개 등이 흩어져 없어지다. 예 먹구름이 걷히다.

(1) 해가 뜨자 서서히 어둠이 (거쳤다 / 걷혔다).

(2) 그는 가난한 시절을 (거치고 / 걷히고) 부자가 되었다.

(3) 초등학교, 중학교, 고등학교를 (거쳐 / 걷혀) 대학에 입학했다.

설명 방법 알기: 분류, 분석

개념 이해

지금까지 다양한 설명 방법 가운데 정의, 예시, 열거, 인과, 비교, 대조에 대해 알아보았습니다. 마지막으로, 대상을 나누어서 설명하는 방법인 분류와 분석에 대해 알아볼까요?

분류

분류는 대상을 일정한 기준에 따라 종류별로 나누어 설명하는 방법입니다.

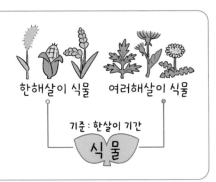

예 식물은 한살이 기간에 따라 한해살이 식물과 여러해살이 식물로 나뉜다. 강아지풀, 옥수수, 벼는 한살이 기간이 1년인 한해살이 식물이다. 쑥, 엉겅퀴, 민들레는 한살이 기간이 여러 해인 여러해살이 식물이다.

분석

분석은 대상 전체를 몇 개의 구성 요소나 부분으로 나누어 설명하는 방법입니다.

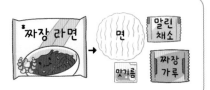

예 짜장 라면은 보통 면과 말린 채소, 짜장 가루, 맛기름으로 구성된다.

이렇게 해요!

① 글에서 설명하는 대상이 무엇인지 파악합니다.

② 대상을 기준에 따라 나누어 설명했다면 분류이고, 대상 전체를 부분으로 나누어 설명했다면 분석입니다.

분류에는 대상을 나누는 '기준'이 있어.

확인 문제

1 다음 글에서 사용한 설명 방법을 알맞게 말한 친구에게 ○표 하세요.

> 재화는 사람이 바라는 바를 충족시켜 주는 모든 물건을 뜻한다. 재화에는 생활을 편리하게 해 주는 다양한 상품뿐 아니라, 전기나 공기처럼 눈에 보이지 않지만 삶에 필수적인 것들도 포함된다.
>
> 재화는 이것을 획득하는 데에 대가가 필요한지에 따라 경제재와 자유재로 나뉜다. 쌀, 바지, 집, 텔레비전, 책과 같이 양이 한정되어 있어 대가를 지불해야 얻을 수 있는 것은 경제재에 속한다. 한편 공기, 햇빛, 바람과 같이 가치는 있지만 양이 무한하여 대가 없이 얻을 수 있는 것은 자유재에 속한다.

이 글은 '재화'에 대해 설명하는 글이야.

(1) 주아: 재화를 쌀, 바지, 집, 텔레비전, 책이라는 구성 요소로 분석하여 설명한 글이야. (   )

(2) 민성: 재화를 획득하는 데에 대가가 필요한지에 따라 경제재와 자유재로 분류하여 설명한 글이야. (   )

2 다음 글에서 사용한 설명 방법은 무엇인가요? (   )

> 오른쪽 그림은 단원 김홍도가 그린 〈춤추는 아이〉이다. 이 그림에는 여섯 명의 악사들이 'ㄱ'자 모양으로 배치되어 있고, 한 명의 무동이 춤을 추고 있다.
>
> 악사들은 우리 전통 음악의 악기 편성법 중 하나인 '삼현 육각'에 맞추어 첫 번째 악사는 북, 두 번째 악사는 장구, 세 번째와 네 번째 악사는 피리, 다섯 번째 악사는 대금, 여섯 번째 악사는 해금을 연주하고 있다.

▲ 〈춤추는 아이〉

> 그림의 주인공인 무동은 악사들의 대각선에 서서 발끝을 들어 올리고 고개를 살짝 숙인 채 옷자락이 휘날리도록 신명 나게 춤을 추고 있다.

악사들과 무동은 풍속화 〈춤추는 아이〉를 구성하는 한 부분이야.

① 대조   ② 분류   ③ 분석   ④ 비교   ⑤ 예시

똑같은 불이 아니다

과학 | 1,013자

📖 교과 연계
과학 6-2 연소와 소화

작은 불씨가 큰 화재로 번지면 인명과 재산에 막대한 피해를 줄 수 있습니다. 그러므로 화재 초기에 불을 진압하는 것이 중요합니다. 일반적으로 사람들은 불을 끄려면 물을 부어야 한다고 생각하지만, 실제로는 화재의 종류에 따라 소화 방법이 다릅니다. 화재의 종류는 그 원인에 따라 A급 화재, B급 화재, C급 화재, D급 화재로 나뉩니다. 화마로부터 우리를 안전하게 지키기 위해서는 화재의 종류와 그에 맞는 소화 방법을 알아야 합니다.

A급 화재는 우리 주변에서 가장 흔하게 일어나는 일반 화재로, 나무나 종이, 천과 같은 가연성 물체에 불이 붙어 발생하는 화재입니다. 연기가 흰색이며 물질이 전부 타고 난 후에 재가 남는다는 특징이 있습니다. A급 화재는 차가운 물을 뿌려 온도를 낮추는 방법으로 불을 끕니다.

B급 화재는 기름 화재로, 휘발유나 석유와 같은 유류 물질로 인해 발생하는 화재입니다. 연기가 검은색이며 물질이 타고 난 후에 재가 남지 않습니다. B급 화재를 진압할 때는 절대로 물을 사용해서는 안 됩니다. 기름과 물은 섞이지 않기 때문에, 물을 끼얹으면 오히려 화재가 확산될 수 있습니다. B급 화재는 모래 또는 젖은 담요를 덮어 산소를 차단하거나 분말 소화기를 사용하여 진압해야 합니다.

C급 화재는 전기 화재로, 누전, 합선, 과전류 등에 의해 전기 설비에 불이 붙어 발생하는 화재입니다. C급 화재는 물로 진압할 수 있지만, 그 전에 반드시 전기를 차단해야 합니다. 물은 전기가 통하므로 감전될 위험이 있기 때문입니다. 물 외에 분말 소화기나 이산화 탄소 소화기도 사용할 수 있습니다.

D급 화재는 금속 화재로, 철이나 마그네슘, 칼륨, 리튬 등의 가연성 금속 물질로 인한 화재입니다. 예전에는 주로 산업 현장에서 발생하였으나, 휴대폰과 같은 전자 기기에 리튬 배터리가 널리 쓰이면서 최근에는 일상적인 생활 공간에서 발생하는 빈도가 높아졌습니다. D급 화재는 물을 이용해 진압할 경우 폭발을 일으킬 가능성이 있습니다. 그러므로 마른 모래로 덮는 방법을 쓰거나 금속 화재용 소화기를 사용해야 합니다.

어휘 풀이

□ **화마** '화재'를 마귀에 비유하여 이르는 말. (火 불화, 魔 마귀 마)

□ **가연성** 불에 잘 탈 수 있거나 타기 쉬운 성질.

□ **유류** 기름의 여러 종류. (油 기름 유, 類 무리 류)

□ **분말** 딱딱한 물건을 보드라울 정도로 잘게 부수거나 갈아서 만든 것.

□ **누전** 전기가 전깃줄 밖으로 새어 흐름. (漏 샐 누, 電 번개 전)

□ **과전류** 회로가 합선될 때 비정상적으로 생기는 큰 전류.

□ **빈도** 같은 일이나 현상이 나타나는 횟수. (頻 자주 빈, 度 법도 도)

1 다음 화재의 종류에 알맞은 설명을 찾아 선으로 이으세요.

내용
이해

(1) A급 화재 •

(2) B급 화재 •

(3) C급 화재 •

(4) D급 화재 •

• ① 유류 물질로 인해 발생한다.

• ② 가연성 금속 물질로 인해 발생한다.

• ③ 나무, 종이, 천 등에 불이 붙어 발생한다.

• ④ 누전 등에 의해 전기 설비에 불이 붙어 발생한다.

2 이 글의 내용으로 알맞지 <u>않은</u> 것은 무엇인가요? (   )

내용
이해

① B급 화재는 검은색 연기가 난다.
② A급 화재는 가장 흔하게 일어나는 화재이다.
③ D급 화재는 과거에 주로 산업 현장에서 발생했다.
④ A급 화재 외에는 물을 이용해 진압해서는 안 된다.
⑤ B급 화재와 C급 화재는 분말 소화기를 사용할 수 있다.

3

전략 적용

이 글에서 사용한 설명 방법이 무엇인지 (   )에서 알맞은 말을 골라 ◯표 하세요.

구조
파악

이 글은 화재를 그 (빈도 / 원인)에 따라 네 가지로 (분류 / 분석)하고 있다.

💡 어떻게 알았나요?

대상을 일정한 기준에 따라 종류별로 나누어 설명하는 방법은   입니다.

4 다음과 같은 상황에서 해야 할 일로 알맞은 것은 무엇인가요? (   )

창의

① 재가 될 때까지 기다린다.
② 곧바로 찬물을 떠서 붓는다.
③ 금속 화재용 소화기를 뿌린다.
④ 입으로 바람을 불어 불을 끈다.
⑤ 이산화 탄소 소화기로 진압한다.

평화의 소녀상

1 서울의 주한 일본 대사관 맞은편에는 한 소녀가 앉아 있습니다. 주먹을 불끈 쥔 채 대사관을 지긋이 *응시하고 있는 이 소녀는 '평화의 소녀상'입니다. 평화의 소녀상은 일본군 '위안부' 피해자를 기리기 위해 세워진 동상입니다.

2 일본군 '위안부'는 일본이 일으킨 침략 전쟁 당시 전쟁터에 강제로 끌려가 성폭력과 인권 침해를 당한 여성을 가리킵니다. 어린 나이에 가족과 생이별을 한 소녀들은 1930년대부터 1945년 일본이 패망하기까지 정신적, 육체적으로 큰 고통을 겪었습니다. 당시에는 소녀였으나 지금은 할머니가 된 피해자들은 일본 정부에 공식 사죄, 법적 *배상, 역사 교과서 기록 등을 요구하며 1992년 1월 8일부터 현재까지 시민들과 함께 매주 수요 *시위를 열고 있습니다. 평화의 소녀상은 수요 시위가 1,000회를 맞은 2011년에 건립되었습니다.

인문 | 1,082자

📖 교과 연계
사회 5-2 사회의 새로운 변화와 오늘날의 우리

3 치마저고리를 입은 소녀상은 1920~1940년대 일반적인 조선 소녀의 모습입니다. 거칠게 잘린 단발머리는 소녀들이 부모와 고향으로부터 강제로 단절되었던 것을 상징하고, 담담한 표정은 두려움 없이 일본군 '위안부' 문제를 해결하겠다는 *결연한 의지를 나타냅니다. 뒤꿈치를 든 맨발에는 전쟁이 끝나고 고향에 돌아와서도 편히 *정착하지 못한 이들의 설움이 담겨 있습니다. 무릎 위의 꽉 쥔 주먹은 일본 정부의 진심 어린 사과를 받아 내겠다는 의지를 표현한 것이고, 어깨

▲ 평화의 소녀상

위의 작은 새는 자유와 평화의 상징이자 세상을 떠난 할머니들과 현재의 우리를 이어 주는 연결 고리를 의미합니다.

4 소녀상에서 시선을 내려 바닥을 보면 앳된 소녀의 모습과 달리 할머니 형상의 그림자가 새겨져 있습니다. 이 그림자 안의 하얀 나비는 피해자 할머니들이 다시 태어나 한을 풀기를 바라는 *염원을 담고 있습니다. 그리고 평화의 소녀상 옆에 놓인 빈 의자는 세상을 떠난 할머니들의 빈자리이자, 시민들이 소녀의 옆에 앉아 아픔을 공감할 수 있는 자리입니다.

5 평화의 소녀상은 서울에 처음 세워진 이후 국내 여러 지역에 잇따라 세워졌으며 중국, 미국, 캐나다 등 해외에도 건립되었습니다. 평화의 소녀상은 일본군 '위안부' 문제가 세계의 문제이며, 다시는 이러한 역사가 반복되지 않아야 한다는 메시지를 우리 모두에게 전하고 있습니다.

어휘 풀이

□ **응시하다** 눈길을 모아 한 곳을 똑바로 바라보다.

□ **배상** 남에게 입힌 손해를 물어 주는 일. (賠 물어줄 배, 償 갚을 상)

□ **시위** 많은 사람이 요구 조건을 내걸고 집회나 행진을 하며 의사를 표시하는 행동.

□ **결연하다** 마음가짐과 태도가 매우 확고하다.

□ **정착하다** 일정한 곳에 자리를 잡아 머물러 살다. (定 정할 정, 着 붙을 착)

□ **염원** 간절히 생각하고 바람. (念 생각할 염, 願 바랄 원)

1 이 글의 목적으로 알맞은 것에 ◯표 하세요.

중심
생각

(1) 수요 시위의 내용과 역사를 소개하려고   (   )

(2) 평화의 소녀상에 담긴 의미를 알려 주려고   (   )

(3) 평화의 소녀상이 건립된 과정을 설명하려고   (   )

2 이 글을 읽고 알 수 있는 내용이 <u>아닌</u> 것은 무엇인가요?   (   )

내용
이해

① 수요 시위는 2011년에 1,000회를 맞았다.

② 평화의 소녀상 옆에는 빈 의자가 놓여 있다.

③ 일본은 침략 전쟁 당시 소녀들을 강제로 끌고 갔다.

④ 평화의 소녀상은 일본군 '위안부' 피해자를 기리는 동상이다.

⑤ 소녀상이 입고 있는 치마저고리는 할머니가 된 피해자를 나타낸다.

💡 **어떻게 알았나요?**

평화의 소녀상은 1920~1940년대 일반적인   소녀의 모습입니다.

3 다음 중 평화의 소녀상의 각 부분이 상징하는 것을 찾아 그 기호를 쓰세요.

내용
이해

> ㉮ 일본 정부의 사과를 받아 내겠다는 의지
> ㉯ 고향에 돌아와서도 편히 정착하지 못한 설움
> ㉰ 부모와 고향으로부터 강제로 단절되었던 상황
> ㉱ 피해자 할머니들이 다시 태어나 한을 풀기를 바라는 염원

(1) 뒤꿈치를 든 맨발: (   )   (2) 무릎 위의 꽉 쥔 주먹: (   )

(3) 거칠게 잘린 단발머리: (   )   (4) 그림자 안의 하얀 나비: (   )

전략 적용

4 3, 4 문단에서 사용한 설명 방법으로 알맞은 것은 무엇인가요?   (   )

구조
파악

① 두 대상의 공통점을 찾아 설명하였다.

② 두 대상의 차이점을 찾아 설명하였다.

③ 대상 전체를 몇몇 부분으로 나누어 설명하였다.

④ 대상을 기준에 따라 종류별로 나누어 설명하였다.

⑤ 여러 대상의 특징을 하나씩 나열하여 설명하였다.

5 이 글과 보기 를 읽고 보인 반응이 적절하지 <u>않은</u> 친구에게 ✕표 하세요.

★ 추론

> 보기

일본은 전쟁을 벌이면서 조선을 비롯하여 아시아 여러 나라의 여성들을 일본군 '위안부'로 끌고 갔다. 그래서 해외에 건립된 평화의 소녀상 중에는 다른 나라의 소녀가 조각된 것들도 있다. 중국 상하이에는 한국인 소녀와 중국인 소녀가 나란히 앉은 모습의 한·중 평화의 소녀상이 세워져 있다. 또 미국 샌프란시스코에 설치된 평화의 소녀상은 손을 맞잡은 한국, 중국, 필리핀 소녀를 일본군 '위안부' 피해자인 김학순 할머니가 바라보는 모습이다.

▲ 샌프란시스코에 설치된 평화의 소녀상

(1) 수영: 우리나라처럼 중국과 필리핀의 여성들도 일본에 의해 강제로 끌려가 성폭력과 인권 침해를 당했나 봐. (   )

(2) 예나: 일본군 '위안부' 문제는 세계의 문제니까 우리나라 평화의 소녀상을 중국이나 미국으로 옮기는 것이 좋겠어. (   )

(3) 지아: 미국에도 평화의 소녀상이 있는 것을 보니 여러 나라가 일본군 '위안부' 피해자들의 아픔에 공감하는 것 같아. (   )

핵심 정리

6 노트의 빈칸을 채우며, 이 글의 내용을 정리해 보세요.

「평화의 소녀상」 정리하기

1문단	일본군 '위안부' 피해자를 기리기 위해 세워진 동상인 ❶( )의 소녀상
2문단	❷( ) 시위가 1,000회를 맞은 2011년에 건립된 평화의 소녀상
3문단	평화의 소녀상의 거칠게 잘린 단발머리, 담담한 표정, 뒤꿈치를 든 맨발, 꽉 쥔 주먹, 어깨 위의 작은 ❸( )의 의미
4문단	평화의 소녀상의 그림자 안의 ❹( ), 빈 의자의 의미
5문단	다시는 이러한 ❺( )가 반복되지 않아야 한다는 메시지를 우리 모두에게 전하고 있는 평화의 소녀상

 어휘 다지기

1 다음 낱말의 뜻으로 알맞은 것을 찾아 선으로 이으세요.

(1) 결연하다 •   • ① 마음가짐과 태도가 매우 확고하다.

(2) 응시하다 •   • ② 일정한 곳에 자리를 잡아 머물러 살다.

(3) 정착하다 •   • ③ 눈길을 모아 한 곳을 똑바로 바라보다.

2 빈칸에 알맞은 낱말을 보기 에서 찾아 쓰세요.

보기	배상	시위	염원

(1) 다른 사람의 물건을 망가뜨려서 (   )을/를 해 주었다.

(2) 아픈 동생이 하루빨리 낫는 것이 우리 가족의 (   )이다.

(3) 대학생들이 민주화를 요구하며 거리에서 (   )을/를 벌였다.

어휘 키우기

3 다음 설명을 읽고, (   )에서 알맞은 낱말을 골라 ○표 하세요.

헷갈리는
말

지그시	슬며시 힘을 주는 모양. 예 눈을 지그시 감다.
지긋이	참을성 있고 끈기 있게. 예 지긋이 기다리다.

(1) 눈물을 참느라고 입술을 (지그시 / 지긋이) 깨물었다.

(2) 친구들이 나를 놀리는데도 화를 (지그시 / 지긋이) 참았다.

(3) 나는 할아버지 말씀이 끝날 때까지 (지그시 / 지긋이) 앉아 있었다.

식물의 다양한 꽃가루받이

과학 | 1,101자

📖 교과 연계
과학 6-1 식물의 구조와 기능

꽃은 식물의 종류에 따라 크기, 모양, 색깔 등이 서로 다르다. 하지만 ㉠대부분의 꽃은 암술, 수술, 꽃잎, 꽃받침으로 이루어져 있으며, 꽃가루받이를 거쳐 씨를 만든다는 공통점이 있다. 꽃가루받이란 꽃의 수술에서 만들어진 꽃가루가 암술로 옮겨 붙는 일로, '수분(受粉)'이라고도 한다. 꽃가루받이가

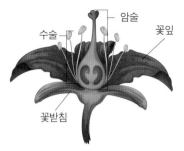

▲ 꽃의 구조

된 암술 속에서는 씨가 생겨 자라고, 씨를 감싸고 있는 암술과 꽃받침이 함께 자라면서 열매가 된다. 이 열매가 땅에 떨어지면, 열매 안에 있는 씨가 발아하여 새로운 식물로 자란다. 그러므로 식물이 자손을 퍼뜨리기 위해서는 꽃가루받이가 필수적이다.

식물은 스스로 움직여 자신의 꽃가루를 다른 꽃으로 옮길 수 없다. 그래서 다양한 매개체의 도움을 받아 꽃가루받이를 한다. ㉡식물은 꽃가루를 옮겨 주는 매개체에 따라 충매화, 조매화, 풍매화, 수매화로 나눌 수 있다. 충매화는 벌, 나비, 파리와 같은 곤충이 꽃가루를 옮겨 주는 식물이다. 충매화는 곤충을 유인해야 하므로 꽃잎의 색깔이 화려하고 향기가 나며, 달콤한 꿀이 나오는 꿀샘이 발달하였다. 코스모스, 연꽃, 장미, 개나리, 사과나무 등이 충매화에 해당한다.

조매화는 새의 도움을 받아 꽃가루받이를 하는 식물이다. 새는 냄새를 잘 맡지 못하기 때문에 꽃에서 향기가 나지 않는 경우가 많다. 그 대신 새를 불러들이기 위해 꿀을 많이 만든다. 동백나무, 바나나, 파인애플, 선인장 등이 대표적인 조매화이다. 특히 동백나무는 겨울에 꽃을 피우는데, 추위에 취약한 곤충과 달리 새는 겨울에도 활동하기 때문에 동백나무의 꽃가루받이를 도울 수 있다.

풍매화는 바람을 이용해 꽃가루를 옮기는 식물이다. 꽃가루를 바람에 날려 보내다 보니 꽃가루받이에 성공할 확률이 상대적으로 낮다. 그래서 풍매화는 많은 양의 꽃가루를 만드는 특징이 있다. 또 곤충이나 새를 유인할 필요가 없기 때문에 꽃잎이 작거나 없으며, 꿀샘도 없는 것이 많다. 옥수수, 벼, 보리, 소나무, 은행나무 등이 풍매화에 속한다.

수매화는 물에 의해 꽃가루가 옮겨지는 식물이다. 꽃가루가 물에 떠다니다가 물 밖 또는 물속의 암술을 만나서 꽃가루받이가 이루어진다. 풍매화와 마찬가지로 ㉢수매화도 꽃이 화려하지 않고 꿀을 만들지 않는다. 검정말, 물수세미, 붕어마름 등이 수매화이다.

어휘 풀이

□ **발아하다** 씨앗에서 싹이 트다. (發 필 발, 芽 싹 아)

□ **필수적** 꼭 있어야 하거나 해야 하는 것.

□ **매개체** 둘 사이에서 어떤 일을 맺어 주는 것. (媒 중매 매, 介 끼일 개, 體 몸 체)

□ **유인하다** 주의나 흥미를 일으켜 꾀어내다. (誘 꾈 유, 引 끌 인)

□ **취약하다** 무르고 약하다.

□ **확률** 일정한 조건 아래에서 어떤 일이 일어날 수 있는 가능성의 정도.

1 다음에서 설명하는 것을 이 글에서 찾아 다섯 글자로 쓰세요.

중심
생각

> • 씨를 만드는 과정이다.
> • 곤충, 새, 바람, 물 등이 이것을 도와준다.
> • 수술의 꽃가루가 암술로 옮겨 붙는 일이다.

(   )

2 이 글의 내용으로 알맞지 <u>않은</u> 것은 무엇인가요? (   )

내용
이해

① 수매화에는 검정말, 물수세미, 붕어마름 등이 있다.
② 바람을 이용해 꽃가루를 옮기는 식물을 풍매화라고 한다.
③ 조매화는 꽃잎에서 나는 달콤한 향기로 새를 불러들인다.
④ 벌, 나비, 파리는 충매화의 꽃가루를 옮겨 주는 곤충들이다.
⑤ 씨를 감싸고 있는 암술과 꽃받침이 함께 자라며 열매가 된다.

3 전략 적용

구조
파악

㉠과 ㉡에서 사용한 설명 방법을 알맞게 묶은 것은 무엇인가요? (   )

① ㉠ - 분류, ㉡ - 분석   ② ㉠ - 분류, ㉡ - 예시   ③ ㉠ - 분석, ㉡ - 대조
④ ㉠ - 분석, ㉡ - 분류   ⑤ ㉠ - 예시, ㉡ - 분류

⚡ 어떻게 알았나요?

대상 전체를 부분으로 나누어 설명하는 방법은   입니다.

4 ㉢의 까닭으로 알맞은 것은 무엇인가요? (   )

★ 추론

① 꽃의 구조가 다르기 때문에
② 겨울에 꽃을 피우기 때문에
③ 자손을 퍼뜨릴 필요가 없기 때문에
④ 꽃가루받이에 성공할 확률이 낮기 때문에
⑤ 곤충이나 새를 유인할 필요가 없기 때문에

5 이 글을 읽고, 보기 에 대해 알맞게 말한 친구에게 ○표 하세요.

창의

> **보기**
>
> 『삼국사기』에는 선덕 여왕의 공주 시절 일화가 전한다. 당나라에서 보낸 모란 그림을 본 선덕 여왕이 "이 꽃은 무척 아름다우나 그림에 벌과 나비가 없으니 향기가 없을 것입니다."라고 말했다는 내용이다. 이 일화는 선덕 여왕의 뛰어난 관찰력과 지혜를 보여 주지만, 사실 모란꽃은 향기가 없는 꽃이 아니다. 모란꽃에서는 아름답고 진한 향기가 난다.
>
>
> ▲ 모란

(1) 라경: 선덕 여왕은 모든 꽃에 향기가 있다는 사실을 몰랐나 봐. ( )

(2) 민규: 꽃에서 진한 향기가 난다는 것을 보면 모란은 충매화일 거야. ( )

(3) 은채: 벌과 나비가 모인다고 해서 꽃에 향기가 있다고 판단할 수는 없어. ( )

핵심 정리

6 노트의 빈칸을 채우며, 이 글의 내용을 정리해 보세요.

「식물의 다양한 꽃가루받이」 정리하기

1문단	꽃가루받이란 꽃의 수술에서 만들어진 꽃가루가 ❶( )로 옮겨 붙는 일이다.
2문단	식물은 꽃가루를 옮겨 주는 매개체에 따라 충매화, 조매화, 풍매화, 수매화로 나눌 수 있다. 이 가운데 충매화는 ❷( )이 꽃가루를 옮겨 주는 식물이다.
3문단	조매화는 ❸( )의 도움을 받아 꽃가루받이를 하는 식물이다.
4문단	풍매화는 ❹( )을 이용해 꽃가루를 옮기는 식물이다.
5문단	수매화는 ❺( )에 의해 꽃가루가 옮겨지는 식물이다.

어휘 다지기

1 다음 낱말의 뜻으로 알맞은 것을 찾아 선으로 이으세요.

(1) 발아하다 •

(2) 유인하다 •

(3) 취약하다 •

• ① 무르고 약하다.

• ② 씨앗에서 싹이 트다.

• ③ 주의나 흥미를 일으켜 꾀어내다.

2 빈칸에 알맞은 낱말을 보기 에서 찾아 쓰세요.

보기   확률   매개체   필수적

(1) 물은 동식물이 생존하는 데 (   )인 요소이다.

(2) 이번 경기에서는 우리 팀이 이길 (   )이/가 높다.

(3) 인간은 언어를 (   )(으)로 하여 서로 의사소통한다.

어휘 키우기

3 다음 뜻을 가진 '수(受)'가 사용된 낱말에 모두 V표 하세요.

한자어

受
받을 수

예 수분(受粉): 꽃가루를 받음.

(1) 수강(█講): 강의나 강습을 받음.   ☐

(2) 수재민(█災民): 홍수나 장마 등으로 피해를 입은 사람.   ☐

(3) 수신자(█信者): 우편이나 택배 또는 전화 등을 받는 사람.   ☐

소재의 의미 추론하기

개념 이해

모든 글에는 글의 내용이 되는 재료가 있습니다. 이러한 재료를 '소재'라고 합니다. 소재는 국어사전에 나온 뜻 그대로 사용되기도 하지만, 그 안에 새로운 의미가 담겨 있는 경우도 있습니다. 특히 문학 작품에서 그러합니다.

소재

문학 작품에서 소재란 글쓴이가 말하고자 하는 바를 나타내기 위해 선택하는 재료를 말합니다. 사람이나 동식물, 물건뿐 아니라 눈에 보이지 않는 생각이나 감정 등도 소재가 될 수 있습니다.

소재에 담긴 의미

소재의 의미는 한 가지로 고정되어 있지 않습니다. 소재의 특성과 작품의 주제에 따라 같은 소재도 다른 의미로 사용될 수 있습니다. 예를 들어 '꽃'이라는 소재가 어떤 작품에서는 '희망'을 의미하지만, 다른 작품에서는 '삶의 덧없음'을 의미할 수 있습니다.

이렇게 해요!

① 작품에 나타난 소재와 그 특성을 파악합니다.
② 작품의 주제와 관련지어 소재에 담긴 의미를 짐작합니다.

소재에 담긴 의미를 추론하며 작품을 읽으면, 작품의 주제를 더 깊이 있게 이해할 수 있어.

확인 문제

1 다음 시의 소재인 '빨래집게'에 담긴 의미를 알맞게 추론한 것에 ○표 하세요.

> 한번 입에 물면
> 놓아주지 않는다.
>
> 개구쟁이 바람이
> 바짓가랑이를 잡고 늘어져도
>
> 꽉 문 빨래
> 놓치지 않는다.
>
> 조그만 게
> 고 조그만 게
> 덩치 큰
> 바람을 이긴다.
>
> — 민현숙, 「빨래집게」

작은 빨래집게가 덩치 큰 바람에도 떨어지지 않게 빨래를 꽉 물고 있어.

(1) 어려움이 있더라도 자신의 일에 최선을 다하는 삶   (   )

(2) 개구쟁이 친구와도 사이좋게 지내는 너그러운 마음   (   )

2 다음 글에서 '흉터'에 담긴 의미로 가장 알맞은 것은 무엇인가요?   (   )

> 나는 시골에서 광주로 중학교 진학을 나오면서부터 한동안 그 흉터들이 큰 부끄러움거리가 되고 있었다. 도회지 아이들의 희고 깨끗하고 부드러운 손에 비해 일로 거칠어지고 흉터까지 낭자한 그 남루하고 못생긴 내 손꼴새라니.
> 그러나 그 후 세월이 흘러 직장 일을 다니는 청년기가 되었을 때 그 흉터들과 볼품없는 손꼴이 거꾸로 아름답고 떳떳한 사랑과 은근한 자랑거리로 변해 갔다.
> "아무개 씨도 무척 어려운 시절을 힘차게 살아 냈구만. 나는 그 흉터들이 어떻게 생긴 것인 줄을 알지."
> 직장의 한 나이 든 선배님이 어떤 자리에서 내 손등의 흉터를 보고 그의 소중스런 마음속 비밀을 건네주듯 자신의 손을 내게 가만히 내밀어 보였을 때, 그리고 그 손등에 나보다도 더 많은 상처 자국들이 수놓여 있는 것을 보았을 때부터였다.
>
> — 이청준, 「아름다운 흉터」 중

'나'는 자신의 흉터를 어떻게 생각했을까?

① 감추고 싶은 비밀   ② 미래에 대한 기대

③ 행복했던 유년 시절   ④ 극복할 수 없는 가난

⑤ 어려움을 이겨 낸 흔적

연습

땅에 그리는 무지개 | 손춘익

소설 | 1,009자

앞부분의 줄거리 | '나'는 집안 형편이 어려워 중학교 진학을 포기하고, 문방구점에서 점원으로 일하면서 배움에 대한 열망과 시인의 꿈을 키워 나간다. 일을 하면서도 열심히 공부하고 시를 쓴 끝에 '나'는 검정고시를 통과해 대학생이 된다. 그러던 어느 날, 문방구점 주인아저씨가 '나'에게 독립하여 장사를 해 볼 것을 제안한다.

"네가 우리 가게에 와서 딴생각 않고 오늘까지 ˙착실히 일하는 모습을 보며 너도 이제는 독립해 문방구점을 하나 해 볼 때가 되었다는 생각을 했다. 대학생이 되었으니 ˙어엿한 사회인 아니냐. 네 힘으로 장사를 해 봐야지. 그래 어떠냐?"

물론 나는 속으로 뛸 듯이 기뻤다. 하지만 처음에는 ˙엄두가 나지 않아 사양했다.

㉠"말씀은 고맙습니다만, 제게 무슨 힘이 있어야지요."

"음, 네가 뜻만 있다면 내가 도와주마. 전에 이미 내가 그렇게 약속하지 않았느냐. 그래 그동안에 너도 저축은 좀 해 두었을 테지?"

"예, 얼마 되지는 않습니다만……."

"아, 그러면 됐다. 얼마라도 저축한 돈이 있다면 그 돈을 보태 우선 가게를 얻고 물건은 내가 외상으로 대 줄 테니까 염려 마라. 내가 미리 위치도 봐 두었다. 달성 공원 뒤쪽에 달성 초등학교가 있지 않느냐. 그 근처에 ˙점포가 하나 났더라. ㉡너라면 반드시 성공할 거다. 열심히 해 봐라, 영호야."

"예."

"오래전에 내가 한 말 기억하고 있느냐? 구르는 돌에는 이끼가 끼지 않는 법이지. 네가 그동안 ㉢박힌 돌처럼 한자리를 지키며 꾸준히 노력해 온 결과야. 장하다. 네 힘으로 일어선 거야."

"감사합니다."

나는 진정으로 고개를 숙이고 인사를 했다.

그렇게 해서 나는 문방구점의 주인이 되었다. 주위에서는 내가 워낙 부지런하고 착실해 드디어 성공했다고 소문이 났다. 점원에서 출발해 주인이 되었으니 그런 소문이 날 만도 했다. 하지만 내가 정말로 잡고 싶은 무지개는 그것이 아니었다.

야간 대학 3학년 때 나는 마침내 시인이 되었다. 시를 꿈꾼 지 오랜 세월이 흐른 그해 1월 1일 어느 신문 ˙신춘문예에 내 시 '무지개'가 당선된 것이다. 신문에 내 이름과 사진도 났다.

물론 당선이 되기까지 나는 몇 번이나 ˙낙선을 거듭했다. 하지만 번번이 떨어져도 나는 결코 절망하지 않았다. 마치 오뚝이처럼 열 번 넘어져도 열한 번 일어설 줄을 알았다. 그리고 드디어 성공에 이른 것이었다. ㉣빠른 토끼 걸음이 아닌 느린 거북이 걸음이었으나, 나는 비로소 내 발 앞에 내 무지개를 그려 놓은 것이다.

어휘 풀이

□ **착실히** 한결같이 올바르고 성실하게.

□ **어엿하다** 태도가 아주 번듯하고 당당하다.

□ **엄두** 감히 무엇을 하려는 마음.

□ **점포** 물건을 늘어놓고 파는 곳. (店 가게 점, 鋪 가게 포)

□ **신춘문예** 매해 초에 신문사에서 주로 신인 작가를 발굴할 목적으로 벌이는 문학 대회.

□ **낙선** 심사나 선발에서 떨어짐. (落 떨어질 낙, 選 가릴 선)

1 '나'에 대한 설명으로 알맞지 <u>않은</u> 것은 무엇인가요?   (   )

내용
이해

① 이름은 '영호'이다.

② 야간 대학에 다녔다.

③ 신춘문예에 여러 번 떨어졌다.

④ 문방구점에서 오랫동안 일해 왔다.

⑤ 열심히 저축하여 혼자 힘으로 가게를 얻었다.

2 ㉠~㉣에 대한 설명으로 알맞은 것에 ○표 하세요.

내용
이해

(1) ㉠: '나'는 주인아저씨의 말이 달갑지 않았다.   (   )

(2) ㉡: '나'에 대한 주인아저씨의 믿음을 보여 준다.   (   )

(3) ㉢: 게으르고 움직이기 싫어하는 '나'의 모습을 빗댄 말이다.   (   )

(4) ㉣: '내'가 남들보다 빨리 성공에 이르렀다는 뜻이다.   (   )

3 '나'의 성격으로 알맞은 것을 두 개 고르세요.   (,   )

★ 추론

① 성실하다.   ② 끈기 있다.   ③ 부정적이다.

④ 이기적이다.   ⑤ 욕심이 많다.

4 전략 적용
무지개 에 담긴 의미로 가장 알맞은 것은 무엇인가요?   (   )

★ 추론

① 소중한 추억   ② 이루고 싶은 꿈   ③ 터무니 없는 소문

④ 뜻밖에 찾아온 행운   ⑤ 끊임없이 노력하는 자세

💡 어떻게 알았나요?

'내'가 정말로 잡고 싶은 무지개는 _____ 이 되는 것이었습니다.

꿩 | 이오덕

소설 | 1,183자

앞부분의 줄거리 | 용이는 아침마다 아이들의 책 보퉁이를 대신 메고 학교에 간다. 아버지가 남의 집 머슴살이를 하는 까닭에 마을 아이들이 용이를 업신여기며 괴롭히기 때문이다. 4학년이 된 첫날, 용이는 학교에 가지 않겠다고 어머니께 투정을 부리다 결국 집을 나선다.

"헤헤, 4학년이 됐다는 아이가 남의 책 보퉁이나 메다 주고······."

"참 못난 아이제." / 모두 이런 말로 수군거리는 것 같았습니다.

'뭐, 못난 아이라고?'

㉠용이는 화가 났습니다. 벌써 고개 위에 다 올라갔는지 아이들의 고함이 산 위에서 들려왔을 때, 갑자기 용이는 눈앞에 있는 책 보퉁이들을 그냥 콱콱 짓밟아 버리고 싶은 생각이 났습니다. 발밑에 돌멩이 하나가 밟혔습니다. 용이는 벌떡 일어나 그 돌멩이를 집어 힘껏 골짜기 아래로 던졌습니다. 돌멩이가 저 밑에 떨어지자, 갑자기 온 산골을 뒤흔드는 소리를 치면서 ㉡커다란 뭉텅이 하나가 솟아올랐습니다.

"꼬공 꼬공, 푸드득!" / 그것은 온 산골의 가라앉은 공기를 뒤흔들어 놓고 하늘을 날아오르는, 정말 살아 있는 생명의 소리였습니다.

'야, 참 멋지다!'

날개를 쫙 펴고 꽁지를 쭉 뻗고 아침 햇빛에 눈부신 모습으로 산을 넘어가는 꿩을 쳐다보는 용이의 온몸에 갑자기 어떤 힘이 마구 솟구쳤습니다. 용이는 그 자리에서 한번 훌쩍 뛰어올라 보았습니다. 하늘에라도 날아오를 듯합니다. 용이는 발에 채는 책 보퉁이 하나를 집어 들었습니다. 그리고 그것을 하늘 위로 던졌습니다.

휭! 공중에서 몇 바퀴 돌던 책 보퉁이가 퍽 소리를 내면서 골짜기에 떨어졌을 때, 용이는 두 번째 책 보퉁이를 집어 던졌습니다. 또 하나, 또 하나······.

마지막에 던진 작대기는 건너편 벼랑의 소나무 가지를 철썩 치도록 멀리 떨어졌습니다.

"됐다!" / 용이는 이제 하늘이 탁 트이고 가슴이 시원해져서, 저 건너 산을 보고 "하하하." 웃었습니다. / 떠가는 구름을 따라 마구 날아갈 것 같았습니다.

'내가 정말 못난이였구나! 이제 다시는 그런 짓 안 한다!'

용이는 제 책 보퉁이만 허리에 둘러맸습니다. 그러고는 고개를 향해 날 듯이 뛰어 올라갔습니다. 고갯마루에는 아이들이 앉아 기다리고 있었습니다. 〈중략〉

아이들의 발과 주먹이 용이를 덮쳐 왔을 때, 용이는 번개같이 거기를 빠져나와 몇 걸음 발을 옮기더니, 발밑에 있는 돌을 두 손으로 한 개씩 거머쥐고는 거기 있는 커다란 바윗돌 위에 껑충 뛰어올랐습니다. / 그 몸놀림이 어찌나 재빠른지, 아이들이 모두 놀랐습니다. 지금까지의 용이와는 아주 다른, 딴 아이였습니다.

"자, 덤빌람 덤벼! 누구든지 오는 녀석은 가만두지 않을 끼다!" 〈중략〉

어휘 풀이

☐ **보퉁이** 물건을 보자기에 싸 놓은 것.

☐ **뭉텅이** 한데 뭉친 큰 덩어리.

☐ **채다** 발로 힘껏 질러지거나 받아 올려지다.

☐ **트이다** 막혀 있던 것이 치워지고 통하게 되다.

☐ **고갯마루** 고개의 가장 높은 부분.

☐ **거머쥐다** 손으로 휘감아 꽉 쥐다.

아이들이 모두 '와아' 하고, 아까 올라온 길을 내려가는 뒷모양을 보면서 용이는 또 한 번 가슴을 확 펴고 '하하하.' 웃었습니다.

ⓒ'나 인제 못난 아이 아니야!'

1 이 글을 읽고 떠올린 장면으로 알맞지 <u>않은</u> 것은 무엇인가요? (　　　)

내용
이해

① 꿩이 날개를 쫙 펴고 산을 넘어가는 장면

② 용이가 골짜기 아래로 돌멩이를 던지는 장면

③ 아이들이 고갯마루에서 용이를 기다리는 장면

④ 용이가 아이들의 책 보퉁이를 골짜기에 몰래 숨기는 장면

⑤ 용이가 자기 책 보퉁이만 둘러매고 고개를 뛰어 올라가는 장면

2 ㉠의 까닭으로 알맞은 것은 무엇인가요? (　　　)

내용
이해

① 학교에 가기 싫어서 　　　　　② 책 보퉁이를 들 힘이 없어서

③ 얼굴이 못생겼다고 놀림을 받아서 　　④ 다른 아이가 자신의 책 보퉁이를 들고 가서

⑤ 남의 책 보퉁이를 메 준다고 수군거리는 것 같아서

3 ㉡에 대해 바르게 이해하지 <u>못한</u> 친구의 이름을 쓰세요.

내용
이해

유미: ㉡은 골짜기 아래에서 하늘로 날아오르는 꿩이야.

경중: 용이는 ㉡을 보고 온몸에 어떤 힘이 솟구치는 것을 느꼈어.

민정: 용이는 평소에 ㉡을 보며 자신의 모습과 닮았다고 생각했어.

종섭: 용이는 ㉡을 본 후로 아이들에게 당당하게 행동하기 시작했어.

(　　　　　　　　　)

4 ㉢에 담긴 용이의 생각을 알맞게 짐작한 것은 무엇인가요? (　　　)

✦추론

① '이제부터 학교에 나가지 않을 거야.'

② '친구들과 함께 산에 오르니 기분이 좋아.'

③ '나도 친구들 것처럼 좋은 책 보퉁이를 갖게 되었어.'

④ '앞으로는 다른 아이들의 책 보퉁이를 들어 주지 않겠어.'

⑤ '아무래도 내가 아이들에게 너무 심한 장난을 친 것 같아.'

5 ★추론

보기 를 읽고 빈칸에 들어갈 말을 알맞게 추론한 것에 ◯표 하세요.

보기

이 글에서 '꿩'은 온 산골의 공기를 뒤흔들고 눈부신 모습으로 산을 넘어가는 생명력 넘치는 모습입니다. 용이는 이러한 꿩을 보고 자신이 대신 메 주던 아이들의 책 보퉁이를 집어 던집니다. 이를 통해 꿩은 [   ]을 의미함을 알 수 있습니다.

(1) 부당함에 맞서는 용기와 자신감 ( )

(2) 문제를 해결하는 지혜와 슬기로움 ( )

(3) 자연에서 느껴지는 신비와 아름다움 ( )

💡 어떻게 알았나요?

꿩을 본 후 [   ] 는 아이들에게 맞서며 "자, 덤빌람 덤벼!"라고 말했습니다.

6 노트의 빈칸을 채우며, 이 글의 내용을 정리해 보세요.

「꿩」 정리하기

용이는 모두가 자기를 보고 남의 책 보퉁이나 메다 주는 ❶( ) 아이라고 수군거리는 것 같아 화가 났다.

⬇

용이는 골짜기에서 솟아올라 날아가는 ❷( )을 보고 갑자기 힘이 솟구쳐 다른 아이들의 책 보퉁이를 집어 던졌다.

⬇

아이들이 자신을 향해 덮쳐 오자, 용이는 ❸( )을 거머쥐고 맞섰다.

• 이 글에 드러난 갈등

이 글에서는 책 보퉁이들을 던지고 고갯마루로 올라간 용이와, 용이에게 발과 주먹을 휘두르는 ❹( ) 사이의 갈등이 드러난다.

어휘 다지기

1 다음 낱말의 뜻으로 알맞은 것을 찾아 선으로 이으세요.

(1) 채다 •

(2) 트이다 •

(3) 거머쥐다 •

• ① 손으로 휘감아 꽉 쥐다.

• ② 발로 힘껏 질러지거나 받아 올려지다.

• ③ 막혀 있던 것이 치워지고 통하게 되다.

2 빈칸에 알맞은 낱말을 보기 에서 찾아 쓰세요.

| 보기 | 뭉텅이 | 보퉁이 | 고갯마루 |

(1) 그는 서랍에서 오래된 편지 (   )를 발견했다.

(2) 한참 동안 고개를 오르고 나서야 (   )에 도착했다.

(3) 어머니께서 가져오신 (   ) 속에는 여러 가지 음식들이 들어 있었다.

어휘 키우기

3 다음 설명을 읽고, (   )에서 알맞은 낱말을 골라 ○표 하세요.

헷갈리는 말

| 매다 | 따로 떨어지거나 풀어지지 않도록 끈이나 줄의 두 끝을 서로 묶다.
예 밧줄을 <u>매다</u>. |
| 메다 | 물건을 어깨나 등에 올려놓다.
예 가방을 <u>메다</u>. |

(1) 배낭을 (매고 / 메고) 여행을 떠났다.

(2) 어깨에 총을 (맨 / 멘) 군인들이 모여 있었다.

(3) 산에 오르기 전에 신발 끈을 단단히 (맸다 / 멨다).

떨어져도 튀는 공처럼 | 정현종

시 | 149자

그래 살아 봐야지
너도 나도 공이 되어
떨어져도 튀는 공이 되어

살아 봐야지
쓰러지는 법이 없는 둥근
공처럼, 탄력의 나라의
왕자처럼

가볍게 떠올라야지
곧 움직일 준비 되어 있는 꼴
둥근 공이 되어

옳지 최선의 꼴
지금의 네 모습처럼
떨어져도 튀어 오르는 공
쓰러지는 법이 없는 공이 되어.

어휘 풀이

□ **탄력** 용수철처럼 튀거
나 팽팽하게 버티는 힘.
□ **꼴** 겉으로 보이는 사물
의 모양.

1 내용 이해

이 시에 나타난 '공'의 특성이 <u>아닌</u> 것은 무엇인가요? (   )

① 둥글다.
② 가볍게 떠오른다.
③ 쓰러지는 법이 없다.
④ 잘 움직이지 않는다.
⑤ 떨어져도 튀어 오른다.

2 표현 파악

이 시의 특징으로 알맞은 것은 무엇인가요? (   )

① 명령하는 말투를 사용하고 있다.
② 시간의 흐름에 따라 전개되고 있다.
③ 소리를 흉내 내는 표현이 나타나 있다.
④ 같은 말을 반복하여 운율을 살리고 있다.
⑤ 대상의 냄새를 코로 맡듯이 표현하고 있다.

⚡ **어떻게 알았나요?**

이 시의 1연, 3연, 4연에는 '   이 되어'라는 말이 나타나 있습니다.

3 표현 파악

이 시의 다음 표현 중 직유법이 사용된 것을 두 개 찾아 기호를 쓰세요.

㉮ 옳지 최선의 꼴
㉯ 지금의 네 모습처럼
㉰ 탄력의 나라의 / 왕자처럼
㉱ 쓰러지는 법이 없는 공이 되어

(,   )

4 ★추론

전략 적용

이 시의 '공'에 담긴 의미를 알맞게 추론한 것은 무엇인가요? (   )

① 이웃에게 베푸는 삶
② 나만의 개성을 추구하는 삶
③ 나보다 다른 사람을 배려하는 삶
④ 다가올 미래를 예측하고 대비하는 삶
⑤ 힘들어도 포기하지 않고 다시 도전하는 삶

5 이 시와 보기 를 읽고, ㉠이 나타난 시에 ○표 하세요.

창의

보기

이 시에는 위로 올라가는 듯한 '상승 이미지'와 아래로 떨어지는 듯한 '하강 이미지'가 모두 나타납니다. '튀는', '떠올라야지'와 같이 상승 이미지가 담긴 말은 긍정적인 느낌을 주고, '떨어져도', '쓰러지는'과 같이 ㉠하강 이미지가 담긴 말은 부정적인 느낌을 줍니다.

⑴ 푸른 하늘로 푸른 하늘로 / 항시 날아오르는 노고지리같이 / 맑고 아름다운 하늘을 받들어 / 그 속에 높은 넋을 살게 하자.   (   )

⑵ 이렇게 한 해가 다 가고 / 눈발이 드문드문 흩날리던 날 / 앙상한 대추나무 가지 끝에 매달려 있던 / 나뭇잎 하나 / 문득 혼자서 떨어졌다.   (   )

⑶ 온 혼(魂)으로 애타면서 속으로 몸속으로 불타면서 / 버티면서 거부하면서 영하에서 / 영상으로 영상 5도 영상 13도 지상으로 / 밀고 간다, 막 밀고 올라간다   (   )

핵심 정리

6 노트의 빈칸을 채우며, 이 시의 내용을 정리해 보세요.

「떨어져도 튀는 공처럼」 정리하기

1연	떨어져도 ❶( ) 공
2연	쓰러지는 법이 없는 탄력적인 공
3연	곧 움직일 ❷( )가 되어 있는 공
4연	❸( )의 꼴인 공

⬇

주제	어려움이 닥쳐도 쓰러지지 않고 꿋꿋하게 살아가려는 의지

• 이 시의 표현

이 시에 나타난 '탄력의 나라의 ❹(   )처럼'이라는 표현에서는 동화적이고 발랄한 상상력이 느껴진다.

어휘 다지기

1 다음 낱말의 뜻으로 알맞은 것을 찾아 선으로 이으세요.

(1) 튀다 •

(2) 떠오르다 •

(3) 쓰러지다 •

• ① 위를 향하여 떠서 올라가다.

• ② 탄력 있는 물체가 솟아오르다.

• ③ 서 있던 것이 한쪽으로 쏠리어 넘어지다.

2 빈칸에 알맞은 낱말을 보기 에서 찾아 쓰세요.

보기   꼴   최선   탄력

(1) 고무줄을 오래 썼더니 (   )이 없어졌다.

(2) 감기에 걸렸을 때는 푹 쉬는 것이 (   )이다.

(3) 현관에 벗어 놓은 신발들이 비슷한 (   )이어서 구별하기 어렵다.

어휘 키우기

3 다음 뜻을 가진 '비(備)'가 사용된 낱말에 모두 V표 하세요.

한자어

備
갖출 비

예 준비(準備): 미리 마련하여 갖춤.

(1) 구비(具備): 있어야 할 것을 빠짐없이 다 갖춤. ☐

(2) 낭비(浪費): 시간이나 재물 등을 헛되이 헤프게 씀. ☐

(3) 예비(豫備): 필요할 때 쓰기 위하여 미리 마련하거나 갖추어 놓음. ☐

인물이 추구하는 가치 추론하기

개념 이해

　　사람은 자신이 가치 있다고 생각하는 것에 따라 행동하고 살아갑니다. '정직하게 살자', '남에게 베풀며 살자'와 같은 말에는 그러한 가치가 담겨 있습니다. 이와 마찬가지로 작품 속 인물들도 저마다의 가치를 추구하며 다양한 삶을 살아갑니다.

가치

　　가치란 정의, 행복, 성실, 용기, 양심, 열정과 같이 바람직하다고 여겨지는 것들을 통틀어 이르는 말입니다. 사람마다 중요하다고 생각하는 가치가 다른 것처럼, 작품 속 인물이 추구하는 가치도 다양합니다.

[서로 다른 가치]

인물이 추구하는 가치 추론하기

　　작품 속 인물은 자신이 추구하는 가치에 따라 행동을 선택하고 실천합니다. 그래서 인물이 처한 상황에서 어떤 말이나 행동을 하는지를 살펴보면, 그 인물이 추구하는 가치를 짐작할 수 있습니다.

이렇게 해요!

① 인물이 처한 상황을 알아보고, 그 상황에서 인물이 한 말이나 행동을 찾아봅니다.

② 인물이 그렇게 말하고 행동한 까닭을 생각해 보면서 인물이 추구하는 가치를 짐작해 봅니다.

> 작품 속 인물이
> 추구하는 가치는
> 그 작품의 주제와도
> 관련이 있어!

확인 문제

[1~2] 다음 글을 읽고, 물음에 답하세요.

교장은 한스의 손을 꼭 쥐었다 놓았다. ㉠한스가 안도의 한숨을 내쉬며 방을 나서는데, 교장이 다시 한스를 불렀다.

"하나만 더 묻겠네. 자네 하일러와 가까이 지내는 것 같더군."

㉡"네, 친하게 지냅니다."

"대체 어떻게 친해진 건가? 자네들은 성격이 아주 다른데 말이야. 내가 자네 친구를 별로 좋아하지 않는다는 것을 알고 있겠지? 하일러는 재능은 있을지 몰라도, 불평이 많고 노력을 하지 않는 학생일세. 자네가 그를 멀리하면 좋겠네만."

㉢"그렇게는 못 합니다, 교장 선생님. 그는 제 친구입니다. 친구를 저버릴 수는 없습니다."

"알겠네. 강요하는 것은 아닐세. 하지만 하일러와 멀어지기를 바라네. 이만 돌아가게."

교장의 마지막 말에는 처음과 같은 부드러움이 조금도 없었다.

㉣한스는 다시 공부에 집중하기 시작했다. 그러나 예전처럼 잘되지 않았다. 그 이유가 우정 때문이라는 것을 한스도 알고 있었다.

— 헤르만 헤세, 『수레바퀴 아래서』 중

교장 선생님은 한스에게 친구인 하일러를 멀리하라고 말하고 있어.

1 ㉠~㉣ 중 한스가 추구하는 가치가 가장 잘 드러나는 부분을 찾아 기호를 쓰세요.

(   )

2 한스가 추구하는 가치로 알맞은 것은 무엇인가요? (   )

① 베푸는 삶
② 노력하는 태도
③ 도전적인 자세
④ 친구와의 우정
⑤ 예의 바른 행동

한스가 교장 선생님의 말을 따르는 것보다 중요하게 여기는 것을 생각해 봐.

연습

박제상전 | 김부식

인문 | 1,161자

📖 교과 연계
국어 6-1 인물의 삶을 찾아서

신라 눌지왕에게는 복호와 미사흔이라는 아우가 있었는데, 각각 고구려와 일본에 볼모로 잡혀 있었다. 눌지왕은 그들을 데려오기로 마음먹고 박제상을 불렀다.

"그대가 용감하며 임기응변에 능하다고 들었소. 내 자나 깨나 아우들 생각에 마음 편한 날이 없는데, 그대가 내 아우들을 데려올 수 있겠소?"

"신이 비록 변변하지 못하오나, 전하의 근심을 기필코 해결해 드리겠습니다."

궁궐을 나온 박제상은 곧장 고구려로 가서 고구려의 왕을 뵙기를 청했다.

"신라는 지금껏 고구려를 형제의 나라로 여기며 믿고 의지해 왔습니다. 지금 신라의 왕께서는 아우와 헤어진 지 오래되어 그 애틋한 마음이 하늘에 닿을 지경입니다. 대왕께 저희 전하의 아우를 돌려보내 주시길 간곡히 요청하옵니다."

"나 또한 신라를 형제의 나라로 생각하고 있소. 그대의 요청을 수락하리다."

박제상이 복호와 함께 돌아오자 눌지왕이 기뻐하며 말하였다.

"덕분에 큰 근심을 덜었소. 하지만 아직 미사흔이 일본에 있으니, 두 팔 중에 한쪽 팔만 얻은 기분이오."

"고구려 왕은 어진 성품을 지녀 말로 청해 아우님을 모셔 올 수 있었습니다. 하지만 ㉠일본 왕은 고구려 왕과 같지 않으니 꾀를 쓸 수밖에 없습니다. 신이 일본으로 떠나거든 전하께서는 제가 신라를 배신하고 도망쳤다는 소문을 널리 퍼뜨려 주시옵소서."

박제상은 말을 마친 후 죽기를 각오하고 일본으로 향하는 배에 몸을 실었다. 일본에 도착한 박제상은 신라를 배반하고 도망쳐 온 것처럼 행세했다. 일본 왕은 처음에는 의심했지만, 신라의 왕이 박제상의 가족을 가두었다는 소식을 듣고 박제상이 배신자라고 믿게 되었다. 일본 왕의 신임을 얻은 박제상은 미사흔을 찾아가 일본에서 탈출할 것을 권했다.

"아니, 어찌 그대를 두고 나 혼자 탈출하라는 말이오?"

"두 사람이 함께 탈출을 시도했다가는 필시 저들에게 붙잡힐 것입니다. 신이 내일 아침에 늦잠을 자는 척하며 시간을 벌 테니 그 틈에 달아나소서."

다음 날, 해가 중천에 걸리도록 박제상과 미사흔이 일어나지 않자 병사들이 이를 수상히 여겨 방으로 들어갔다. 홀로 자고 있는 박제상을 본 병사들은 그제야 미사흔이 탈출한 것을 알아챘다. 박제상이 시간을 벌어 준 덕분에 미사흔은 무사히 신라로 돌아갈 수 있었다.

홀로 일본에 남은 박제상은 결국 그곳에서 죽임을 당하였다. 신라에서 이 소식을 들은 눌지왕은 마음 아파하며 박제상에게 큰 벼슬을 내렸다.

어휘 풀이

□ 볼모 약속을 지키겠다는 뜻으로 상대편에 잡혀 두는 사람이나 물건.

□ 임기응변 그때그때의 상황에 맞게 바로 결정하거나 처리함.

□ 변변하다 집안이나 실력 등이 남보다 못하지 않다.

□ 행세하다 사실은 그렇지 않은 사람이 어떤 당사자인 것처럼 꾸미어 행동하다.

□ 신임 믿고 일을 맡김. 또는 그 믿음. (信 믿을 신, 任 맡길 임)

□ 필시 아마도 틀림없이. (必 반드시 필, 是 옳을 시)

□ 중천 하늘의 한가운데. (中 가운데 중, 天 하늘 천)

1 이 글의 중심 내용은 무엇인가요? (　　　)

중심
생각

① 고구려와 신라가 서로를 형제의 나라로 여겨 온 일
② 박제상이 복호와 함께 신라로 돌아오자 눌지왕이 기뻐한 일
③ 박제상이 신라를 배신하고 도망친 후 일본 왕에게 신임을 얻은 일
④ 눌지왕이 박제상의 죽음에 마음 아파하며 그에게 큰 벼슬을 내린 일
⑤ 박제상이 다른 나라에 잡혀 있던 눌지왕의 아우들을 신라로 데려온 일

2 이 글을 읽고 알 수 있는 내용이 <u>아닌</u> 것은 무엇인가요? (　　　)

내용
이해

① 배경은 신라 시대이다.
② 눌지왕은 아우들을 데려오기 위해 박제상을 불렀다.
③ 복호는 고구려에, 미사흔은 일본에 볼모로 잡혀 있었다.
④ 박제상은 늦잠을 자는 바람에 일본에서 탈출하지 못했다.
⑤ 박제상은 거짓 소문을 퍼뜨려 달라고 눌지왕에게 요청했다.

3 ㉠의 의미를 바르게 이해한 것에 ○표 하세요.

★추론

(1) 일본과는 형제의 나라처럼 지낸 지 얼마 되지 않았다. (　　　)
(2) 일본은 신라와 언어가 달라서 서로 말이 통하지 않을 것이다. (　　　)
(3) 일본 왕은 성품이 어질지 않아 말로 청해서는 미사흔을 데려오기 어렵다. (　　　)

4

전략 적용

박제상이 추구하는 가치로 알맞은 것은 무엇인가요? (　　　)

★추론

① 생명의 소중함　　　　　　② 형제간의 우애
③ 높은 벼슬과 출세　　　　　④ 왕에 대한 충성심
⑤ 자식에 대한 사랑

💡 어떻게 알았나요?

눌지왕이 아우들을 데려올 수 있겠느냐고 묻자, 박제상은 "전하의 　　　　　　을 기필코 해결해 드리겠습니다."라고 말했습니다.

방망이 깎던 노인 | 윤오영

수필 | 1,238자

동대문 맞은편 길가에 앉아서 방망이를 깎아 파는 노인이 있었다. 방망이를 한 벌 사 가지고 가려고 깎아 달라고 부탁을 했다. 값을 굉장히 비싸게 부르는 것 같았다. 좀 싸게 해 줄 수 없느냐고 했더니,

"방망이 하나 가지고 •에누리하겠소? 비싸거든 다른 데 가 사우."

대단히 무뚝뚝한 노인이었다. 더 ㉠깎지도 못하고 잘 ㉡깎아나 달라고만 부탁했다. 그는 잠자코 열심히 깎고 있었다. 처음에는 빨리 깎는 것 같더니, 저물도록 이리 돌려 보고 저리 돌려 보고 •굼뜨기 시작하더니, 이내 마냥 늑장이다. 내가 보기에는 그만하면 다 됐는데 자꾸만 더 깎고 있다.

인제 다 됐으니 그냥 달라고 해도 못 들은 척이다. 차 시간이 바쁘니 빨리 달라고 해도 통 못 들은 척 대꾸가 없다. 사실 차 시간이 빠듯해 왔다. 갑갑하고 지루하고 인제는 초조할 지경이다.

"더 깎지 아니해도 좋으니 그만 달라."고 했더니, 화를 버럭 내며

"끓을 만큼 끓어야 밥이 되지, 생쌀이 재촉한다고 밥이 되나."

나도 기가 막혀서

"살 사람이 좋다는데 무얼 더 깎는다는 말이오. 노인장 •외고집이시구먼. 차 시간이 없다니까."

노인은 퉁명스럽게

"다른 데 가 사우. 난 안 팔겠소."

하고 내뱉는다. 지금까지 기다리고 있다가 그냥 갈 수도 없고, 차 시간은 어차피 틀린 것 같고 해서, 될 대로 되라고 •체념할 수밖에 없었다.

"그럼, 마음대로 깎아 보시오."

"글쎄, 재촉을 하면 점점 거칠고 늦어진다니까. 물건이란 제대로 만들어야지, 깎다가 놓치면 되나."

좀 •누그러진 말씨다. 이번에는 깎던 것을 •숫제 무릎에다 놓고 태연스럽게 곰방대에 담배를 담아 피우고 있지 않는가. 나도 고만 지쳐 버려 구경꾼이 되고 말았다. 얼마 후에 노인은 또 깎기 시작한다. 저러다가는 방망이가 다 깎아 없어져 버릴 것만 같았다. 또 얼마 후에 방망이를 들고 이리저리 돌려 보더니 다 됐다고 내준다. 사실 다 되기는 아까부터 다 돼 있던 방망이다.

차를 놓치고 다음 차로 와야 하는 나는 불유쾌하기 짝이 없었다. 〈중략〉

집에 와서 방망이를 내놨더니 아내는 이쁘게 깎았다고 야단이다. 집에 있는 것보다 참 좋다는 것이다. 그러나 나는 전의 것이나 별로 다른 것 같지가 않았다. 그런데 아내의 설명을 들어 보면 배가 너무 부르면 힘들어 다듬다가 옷감을 치기를

어휘 풀이

- □ 에누리 물건값을 받을 값보다 더 많이 부르는 일.
- □ 굼뜨다 움직임이 답답할 만큼 매우 느리다.
- □ 외고집 융통성이 없고 쓸데없이 고집을 부리는 사람.
- □ 체념하다 희망을 버리고 아주 단념하다.
- □ 누그러지다 딱딱한 성질이 부드러워지거나 약해지다.
- □ 숫제 아예 전적으로.
- □ 다듬잇살 다듬이질이 알맞게 되었을 때 다듬 잇감에 생기는 풀기나 윤기.
- □ 헤먹다 들어 있는 물건 보다 공간이 넓어서 자연스럽지 않다.

잘하고, 같은 무게라도 힘이 들며, 배가 너무 안 부르면 다듬잇살이 펴지지 않고 손에 헤먹기가 쉽다. 요렇게 꼭 알맞은 것은 좀체로 만나기 어렵다는 것이다. 나는 비로소 마음이 확 풀렸다. 그리고 그 노인에 대한 내 태도를 뉘우쳤다. 참으로 미안했다.

1 글쓴이가 이 글을 쓴 목적으로 알맞은 것에 ○표 하세요.

중심
생각

(1) 방망이를 만드는 과정을 자세하게 알려 주기 위해서 （ 　 ）

(2) 노인에게 방망이를 산 경험과 이를 통해 얻은 깨달음을 표현하기 위해서 （ 　 ）

(3) 상상 속 인물인 노인의 이야기를 통해 읽는 이에게 즐거움을 주기 위해서 （ 　 ）

2 '내'가 한 일로 알맞지 <u>않은</u> 것은 무엇인가요? （ 　 ）

내용
이해

① 방망이를 기다리다가 타려던 차를 놓쳤다.

② 집에 와서 아내에게 방망이를 보여 주었다.

③ 완성된 방망이를 보고 노인의 솜씨를 칭찬했다.

④ 방망이를 싸게 해 줄 수 없느냐고 노인에게 물었다.

⑤ 차 시간이 빠듯해 오자 노인에게 더 깎지 말고 달라고 말했다.

3 이 글에서 알 수 있는 노인의 생각을 두 개 고르세요. （ 　 , 　 ）

내용
이해

① 방망이는 빨리 깎으라고 재촉하면 거칠어진다.

② 방망이는 살 사람의 마음에 들게 만들어야 한다.

③ 물건을 만드는 중에 쉬거나 다른 일을 하면 안 된다.

④ 물건을 빨리 만드는 것보다 제대로 만드는 것이 중요하다.

⑤ 무뚝뚝하고 불친절한 사람에게는 물건을 팔지 않아도 된다.

4 ㉠의 '깎다'와 ㉡의 '깎다'의 뜻으로 알맞은 것을 찾아 선으로 이으세요.

★ 추론

(1) ㉠ 깎다 •

(2) ㉡ 깎다 •

• ① 값이나 금액을 낮추어서 줄이다.

• ② 칼 등으로 물건의 겉 부분이나 표면을 얇게 벗겨 내다.

5 전략 적용

★ 추론

이 글의 노인이 추구하는 가치를 알맞게 추론한 것은 무엇인가요?   (   )

① 다른 사람에 대한 친절과 배려

② 어른에게 공손하고 예의 바른 자세

③ 자신의 일에 최선을 다하는 장인 정신

④ 상황에 맞추어 유연하게 행동하는 태도

⑤ 젊은이들에게 지식과 경험을 전수하는 일

 어떻게 알았나요?

노인은 '끊을 만큼 끊어야   이 된다'며 제대로 된 방망이를 만들기 위해 계속 깎았습니다.

핵심 정리

6 노트의 빈칸을 채우며, 이 글의 내용을 정리해 보세요.

「방망이 깎던 노인」 정리하기

'나'는 방망이를 깎아 파는 ❶(   )에게 방망이를 깎아 달라고 부탁했는데, 노인은 마냥 늑장을 부리며 방망이를 자꾸만 더 깎았다.

⬇

'내'가 ❷(   ) 시간이 빠듯해 방망이를 그만 달라고 하자 노인이 안 팔겠다고 했고, 체념한 '나'는 노인에게 방망이를 마음대로 깎아 보라고 했다.

⬇

노인이 깎고 또 깎은 방망이를 받은 '나'는 아까부터 다 돼 있던 방망이를 기다리느라 차를 놓쳐 ❸(   )하기 짝이 없었다.

⬇

방망이를 본 ❹(   )가 이렇게 꼭 알맞은 방망이는 좀체 만나기 어렵다고 말하자, '나'는 비로소 마음이 풀리면서 노인에 대한 '나'의 태도를 뉘우쳤다.

• 이 글에 나타난 '나'의 마음 변화

방망이가 다 되기를 기다리며 초조했던 '나'는 방망이 때문에 다음 차로 가야 하는 사실에 기분이 나빠졌다가, 방망이에 대한 아내의 말을 들은 후 노인에게 ❺(   )해졌다.

어휘 다지기

1 다음 낱말의 뜻으로 알맞은 것을 찾아 선으로 이으세요.

(1) 굼뜨다 •

(2) 체념하다 •

(3) 누그러지다 •

• ① 희망을 버리고 아주 단념하다.

• ② 움직임이 답답할 만큼 매우 느리다.

• ③ 딱딱한 성질이 부드러워지거나 약해지다.

2 빈칸에 알맞은 낱말을 보기 에서 찾아 쓰세요.

보기　　　　　숫제　　　에누리　　　외고집

(1) 그 가게 주인은 정직해서 물건을 ( ) 없이 판다.

(2) 할아버지는 다른 사람들의 조언을 듣지 않는 ( )이시다.

(3) 범인은 형사의 추궁에 ( ) 모르는 척을 하며 시치미를 뗐다.

어휘 키우기

3 다음 '-질'이 붙은 낱말이 쓰인 것에 모두 ∨표 하세요.

뜻을
더하는
말

-질	도구를 나타내는 낱말의 뒤에 붙어 '그 도구를 가지고 하는 일'의 뜻을 더하는 말. 예 옛날에는 <u>다듬이질</u>을 하여 옷의 주름을 폈다.

(1) 벽에 못을 박으려고 <u>망치질</u>을 했다. ☐

(2) 우리나라에서 만든 호미는 <u>품질</u>이 뛰어나다. ☐

(3) 삼촌은 주말마다 바닷가에서 <u>낚시질</u>을 한다. ☐

상록수 | 심훈

앞부분의 줄거리 | 1930년대 일제 강점기, 신학교 여학생인 영신은 농촌 마을에 내려가 아이들에게 한글을 가르쳐 주는 무료 강습소를 연다. 강습소로 쓰는 예배당에 학생들이 늘어 가던 어느 날, 일본 순사가 영신을 불러 학생을 여든 명으로 제한하지 않으면 강습소를 폐쇄하겠다고 경고한다.

소설 | 1,219자

　사제간의 정을 한칼로 베어 내는 것 같은 마룻바닥에 그어 놓은 금을 내려다보고, 그 금 밖에 오십여 명 아동이 옹기종기 모여 앉아서 무슨 무서운 선고나 내리기를 기다리는 듯한 그 천진한 얼굴들을 바라볼 때, 영신은 눈두덩이 뜨끈해지며 목이 막혀서 말을 꺼낼 수가 없다. 한참 만에야 그는 용기를 내었다. 그러다가 풀이 죽은 목소리로,

　"여러 학생들 조용히 들어요. 오늘은 선생님이 차마 하기 어려운 섭섭한 말을 할 텐데……." 하고 나서 다시 주저하다가,

　"저…… 금 밖에 앉은 아이들은 오늘부터 공부를…… 시킬 수가…… 없게 됐어요!" 하였다. 청천의 벽력은 무심한 어린이들의 머리 위에 떨어졌다. 깜박깜박하고 선생을 처다보던 수없는 눈들은 모두가 꽈리처럼 똥그래졌다.

　"왜요? 선생님, 왜 글을 안 가르쳐 주신대유?"

　그중에 머리가 좀 굵은 아이가 발딱 일어나며 질문을 한다. 〈중략〉

　영신은 그 눈물을 아이들에게 보이지 않으려고, 소매로 얼굴을 가리며 돌아섰다. 한참이나 진정을 하고 나서는 저희들 깐에도 동무들을 내쫓고 공부를 하게 된 것이 미안쩍은 듯이 머리를 떨어뜨리고 앉은 나머지 여든 명을 정돈시켜 놓고 차마 내키지 않는 걸음걸이로 칠판 앞으로 갔다. 그는 새로운 과정을 가르칠 경황이 없어서,

　"오늘은 우리 복습이나 하지." 하고 교과서로 쓰는 『농민독본』을 펴 들었다. 아이들은 글자 모으는 법을 배운 것을 독본에 있는 대로,

　"누구든지 학교로 오너라." / "배우고야 무슨 일이든지 한다." 하고 풀이 죽은 목소리로 외기를 시작한다. 영신은 그 생기 없는 아이들의 목소리가 듣기 싫은데, 든 사람은 몰라도 난 사람은 안다고, 이가 빠진 듯이 띄엄띄엄 벌려 앉은 교실 한 귀퉁이가 빈 것을 보지 않으려고 유리창 밖으로 눈을 돌렸다.

　⊙ 창밖을 내다보던 영신은 다시금 콧마루가 시큰해졌다. 예배당을 에두른 야트막한 담에는 쫓겨 나간 아이들이 머리만 내밀고 조옥 매달려서 담 안을 넘겨다보고 있지 않은가. 고목이 된 뽕나무 가지에 닥지닥지 열린 것은 틀림없는 사람의 열매다. 그중에도 키가 작은 계집애들은 나무에도 기어오르지를 못하고 땅바닥에 가 주저앉아서 훌쩍거리고 울기만 한다.

　영신은 창문을 말끔 열어젖혔다. 그리고 청년들과 함께 칠판을 떼어 담 밖에서도 볼 수 있는 창 앞턱에다가 버티어 놓고 아래와 같이 커다랗게 썼다.

"누구든지 학교로 오너라." / "배우고야 무슨 일이든지 한다."

나무에 오르고 담장에 매달린 아이들은 일제히 입을 열어 목구멍이 찢어져라고 그 독본의 구절을 바라다보고 읽는다.

1
내용
이해
영신에 대한 설명으로 알맞은 것은 무엇인가요? (   )

① 『농민독본』을 쓴 사람이다.

② 아이들 앞에서 수업하는 것을 어려워한다.

③ 어쩔 수 없이 아이들을 교실 밖으로 내쫓으며 괴로워한다.

④ 나무에 오르고 담장에 매달린 아이들이 떨어질까 봐 걱정한다.

⑤ 새로운 과정을 배우는 것보다 복습이 더 중요하다고 생각한다.

2
내용
이해
㉠에 대해 바르게 이해하지 <u>못한</u> 친구는 누구인가요? (   )

① 민재: 영신이 창문을 열고 칠판을 창 앞턱으로 옮긴 까닭을 알 수 있어.

② 동진: 영신은 쫓겨난 아이들이 담 안을 보려고 애쓰는 모습에 감동을 받았을 거야.

③ 지수: '사람의 열매'는 뽕나무에 올라가 담 안을 보고 있는 아이들을 표현한 말이야.

④ 형기: 나무에 오르지 못한 아이들은 친구들과 집으로 돌아가고 싶어서 울었을 거야.

⑤ 선형: 쫓겨난 아이들이 예배당을 떠나지 못하는 모습에서 배움에 대한 의지가 느껴져.

3
표현
파악
이 글의 특징으로 알맞은 것에 ○표 하세요.

(1) 비유하는 표현을 사용하여 상황을 실감 나게 묘사하고 있다.   (   )

(2) 관용 표현을 통해 아이들 사이의 갈등을 효과적으로 드러내고 있다.   (   )

(3) 사람이 아닌 것을 사람인 것처럼 표현하여 재미와 친근감을 주고 있다.   (   )

💡 **어떻게 알았나요?**

'한칼로 베어 내는 것 같은', '꽈리처럼', '이가 빠진 듯이' 등은   을 사용한 표현입니다.

전략 적용
4
★ 추론
다음 중 영신이 추구하는 가치가 가장 잘 드러난 말을 골라 그 기호를 쓰세요.

㉮ 정직해야 한다.   ㉯ 규범에 따라야 한다.

㉰ 누구든 배울 수 있어야 한다.   ㉱ 모든 사람을 동등하게 대해야 한다.

(   )

5

★ 추론

이 글과 보기 를 읽고 알맞게 짐작한 것을 두 개 고르세요. (,   )

보기

『상록수』는 농촌 계몽 운동의 하나인 '브나로드 운동'이 활발히 진행되었던 1930년대를 배경으로 한 소설이다. '브나로드'는 '민중 속으로'라는 뜻의 러시아어로, 브나로드 운동은 지식인들이 농촌에 내려가 사람들에게 글을 가르쳐 주는 문맹 퇴치 운동을 뜻한다. 이 소설의 주인공인 영신도 가난한 농촌 마을의 아이들에게 글을 가르치며 브나로드 운동을 실천하는 인물이다.

① 영신은 가난한 농촌 마을에서 태어났다.

② 당시 농촌에는 글을 읽을 줄 모르는 아이들이 많았다.

③ 이 글을 쓴 작가는 브나로드 운동에 대해 부정적인 입장이다.

④ "배우고야 무슨 일이든지 한다."는 브나로드 운동의 목적을 잘 보여 준다.

⑤ 문맹 퇴치는 중요한 일이므로 일본은 브나로드 운동을 적극적으로 지원했다.

핵심 정리

6

노트의 빈칸을 채우며, 이 글의 내용을 정리해 보세요.

「상록수」 정리하기

일본 순사로부터 학생 수를 제한하라는 경고를 받은 영신은 오십여 명의 아이들을 ❶(   )에서 내쫓고 눈물을 흘렸다.

⬇

쫓겨난 아이들은 밖에서 ❷(   ) 안을 넘겨다보거나 땅바닥에 주저앉아 울었다.

⬇

영신은 창문을 열고 담 밖에서도 볼 수 있는 창 앞턱에다 ❸(   )을 놓고 수업을 이어 갔다.

• 이 글의 주제

농촌 계몽을 위한 영신의 노력과 ❹(   )을 배우고자 하는 아이들의 강한 의지

1 다음 낱말의 뜻으로 알맞은 것을 찾아 선으로 이으세요.

(1) 내키다 •

(2) 에두르다 •

(3) 천진하다 •

• ① 사방을 빙 둘러막다.

• ② 하고 싶은 마음이 생기다.

• ③ 꾸밈이나 거짓이 없이 자연 그대로 깨끗하고 순진하다.

2 빈칸에 알맞은 낱말을 보기에서 찾아 쓰세요.

보기   경황   선고   사제간

(1) 그는 병원에서 암에 걸렸다는 (   )을/를 받았다.

(2) 스승의 날을 맞아 (   )에 정을 돈독히 쌓는 행사가 열렸다.

(3) 갑자기 이사를 가게 되어 동네 사람들에게 인사할 (   )도 없었다.

어휘 키우기

3 다음 설명을 읽고, (   )에서 알맞은 낱말을 골라 ○표 하세요.

헷갈리는 말

때다	아궁이 등에 불을 지피어 타게 하다. 예 아궁이에 장작을 <u>때</u>다.
떼다	붙어 있거나 잇닿은 것을 떨어지게 하다. 예 벽에서 거울을 <u>떼</u>다.

(1) 냉장고에 붙여 둔 자석을 (때었다 / 떼었다).

(2) 새로 산 옷에서 상표를 (때어 / 떼어) 버렸다.

(3) 방에 불을 (때니 / 떼니) 바닥이 금방 따뜻해졌다.

생략된 내용 추론하기

개념 이해

글에는 읽는 이가 쉽게 짐작할 만한 내용이 생략되어 있습니다. 하나의 글에 모든 내용을 담을 수는 없기 때문입니다. 그래서 우리는 글에 직접적으로 제시되어 있지 않은 내용을 짐작하는 '추론'을 하며 글을 읽어야 합니다.

글에서 생략된 내용

"오늘은 평소와 달리 늦잠을 잤다."라는 글에는 평소에는 늦잠을 자지 않았다는 내용이 생략되어 있습니다. 이렇게 글에 쓰여 있지 않고 **생략된 내용**을 추론하며 읽으면, 글을 더 정확하고 깊이 있게 이해할 수 있습니다.

생략된 내용 추론하기

생략된 내용을 추론하려면 글에서 찾을 수 있는 단서를 확인해야 합니다. 글에 나타난 내용과 글의 전체적인 흐름 등이 단서가 될 수 있습니다. 이를 통해 글에 직접 드러나지 않은 사실이나 정보를 짐작해 봅니다.

> **예** 어제저녁에 치킨을 먹었다. 배가 부른데도 치킨이 자꾸만 입으로 들어갔다. <u>자기 전에 소화제를 먹었지만, 결국 아침에 병원에 갔다.</u>

단서 1
단서 2

➡

생략된 내용
치킨을 많이 먹어서 배탈이 났다.

이렇게 해요!

① 글을 꼼꼼하게 읽으면서 단서를 찾아 생략된 내용을 추론합니다.

② 앞뒤 내용을 고려하여 추론한 내용이 적절한지 확인해 봅니다.

> 생략된 내용을 추론할 때는 내가 이미 아는 사실이나 나의 경험을 떠올리는 것도 도움이 돼!

확인 문제

[1~2] 다음 글을 읽고, 물음에 답하세요.

옛날 사람들은 밤에 길을 잃었을 때 방향을 알기 위해 하늘에서 북극성을 찾았다. 왜 하필 북극성으로 방향을 확인했을까?

북극성은 작은곰자리를 이루는 별들 중 하나로, 항상 정확한 북쪽에 있다. 지구에서 볼 때 다른 별들은 시간에 따라 위치가 변하지만 북극성은 거의 움직이지 않는다. 이는 북극성이 지구의 자전축을 길게 늘인 가상의 선 위에 위치하기 때문이다. 지구는 자전하므로 다른 별들은 북극성을 중심으로 회전하는 것처럼

▲ 작은곰자리와 북극성

보인다. 반면, 북극성은 자전축의 연장선상에 있어서 밤새 같은 자리에 있는 것처럼 보이는 것이다. 이렇듯 북극성은 언제나 정확한 북쪽에서 볼 수 있기에 오래전부터 나침반의 역할을 해 왔다.

그럼 수많은 별 중에서 어떻게 북극성을 찾을 수 있을까? 북극성이 밤하늘에서 가장 밝게 보이는 별이라고 오해하는 사람들이 많지만, 사실 북극성은 한눈에 들어올 만큼 밝은 별은 아니다. ㉠그래서 북극성의 위치를 찾을 때는 북극성을 중심으로 도는 북두칠성이나 카시오페이아자리를 이용한다.

1 이 글을 읽고 짐작한 내용을 알맞게 말한 친구의 이름을 쓰세요.

주미: 작은곰자리는 거의 움직이지 않는 것처럼 보일 거야.
은결: 작은곰자리는 북쪽 하늘에서 볼 수 있는 별자리일 거야.

(   )

2 ㉠을 통해 추론할 수 있는 내용이 <u>아닌</u> 것에 ✕표 하세요.

북두칠성이나
카시오페이아자리를
이용하여 북극성의 위치를
찾을 수 있는 까닭은
무엇일까?

(1) 북두칠성과 카시오페이아자리는 북쪽 하늘에 떠 있다.   (   )

(2) 북두칠성과 카시오페이아자리는 북극성보다 찾기 쉽다.   (   )

(3) 북두칠성과 카시오페이아자리는 서로 비슷하게 생겼다.   (   )

(4) 북두칠성과 카시오페이아자리는 북극성 주변에 위치해 있다.   (   )

참정권은 어떻게 변해 왔을까?

사회 | 1,063자

📖 교과 연계
사회 4-1 민주주의와 주민 자치

　민주주의 국가에서 보장하는 중요한 권리 중 하나는 참정권이다. 참정권은 국민이 정치에 참여할 수 있는 권리를 말한다. 선거에 참여하여 투표할 수 있는 권리인 선거권, 선거에 ˙입후보할 수 있는 권리인 피선거권, 공무원이 될 수 있는 권리인 공무 담임권 등이 참정권에 포함된다.

　참정권은 국민이 국가의 주인이라는 민주주의의 원칙을 ˙실현한다는 점에서 '민주주의의 꽃'이라 불린다. 그러나 처음부터 일정 연령 이상의 모든 사람에게 참정권이 주어진 것은 아니었다. ㉠지금과 달리 과거에는 가장 기본적인 참정권인 선거권마저도 성별, 인종, 신분, 재산 등에 따라 제한되었다.

　19세기 초 영국은 성인 남성 중 귀족이나 부유한 사람들에게만 선거권을 주었다. 이는 전체 인구의 약 2%에 불과했다. 반면 가난한 노동자와 여성에게는 선거권이 없었다. 이들은 재산에 상관없이 선거권을 부여할 것을 요구하며 '차티스트 운동'을 벌였다. 1838년에 시작된 차티스트 운동은 ˙혹독한 탄압 속에서도 10년간 끈질기게 이어졌으나 끝내 실패하였다. 하지만 차티스트 운동은 1867년에 선거법을 개정하여 노동자의 선거권을 인정받는 데 큰 영향을 미쳤다.

　여성이 선거권을 얻기까지는 더 오랜 시간이 걸렸다. 20세기에 들어서도 몇몇 국가 외에는 여성의 선거권이 허락되지 않았다. 여성 선거권 운동에 한 ˙획을 그은 인물은 영국의 에밀리 데이비슨이다. 1913년, 데이비슨은 수천 명의 관중이 모인 경마 대회장에서 "여성에게 선거권을!"이라고 외치며 달리는 말에 뛰어들었다. 목숨을 걸고 선거권을 획득하고자 했던 데이비슨의 행동을 계기로 영국에서는 선거권이 점차 확대되었고, 1928년부터는 여성에게도 남성과 동등한 선거권이 인정되었다.

　우리나라는 1948년에 헌법을 제정할 때부터 남녀 모두에게 선거권을 보장하였다. 당시에는 만 21세 이상의 모든 국민에게 선거권을 주었다. 이후 선거권 연령은 1960년에 만 20세, 2005년에 만 19세, 2019년에 만 18세로 낮아졌다. 이 또한 청소년을 비롯한 많은 이들이 노력하여 성취한 결과이다. 지금 우리가 누리는 참정권은 많은 이들의 희생과 노력으로 얻어 낸 소중한 권리임을 ˙명심해야 한다.

어휘 풀이

☐ **입후보하다** 선거에 후보자로 나서다.

☐ **실현하다** 꿈이나 기대 등을 실제로 이루다. (實 열매 실, 現 나타날 현)

☐ **혹독하다** 성질이나 하는 짓이 몹시 모질고 악하다.

☐ **획을 긋다** 어떤 범위나 시기를 분명하게 구분 짓다.

☐ **명심하다** 잊지 않도록 마음에 깊이 새겨 두다. (銘 새길 명, 心 마음 심)

1 참정권에 대한 설명으로 알맞은 것에 ○표 하세요.

내용
이해

(1) 선거권과 같은 말이다.   (   )

(2) '민주주의의 꽃'이라 불린다.   (   )

(3) 국민이 정치에 참여해야 할 의무를 말한다.   (   )

💡 어떻게 알았나요?

참정권은 민주주의 국가에서 보장하는 중요한   중 하나입니다.

2 이 글을 읽고 답할 수 있는 질문이 <u>아닌</u> 것은 무엇인가요?   (   )

내용
이해

① 다른 나라의 선거권 연령은 어떻게 변화했을까?

② 영국에서 여성의 선거권을 인정한 것은 언제일까?

③ 영국의 노동자와 여성은 왜 차티스트 운동을 벌였을까?

④ 우리나라는 언제부터 남녀 모두에게 선거권을 주었을까?

⑤ 에밀리 데이비슨이 달리는 말에 뛰어든 까닭은 무엇일까?

전략 적용

3 ㉠을 읽고 추론한 내용으로 알맞은 것은 무엇인가요?   (   )

✱추론

① 과거에도 모든 사람에게 참정권이 주어졌다.

② 이제부터라도 선거권을 더 확대할 필요가 있다.

③ 현재는 선거권을 기본적인 참정권으로 여기지 않는다.

④ 지금도 성별, 인종, 신분, 재산 등에 따라 선거권이 제한된다.

⑤ 오늘날 대부분의 나라에서는 일정 연령을 넘은 모든 사람에게 참정권을 부여한다.

4 다음은 선거의 4대 원칙입니다. 이 글의 내용과 관련 있는 것을 찾아 기호를 쓰세요.

창의

> ㉮ 보통 선거: 일정한 나이가 된 모든 국민에게 선거권을 주는 원칙
>
> ㉯ 평등 선거: 누구나 똑같이 한 표씩 투표할 수 있는 원칙
>
> ㉰ 직접 선거: 자신이 직접 투표해야 하는 원칙
>
> ㉱ 비밀 선거: 누구에게 투표했는지 다른 사람이 알지 못하게 비밀이 보장되는 원칙

                                                   (   )

보석의 비밀

과학 | 1,070자

📖 교과 연계
과학 4-1 지층과 화석

지구의 겉 부분을 구성하는 단단한 암석을 들여다보면 다양한 알갱이를 발견할 수 있습니다. 이와 같이 암석을 이루는 알갱이를 '광물'이라고 합니다. ㉠연필심의 재료로 쓰이는 흑연도 광물 중 하나입니다. 광물은 그 종류가 4,000여 종에 이르는데, 제각기 독특한 성질을 가지고 있습니다. 어떤 것은 매우 단단하고, 어떤 것은 비교적 무르고, 어떤 것은 광택이 나고, 또 어떤 것은 전기가 통합니다. 그리고 몇몇 광물은 귀한 보석으로 대접받기도 합니다. 보석으로 인정받는 광물과 그렇지 못한 광물은 무엇이 다를까요? 어떤 광물이 보석이 될 수 있는지 알아봅시다.

보석이 되기 위한 첫 번째 조건은 빛깔과 광택의 아름다움입니다. ㉡붉은빛의 루비, 푸른빛의 사파이어, 초록빛의 에메랄드는 선명하고 아름다운 빛깔을 가진 대표적인 광물입니다. 다이아몬드는 빛깔이 없이 투명하지만, 유난히 반짝이는 광택 덕분에 보석으로 인정받게 되었습니다. 다이아몬드는 굴절률이 높기 때문에 잘 가공하면 밖에서 들어온 빛이 빠져나가지 못하고 내부에서 전부 반사됩니다. 그래서 우리 눈에는 다이아몬드가 찬란하게 빛나는 것처럼 보입니다.

▲ 다이아몬드

두 번째 조건은 높은 희소가치입니다. 광물이 보석으로 인정받으려면 세상에 존재하는 양이 적어서 아무나 가질 수 없어야 합니다. 아무리 아름다워도 여기저기 널려 있다면 보석으로서 가치가 없습니다. 또한 보석 중에서도 희귀한 것이 더 높게 평가됩니다. 예를 들어 ㉢극소량의 불순물이나 결정 구조의 변형 등으로 인해 특정한 색을 띠게 된 '팬시 컬러 다이아몬드'는 투명한 다이아몬드보다 훨씬 비싸게 팔립니다.

마지막 세 번째 조건은 뛰어난 내구성입니다. 보석은 아주 단단해야 합니다. 외부에서 충격을 가했을 때 쉽게 흠집이 나거나 파손되지 않아야 하고, 열에도 잘 견뎌야 합니다. 또 공기 중에 오래 두더라도 변질되지 않아야 합니다. 보석이 오랫동안 제 형태를 간직하며 아름다움을 유지하기 위해서는 내구성이 필요합니다.

수천 종의 광물 가운데 이 세 가지 조건을 모두 만족하여 보석으로 인정받는 것은 70여 종에 불과합니다. 특유의 아름다움, 희소가치, 내구성을 지닌 보석은 동서고금을 막론하고 사람들에게 사랑받고 있습니다.

어휘 풀이

□ **무르다** 단단하거나 뻣뻣하지 않고 여리다.

□ **굴절률** 빛이 어떤 물질을 만났을 때 꺾이는 정도. (屈 굽을 굴, 折 꺾을 절, 率 율 률)

□ **가공하다** 기술이나 힘 등을 이용해 원료나 재료를 새로운 제품으로 만들다. (加 더할 가, 工 장인 공)

□ **희소가치** 드물기 때문에 인정되는 가치. (稀 드물 희, 少 적을 소, 價 값 가, 値 값 치)

□ **결정** 입자들이 규칙적으로 배열되어 일정한 모양을 이룬 것.

□ **내구성** 물질이 변하지 않고 오래 견디는 성질. (耐 견딜 내, 久 오랠 구, 性 성품 성)

□ **막론하다** 이것저것 가리거나 따지지 않고 말하다. (莫 없을 막, 論 논의할 론)

1 이 글의 중심 내용은 무엇인가요?　(　　　)

중심
생각

① 광물의 종류와 성질

② 보석의 가치를 높이는 가공 방법

③ 보석으로 대접받는 대표적인 광물

④ 자연에서 보석이 만들어지는 과정

⑤ 광물이 보석으로 인정받기 위한 조건

💡 어떻게 알았나요?

1문단에서 어떤 　　　　　 이 보석이 될 수 있는지 알아보자고 하였습니다.

2 광물에 대한 설명으로 알맞지 <u>않은</u> 것은 무엇인가요?　(　　　)

내용
이해

① 보석이 아닌 것도 있다.

② 암석을 이루는 알갱이이다.

③ 지금까지 70여 종이 발견되었다.

④ 제각기 독특한 성질을 가지고 있다.

⑤ 흑연, 에메랄드, 다이아몬드 등이 포함된다.

3 ㉠과 ㉡에서 공통으로 사용한 설명 방법은 무엇인가요?　(　　　)

구조
파악

① 예시　　　　　② 열거　　　　　③ 인과　　　　　④ 비교　　　　　⑤ 대조

전략 적용

4 ㉢을 읽고 추론한 내용으로 알맞지 <u>않은</u> 것에 ✕표 하세요.

✚ 추론

(1) 희소성이 높은 보석일수록 비싸게 팔린다.　　　　　　　　　　　(　　　)

(2) 팬시 컬러 다이아몬드는 가공할 필요가 없다.　　　　　　　　　　(　　　)

(3) 불순물이 있어도 보석으로 인정받을 수 있다.　　　　　　　　　　(　　　)

(4) 팬시 컬러 다이아몬드가 투명한 다이아몬드보다 희귀하다.　　　　(　　　)

5 다음 ㉮~㉰ 중 보석으로 인정받는 광물을 찾아 기호를 쓰세요.

창의

	㉮	㉯	㉰
이름	휘석	자수정	모나자이트
생김새			
빛깔/광택	광택이 있는 진녹색	광택이 있는 보라색	광택이 없는 적갈색
희소가치	매우 흔함	희소함	희소함
내구성	낮음	높음	낮음

(   )

핵심 정리

6 노트의 빈칸을 채우며, 이 글의 내용을 정리해 보세요.

「보석의 비밀」 정리하기

1문단	4,000여 종에 이르는 ❶( ) 중 일부는 귀한 보석으로 대접받는다.

2문단	보석이 되기 위한 조건 1: 빛깔과 ❷( )이 아름다워야 한다.

3문단	보석이 되기 위한 조건 2: 희소가치가 높아야 한다.

4문단	보석이 되기 위한 조건 3: ❸( )이 뛰어나야 한다.

5문단	세 조건을 모두 만족하여 ❹( )으로 인정받는 광물은 70여 종에 불과하다.

어휘 다지기

1 다음 낱말의 뜻으로 알맞은 것을 찾아 선으로 이으세요.

(1) 무르다 •

(2) 가공하다 •

(3) 막론하다 •

• ① 단단하거나 뻣뻣하지 않고 여리다.

• ② 이것저것 가리거나 따지지 않고 말하다.

• ③ 기술이나 힘 등을 이용해 원료나 재료를 새로운 제품으로 만들다.

2 빈칸에 알맞은 낱말을 보기 에서 찾아 쓰세요.

| 보기 | 결정 | 내구성 | 희소가치 |

(1) 송로버섯은 구하기가 어려워 (   )이/가 매우 높다.

(2) 이 제품은 (   )이/가 좋은 재질로 만들어 튼튼하다.

(3) 돋보기로 눈을 자세히 관찰하면 육각형의 (   )을/를 볼 수 있다.

어휘 키우기

3 다음 뜻을 가진 '파(破)'가 사용된 낱말에 모두 ∨표 하세요.

한자어

破
깨뜨릴 파

예 파손(破損): 깨어져 못 쓰게 됨. 또는 깨뜨려 못 쓰게 함.

(1) 전파(傳■): 전하여 널리 퍼뜨림. ☐

(2) 돌파(突■): 쳐서 깨뜨려 뚫고 나아감. ☐

(3) 파기(■棄): 깨뜨리거나 찢어서 내버림. ☐

침묵의 음악, 〈4분 33초〉

예술 | 1,149자

1952년 8월 29일, 뉴욕의 한 공연장에서 존 케이지가 작곡한 새로운 곡이 처음으로 무대에 올랐다. 연주자가 피아노 앞에 앉자 청중은 바짝 귀를 기울였다. 그러나 연주자는 이따금 악보를 넘기고 건반 뚜껑을 닫았다 열었다 할 뿐, 아무런 연주도 하지 않았다. 그리고 정확히 4분 33초가 지난 후 자리에서 일어나 관객을 향해 인사를 하고 무대에서 내려갔다. 이 작품이 바로 공연과 동시에 예술계에 엄청난 반향을 불러일으킨 〈4분 33초〉이다.

〈4분 33초〉의 악보에는 음표가 없다. 총 세 악장으로 구성된 악보에는 오직 '타셋(TACET)'이라는 글자만 적혀 있다. '침묵'이라는 뜻의 타셋은 연주를 쉬라는 의미로 쓰인다. 케이지는 악보에 타셋이라는 글자만 기입함으로써 어떤 연주도 하지 않는 곡을 만든 것이다. 다만 곡에 선율이 없다 보니 1악장을 33초, 2악장을 2분 40초, 3악장을 1분 20초로 연주하되, 악장이 시작되고 끝날 때마다 건반 뚜껑을 닫았다가 열라는 지시 사항을 악보에 적어 두었다.

케이지가 이렇게 희한한 곡을 작곡한 까닭은 무엇일까? 어느 날 케이지는 완벽하게 고요한 장소를 찾고자 방음이 잘되는 하버드 대학교의 녹음실을 방문했다. 하지만 그곳에서도 미세한 소리가 반복적으로 들렸다. 케이지와 함께 있던 기술자는 그것이 케이지의 몸속에서 나는 소리라고 알려 주었다. 케이지는 이 경험을 통해 세상 어디에도 완벽한 고요함은 없다는 사실을 깨닫고 〈4분 33초〉라는 곡을 만들었다.

〈4분 33초〉는 어떤 소리든 음악이 될 수 있음을 보여 준다. 〈4분 33초〉가 연주되는 동안 청중은 공연장에서 우연히 만들어진 일상적이고도 자연스러운 소리를 들을 수 있다. 연주자의 옷깃이 스치는 소리, 청중이 웅성거리는 소리, 바깥에서 들리는 바람 소리 등이 모두 음악의 일부가 되는 것이다. "우리가 하는 모든 것이 음악이다."라는 케이지의 말처럼, 〈4분 33초〉는 우리가 매일 경험하는 일상적인 소리와 예술적인 음악 사이의 경계를 허물었다는 의미가 있다.

오늘날 〈4분 33초〉는 음악에 대한 고정 관념에서 벗어나 음악의 지평을 넓혔다는 평가를 받는다. ㉠하지만 〈4분 33초〉가 처음 발표될 당시 음악 평론가들의 평가는 달랐다. 그럼에도 기존 음악의 틀을 깨고자 했던 케이지의 혁신적인 시도는 동시대의 많은 예술가에게 커다란 영감을 주었다.

어휘 풀이

□ **반향** 어떤 사건이나 발표 등이 세상에 영향을 미치어 일어나는 반응. (反 돌이킬 반, 響 소리 울릴 향)

□ **기입하다** 수첩이나 문서 등에 적어 넣다. (記 기록할 기, 入 들 입)

□ **희한하다** 매우 드물거나 신기하다. (稀 드물 희, 罕 드물 한)

□ **허물다** 심리적으로 이미 주어져 있는 생각이나 믿음 등을 없애다.

□ **지평** 사물의 전망이나 가능성 등을 비유적으로 이르는 말.

□ **영감** 창조적인 활동과 관련한 기발하고 좋은 생각.

1 이 글의 특징으로 알맞은 것은 무엇인가요?   (   )

중심
생각

① 악보를 읽는 방법을 자세히 알려 주는 글이다.

② 존 케이지의 생애와 업적을 사실대로 쓴 글이다.

③ 〈4분 33초〉를 듣고 느낀 점을 솔직하게 쓴 글이다.

④ 〈4분 33초〉의 특징과 의미에 대해 설명하는 글이다.

⑤ 존 케이지의 음악에 대한 글쓴이의 주장을 쓴 글이다.

2 〈4분 33초〉에 대한 설명으로 알맞지 <u>않은</u> 것은 무엇인가요?   (   )

내용
이해

① 곡에 선율이 없다.

② 세 악장으로 구성되어 있다.

③ 악보에 어떤 글자도 적혀 있지 않다.

④ 예술계에 엄청난 반향을 불러일으켰다.

⑤ 1952년 8월 29일에 공연장에서 처음 연주되었다.

💡 어떻게 알았나요?

〈4분 33초〉의 악보에는 '침묵'이라는 뜻의 [   ]만 적혀 있습니다.

3 존 케이지가 〈4분 33초〉를 작곡한 계기는 무엇인가요?   (   )

내용
이해

① 음악이 우리 삶의 일부라고 생각해서

② 동시대의 예술가들에게 영감을 주기 위해서

③ 피아노의 건반 뚜껑을 여닫는 소리가 아름다워서

④ 완벽한 고요함이 존재하지 않는다는 사실을 깨달아서

⑤ 일상적인 소리와 예술적인 음악 사이의 경계가 허물어져서

4

전략 적용

㉠을 읽고 추론한 내용을 알맞게 말한 친구의 이름을 쓰세요.

★ 추론

> 은지: 당시 음악 평론가들은 〈4분 33초〉의 연주 시간이 너무 짧다는 이유로 비난했을 거야.
>
> 정원: 당시 음악 평론가들은 〈4분 33초〉가 아무도 시도하지 않았던 혁신적인 음악이라며 찬사를 보냈을 거야.
>
> 소영: 당시 음악 평론가들은 〈4분 33초〉가 기존 음악의 틀을 따르지 않아 음악이라고 볼 수 없다고 비판했을 거야.

(   )

5 이 글을 바탕으로 보기 를 이해한 내용으로 알맞지 <u>않은</u> 것에 ✕표 하세요.

★ 추론

보기

세계적인 예술가 백남준은 "내 인생은 존 케이지를 만나기 이전과 이후로 나눌 수 있다." 라고 말했을 만큼 케이지의 음악을 높이 평가했다. 1959년에 백남준은 〈존 케이지에 대한 경의〉라는 이름의 공연에서 클래식 음악과 사람의 비명, 수탉의 울음소리, 뉴스 소리 등이 녹음된 테이프를 틀고 피아노를 연주하다가 갑자기 피아노 줄을 가위로 끊어 버리고 악기를 때려 부쉈다. 백남준은 이 공연을 통해 아름다운 소리만이 아니라 잡다한 소음도 음악에 포함될 수 있다는 메시지를 던졌다.

(1) 백남준은 존 케이지에게 영향을 받은 동시대 예술가이다. ( )

(2) 백남준도 존 케이지처럼 고정 관념에서 벗어난 예술을 추구했다. ( )

(3) 백남준은 존 케이지와 달리 일상적인 소리와 예술적인 음악을 구분했다. ( )

핵심 정리

6 노트의 빈칸을 채우며, 이 글의 내용을 정리해 보세요.

「침묵의 음악, 〈4분 33초〉」 정리하기

1문단	존 ❶( )가 작곡한 〈4분 33초〉의 첫 공연 모습: 연주자가 악보를 넘기고 건반 뚜껑을 여닫을 뿐 아무 연주도 하지 않음.
2문단	〈4분 33초〉 악보의 구성: 총 세 악장으로 구성된 악보에는 ❷( )가 없이 오직 '타셋'이라는 글자만 적혀 있음.
3문단	〈4분 33초〉를 작곡한 계기: 방음이 잘되는 녹음실에서도 미세한 소리를 들은 케이지는 세상 어디에도 완벽한 ❸( )은 없다는 사실을 깨달음.
4문단	〈4분 33초〉의 의미: 어떤 소리도 ❹( )이 될 수 있음을 보여 줌.
5문단	〈4분 33초〉에 대한 평가: 오늘날 음악의 지평을 넓혔다는 평가를 받음.

어휘 다지기

1 다음 낱말의 뜻으로 알맞은 것을 찾아 선으로 이으세요.

(1) 허물다 •

(2) 기입하다 •

(3) 희한하다 •

• ① 매우 드물거나 신기하다.

• ② 수첩이나 문서 등에 적어 넣다.

• ③ 심리적으로 이미 주어져 있는 생각이나 믿음 등을 없애다.

2 빈칸에 알맞은 낱말을 보기 에서 찾아 쓰세요.

보기   반향   영감   지평

(1) 아인슈타인의 이론은 과학계에 커다란 (   )을 일으켰다.

(2) 화가는 해가 지는 바다를 보고 (   )을 받아 그림을 그렸다.

(3) 바둑 대결에서 인간을 이긴 로봇은 인공 지능 기술의 새로운 (   )을 열었다.

어휘 키우기

3 다음 뜻풀이를 읽고, 밑줄 친 낱말의 뜻으로 알맞은 것을 찾아 각각 기호를 쓰세요.

다의어

넘기다
ㄱ 일정한 시간, 시기, 범위 등을 벗어나 지나게 하다.
ㄴ 종이, 책장 등을 젖히다.
ㄷ 지나쳐 보내다.

(1) 열두 시를 넘기지 않고 집으로 돌아왔다. (   )

(2) 몇몇 학생들은 경고문을 대수롭지 않게 넘겼다. (   )

(3) 나는 계약서를 한 장씩 넘기며 내용을 확인했다. (   )

내용의 타당성 판단하기

개념 이해

글에 나타난 글쓴이의 주장은 논리적이지 않거나 옳지 않을 수 있습니다. 그러므로 주장하는 글을 읽을 때에는 주장과 근거를 무조건 받아들이는 것이 아니라, 그 내용이 타당한지 판단할 수 있어야 합니다.

주장과 근거의 타당성

주장하는 글이 설득력을 얻기 위해서는 주장과 근거가 타당해야 합니다. 주장은 글쓴이가 제기한 문제 상황에서 그것이 가치 있고 중요할 때, 그리고 근거는 주장과 관련이 있으면서 주장을 잘 뒷받침할 때 타당하다고 판단할 수 있습니다.

자료의 타당성

글쓴이는 면담, 설문, 통계, 사진, 그림, 영상과 같은 구체적인 자료를 활용하여 근거를 뒷받침하기도 합니다. 이러한 **자료의 타당성**은 자료가 사실인지, 근거와 관련이 있는지, 자료의 출처가 믿을 만한지를 확인하여 판단합니다.

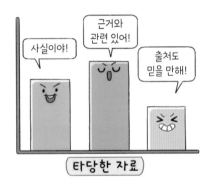

이렇게 해요!

① 글에 나타난 주장이 가치 있고 중요한지, 근거가 주장과 관련이 있는지, 근거가 주장을 뒷받침하는지 살펴봅니다.

② 근거를 뒷받침하는 자료가 제시될 때는 사실 여부, 근거와의 관련성, 출처의 신뢰성을 바탕으로 자료의 타당성을 따져 봅니다.

도표나 통계처럼 수치가 나타난 자료가 있다면 정확한 숫자를 사용했는지 확인해야 해.

확인 문제

[1~2] 다음 글을 읽고, 물음에 답하세요.

> **1** 지구 온난화로 인한 이상 기후가 잦아지고 있다. 점점 상승하는 지구의 온도를 낮추기 위해 온실가스를 줄이는 것은 인류 공동의 과제가 되었다. 지구 온난화를 막으려면 여러 온실가스 중에서도 특히 이산화 탄소의 배출을 줄여야 한다.
>
> **2** 그 이유는 6대 온실가스 가운데 이산화 탄소의 배출량이 가장 많기 때문이다. 2020년 우리나라의 온실가스 종류별 배출량 비율을 보면, 이산화 탄소가 90% 이상을 차지한다. 이는 나머지 온실가스를 모두 합한 것보다 월등히 높은 비율이다.
>
>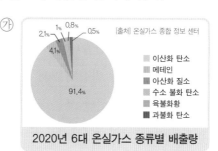
>
> **2020년 6대 온실가스 종류별 배출량**
>
> **3** 게다가 자연에서 흡수되지 못한 이산화 탄소는 무려 100~300년가량 대기 중에 머무른다. 그래서 지금 당장 이산화 탄소 배출량을 줄이더라도 그 효과는 천천히 나타날 수밖에 없다. 한편, 두 번째로 배출량이 많은 메테인은 이산화 탄소보다 더 많은 열을 가두는 강력한 온실가스이면서 대기 중에 머무르는 시간은 12년 정도로 짧다. 이 때문에 온난화를 늦추기 위해서는 메테인에도 주목할 필요가 있다.
>
> **4** 지금까지 살펴본 것처럼 이산화 탄소는 지구 온난화를 일으키는 주범이다. 온난화로 병들어 가는 지구를 구하려면 이산화 탄소의 배출을 줄이도록 노력해야 한다.

> 글쓴이는 여러 온실가스 중에서 특히 이산화 탄소의 배출을 줄여야 한다고 주장하고 있어.

1 이 글에 나타난 주장과 근거의 타당성을 알맞게 판단한 친구에게 ○표 하세요.

> 두 가지 근거를 하나씩 살펴보면서 주장을 뒷받침하는지 판단해 봐.

(1) 은솔: 지구 온난화가 심각하지 않다고 생각하는 사람들도 있기 때문에 글쓴이의 주장은 타당하지 않아. (　　　)

(2) 연수: **2**문단과 **3**문단의 근거 모두 주장과 관련이 있고 주장을 적절히 뒷받침해 주는 내용이므로 타당해. (　　　)

(3) 지우: **2**문단과 **3**문단의 근거 모두 주장과 관련은 있지만, **3**문단은 주장을 뒷받침해 주는 내용으로 보기 어려워. (　　　)

2 다음은 자료 ㉮의 타당성을 판단한 것입니다. (　　　)에서 알맞은 말을 골라 ○표 하세요.

> 여러 온실가스 가운데 이산화 탄소의 배출량이 가장 많다는 근거와 관련이 (있고 / 없고) 출처도 믿을 만하므로 (타당한 / 타당하지 않은) 자료이다.

신조어 사용, 이대로 괜찮을까?

인문 | 1,058자

📖 교과 연계
국어 5-2 우리말 지킴이

'핵노잼', '심쿵'은 초등학생 사이에서 유행하는 신조어들입니다. '핵노잼'은 몹시 재미가 없다는 뜻이고, '심쿵'은 심장이 쿵 하고 뛸 정도로 설렐 때 쓰는 말입니다. 대다수의 신조어는 온라인상에서 만들어져 소셜 미디어나 메신저 등을 통해 빠르게 확산됩니다. 신조어는 이를 사용하는 사람들 간에 친밀감을 높여 주고, 우리말을 풍성하게 하는 역할을 하기도 합니다. 그러나 무분별한 신조어 사용은 여러 가지 문제를 초래하고 있습니다.

첫째, ㉠신조어가 범람하면서 우리말이 훼손되고 있습니다. 신조어 중에는 'ㅇㅈ'(인정)과 같이 초성만 쓰는 말, '웃프다'(웃기면서도 슬프다)와 같이 우리말 규칙을 파괴한 말들이 많습니다. 또 '레알'(정말), '멘붕'(멘탈 붕괴) 등 국적 불명의 말도 넘쳐 납니다. 심지어 '댕댕이'(멍멍이), '띵곡'(명곡), '커엽다'(귀엽다)처럼 원래 낱말의 자음과 모음을 모양이 비슷한 것으로 바꾸어 쓰는 소위 '야민정음'까지 등장했습니다. 신조어로 인한 언어 파괴가 심각한 수준입니다.

둘째, ㉡신조어로 인해 세대 간 소통이 단절되고 있습니다. 신조어는 대체로 젊은 층에서 만들어지고 유행하기 때문에 기성세대가 그 의미를 짐작하기 어렵습니다. 기성세대는 젊은 세대의 언어를 알아듣지 못해 소외감을 느끼고 소통에 어려움을 겪게 됩니다. ㉢○○ 대학교 언론 정보학과의 김□□ 교수는 "신조어는 젊은 세대와 기성세대 사이에 소통을 어렵게 하고 이질감을 확대한다."라고 지적했습니다.

셋째, ㉣신조어에는 비속어가 포함된 경우가 많습니다. 사람들은 신조어의 어원을 따져서 가려 쓰기보다는 그저 재미있거나 편하다는 이유로 신조어를 사용합니다. 그래서 비속어가 포함된 신조어를 자각 없이 남발하고는 합니다. 그 결과 우리의 언어 습관에 비속어가 자연스럽게 스며들고 있습니다. ㉤국립 국어원이 발표한 「2020년 국민의 언어 의식 조사」에 따르면, 욕설과 비속어를 사용하는 이유에 대해 9.5%가 "재미있어서"라고 응답했습니다.

신조어는 시대가 변화하면서 나타나는 자연스러운 현상이므로 신조어의 사용을 무조건 막을 수는 없습니다. 그러나 ┃ ㉮ ┃이라는 말이 있듯이 지나친 신조어의 사용은 지양해야 합니다.

어휘 풀이

☐ **초래하다** 어떤 결과를 가져오게 하다. (招 부를 초, 來 올 래)

☐ **범람하다** 바람직하지 못한 것들이 마구 쏟아져 돌아다니다. (氾 넘칠 범, 濫 넘칠 람)

☐ **기성세대** 현재 사회를 이끌어 가는 나이가 든 세대.

☐ **이질감** 성질이 서로 달라 낯설거나 잘 맞지 않는 느낌. (異 다를 이, 質 바탕 질, 感 느낄 감)

☐ **자각** 자기의 입장이나 능력 등을 스스로 느끼거나 깨달음. (自 스스로 자, 覺 깨달을 각)

☐ **남발하다** 어떤 말이나 행동 등을 자꾸 함부로 하다.

☐ **지양하다** 더 발전된 단계로 나아가기 위하여 어떤 것을 하지 않다.

1 글쓴이의 주장으로 가장 알맞은 것은 무엇인가요? (   )

중심
생각

① 신조어의 사용을 막아야 한다.

② 세대 간 소통을 활성화해야 한다.

③ 국적 불명의 말을 사용하지 말아야 한다.

④ 무분별한 신조어의 사용을 지양해야 한다.

⑤ 우리말을 풍성하게 하는 신조어를 적극 수용해야 한다.

2 신조어에 대한 설명으로 알맞지 <u>않은</u> 것은 무엇인가요? (   )

내용
이해

① 우리말 규칙을 파괴한 말이 많다.

② 친밀감을 높여 주는 역할을 하기도 한다.

③ 대체로 기성세대에서 만들어지고 유행한다.

④ 시대가 변화하면서 나타나는 자연스러운 현상이다.

⑤ 대부분 소셜 미디어나 메신저를 통해 빠르게 확산된다.

🔋 어떻게 알았나요?

신조어로 인해 [   ] 는 소외감을 느끼고 소통에 어려움을 겪게 됩니다.

3

전략 적용

㉠~㉤을 알맞게 판단한 것을 두 개 고르세요. (,   )

평가

① ㉠은 내용이 재미있으므로 타당한 근거이다.

② ㉡은 주장과 관련이 없으므로 타당하지 않은 근거이다.

③ ㉢은 유명한 위인의 의견이므로 타당한 자료이다.

④ ㉣은 주장을 잘 뒷받침하므로 타당한 근거이다.

⑤ ㉤은 출처가 믿을 만하지만, 근거와 관련이 없으므로 타당하지 않은 자료이다.

4 ㉮에 들어갈 알맞은 말에 〇표 하세요.

★ 추론

(1) 언중유골(言中有骨): 말 속에 뼈가 있다는 뜻으로, 평범한 말 속에 속뜻이 있다는 말.

(   )

(2) 과유불급(過猶不及): 지나친 것은 부족한 것보다 못하다는 뜻으로, 넘치거나 모자라지 않은 상태가 중요함을 이르는 말.

(   )

(3) 우공이산(愚公移山): 어리석은 영감이 산을 옮긴다는 뜻으로, 어떤 일이든 끊임없이 노력하면 반드시 이루어짐을 이르는 말.

(   )

로봇세를 도입하자

과학 | 1,053자

📖 교과 연계
사회 4-2 사회 변화와 문화의
다양성

인공 지능 기술이 발전하면서 로봇이 인간의 일을 대신하는 영역도 늘어나고 있다. 예전에는 단순하고 반복적인 업무에만 로봇을 활용했지만, 점차 복잡하고 창의적이며 지능이 필요한 일도 로봇이 차지하게 될 것이라는 전망이 나온다. 이에 따라 로봇을 사용해 이익을 얻는 기업이나 사람에게 세금을 걷어야 한다는 주장이 커지고 있다. 인간과 로봇이 공생하기 위해서는 로봇세를 도입해야 한다.

㉠인간 대신에 로봇이 일을 하면 세수가 감소하는 문제가 생긴다. 인간이 일을 하면 소득에 따라 세금을 내지만, 로봇은 일을 해도 세금을 내지 않는다. 세금은 법적으로 자연인과 법인에만 부과할 수 있는데, 기계인 로봇은 자연인도 법인도 아니기 때문이다. 그러므로 로봇이 인간의 일자리를 대체할수록 정부가 거두어들이는 세금은 줄어든다. 세금은 정부가 빈부 격차를 해소하고 복지 제도를 마련하는 데 쓰이는 만큼, 세수가 감소하면 국민의 삶의 질도 낮아질 수밖에 없다. 로봇세는 로봇으로 인해 부족해진 세금을 보전하는 방법이 될 수 있다.

미래 유망 산업인 로봇 산업을 둘러싸고 국가 간의 경쟁이 치열하다. 각국은 로봇 산업을 적극적으로 육성하며 기술 개발에 속도를 내고 있다. 그런데 우리나라의 로봇 산업은 이제 겨우 걸음마 단계이다. 이러한 상황에서 로봇세를 도입한다면, 로봇을 개발하고 사용하려는 기업이 부담을 느껴 로봇에 대한 투자를 줄일 수 있다. 로봇세는 로봇 기술의 발전을 저해할 가능성이 높다.

앞으로 로봇은 수많은 사람의 일자리를 빼앗을 것이다. 세계 경제 포럼에서 2023년에 발표한 「일자리의 미래」 보고서는 향후 5년 안에 전 세계적으로 2,600만 개의 일자리가 인공 지능과 로봇으로 인해 사라질 수 있다고 예측했다. 이렇게 로봇 때문에 실직한 사람들은 새로운 일자리를 얻기 위해 재교육을 받아야 한다. 로봇세를 활용하면 이들에게 직업 훈련을 제공하여 취업을 지원할 수 있다.

로봇이 사회 곳곳으로 확산되는 것은 이미 거스를 수 없는 흐름이다. 이러한 흐름에 대비하지 않는다면 로봇이 인간을 위협하는 미래가 도래할 수 있다. 로봇세를 도입하여 인간과 로봇이 함께 살아가는 미래를 만들어야 한다.

어휘 풀이

□ **공생하다** 서로 도우며 함께 살다. (共 함께 공, 生 날 생)

□ **세수** 정부가 국민에게서 세금으로 거두어들여 얻는 수입. (稅 세금 세, 收 거둘 수)

□ **자연인** 출생으로 태어나 권리나 의무를 가지는 사람.

□ **법인** 나라의 법에 의하여 권리나 의무를 가지는 기관이나 단체.

□ **보전하다** 부족한 부분을 보태어 채우다.

□ **유망** 앞으로 잘될 듯한 희망이나 전망이 있음. (有 있을 유, 望 바랄 망)

□ **향후** 이것에 뒤이어 오는 때나 자리. (向 향할 향, 後 뒤 후)

□ **도래하다** 어떤 시기나 기회가 오다. (到 다다를 도, 來 올 래)

1 글쓴이가 이 글을 쓴 목적은 무엇인가요? (   )

중심
생각

① 로봇 기술의 발전을 설명하려고

② 로봇의 활용 방법을 알려 주려고

③ 우리나라의 로봇 산업을 소개하려고

④ 로봇세 도입의 필요성을 설득하려고

⑤ 인공 지능 로봇의 위험성을 주장하려고

💡 어떻게 알았나요?

첫 번째 문단에서 글쓴이는 "로봇세를   해야 한다."라고 했습니다.

2 이 글을 읽고 알 수 있는 내용이 <u>아닌</u> 것은 무엇인가요? (   )

내용
이해

① 로봇 산업은 미래 유망 산업이다.

② 최근 들어 로봇에 대한 투자가 줄어들고 있다.

③ 예전에는 로봇을 단순하고 반복적인 업무에 활용했다.

④ 로봇세를 활용하면 로봇 때문에 실직한 사람들의 취업을 지원할 수 있다.

⑤ 로봇세는 로봇을 사용해 이익을 얻는 기업이나 사람에게 걷는 세금을 말한다.

3 ㉠의 까닭으로 알맞은 것은 무엇인가요? (   )

★ 추론

① 국민의 삶의 질이 낮아지기 때문에

② 기계인 로봇은 세금을 내지 않기 때문에

③ 정부가 세금을 잘못 사용하고 있기 때문에

④ 세금은 복지 제도를 마련하는 데 쓰이기 때문에

⑤ 로봇이 인간의 일자리를 더 많이 대체하기 때문에

전략 적용

4 이 글에 제시된 근거와 자료의 타당성을 알맞게 판단한 친구의 이름을 쓰세요.

평가

> 대환: 로봇세를 거두어 세금을 보전할 수 있다는 근거는 주장을 뒷받침해 주므로 타당해.
>
> 미정: 로봇세가 로봇 기술의 발전을 저해할 수 있다는 근거는 주장과 관련이 있으니 타당해.
>
> 새롬: 「일자리의 미래」 보고서는 출처가 불분명하여 신뢰성이 떨어지기 때문에 타당하지
>
>   않아.

(   )

5 글쓴이가 다음 신문 기사를 읽고 할 말로 가장 알맞은 것에 ◯표 하세요.

창의

성큼 다가온 로봇 시대 … '로봇은 취직 중'

이◯◯ 기자

최근 □□사가 새로 문을 연 전기차 공장은 생산 공정 대부분을 로봇으로 대체했다. 이 공장에서는 차량의 뼈대 제조부터 조립, 도색 등을 사람이 아닌 로봇이 수행한다. □□사는 이러한 로봇 자동화를 통해 필요 인력을 절반 가까이 줄였다.

(1) 자동차를 생산하는 공장에서는 로봇 사용을 금지하는 것이 좋겠어.　　　　(　　　)

(2) 로봇을 활용하는 기업에 세금을 걷어 실직한 사람들의 취업을 지원해야 해.　　(　　　)

(3) 로봇 산업에서 우리나라가 우위를 차지하도록 로봇 기술을 발전시켜야겠어.　　(　　　)

핵심 정리

6 노트의 빈칸을 채우며, 이 글의 내용을 정리해 보세요.

「로봇세를 도입하자」 정리하기

1문단	주장: 인간과 로봇이 공생하기 위해 ❶(　　　　)를 도입해야 한다.
2문단	근거 1: 로봇세는 로봇으로 인해 부족해진 ❷(　　　　)을 보전하는 방법이 될 수 있다.
3문단	근거 2: 로봇세는 로봇 기술의 발전을 ❸(　　　　)할 가능성이 높다.
4문단	근거 3: 로봇세는 로봇 때문에 ❹(　　　　)한 사람들에게 직업 훈련을 제공하여 취업을 지원할 수 있다.
5문단	주장에 대한 강조: 로봇세를 도입하여 인간과 로봇이 함께 살아가는 미래를 만들어야 한다.

어휘 다지기

1 다음 낱말의 뜻으로 알맞은 것을 찾아 선으로 이으세요.

(1) 공생하다 •

(2) 도래하다 •

(3) 보전하다 •

• ① 서로 도우며 함께 살다.

• ② 어떤 시기나 기회가 오다.

• ③ 부족한 부분을 보태어 채우다.

2 빈칸에 알맞은 낱말을 보기 에서 찾아 쓰세요.

보기   세수   유망   향후

(1) 인구가 줄면서 (   )이/가 감소하고 있다.

(2) 수술은 잘 끝났지만 (   ) 며칠간은 조심해서 움직여야 한다.

(3) 양궁은 이번 올림픽에서 우리나라가 금메달을 기대하는 (   ) 종목이다.

어휘 키우기

3 다음 '재-'가 붙은 낱말이 쓰인 것에 모두 ∨표 하세요.

뜻을
더하는
말

재-	낱말의 앞에 붙어 '다시 하는' 또는 '두 번째'의 뜻을 더하는 말. 예 회사는 실적이 부진한 직원들에게 재교육을 실시했다.

(1) 이 드라마는 주말마다 재방송을 한다. ☐

(2) 현재 우리 학교에 다니는 재학생 수는 500여 명이다. ☐

(3) 경찰은 지난번 수사 결과가 부실하다는 판단에 따라 재수사를 하기로 했다. ☐

실전 2

간접 광고의 문제점

1️⃣ 텔레비전 드라마나 오락 프로그램에서 출연자가 특정 회사의 제품을 계속 사용하는 장면을 본 적이 있을 것이다. 이렇게 프로그램 안에 어떤 상품을 노출시켜 시청자가 그것을 인식하도록 만드는 광고를 '간접 광고'라고 한다. 우리나라는 2010년에 「방송법」을 개정하여 간접 광고를 허용하였다. 그 이후 간접 광고가 늘어나면서 과도한 간접 광고로 인한 문제가 하나둘 나타나고 있다.

2️⃣ 간접 광고는 프로그램의 완성도를 떨어트린다. 제품을 부각하기 위해 간접 광고를 무리하게 끼워 넣기 때문이다. 드라마의 흐름과 상관없는 엉뚱한 설정이 등장하거나, 불필요한 장면과 대사가 불쑥 튀어나오는 식이다. 시시때때로 나오는 간접 광고는 시청자의 몰입을 방해하고 눈살을 찌푸리게 한다. 애초에 간접 광고는 부족한 제작비를 충당하여 프로그램의 완성도를 높이기 위해 도입되었으나, 정반대의 결과를 낳고 있는 것이다.

3️⃣ 간접 광고는 시청자가 광고를 보지 않을 권리를 제한한다. 일반적인 광고의 경우, 프로그램의 앞과 뒤에 붙어 방송되기 때문에 시청자가 프로그램만 골라서 볼 수 있다. 그러나 간접 광고는 프로그램 안에 녹아 있어 광고 시청을 피하기가 어렵다. 우리에게는 보고 싶지 않은 것을 보지 않을 권리가 있다. 간접 광고는 시청자의 의사와 관계없이 광고 시청을 강요하여 시청자의 권익을 침해한다.

4️⃣ 이러한 문제점은 정부 산하 기관인 정보 통신 정책 연구원에서 발간한 「TV 시청자의 시청 경험과 인식 변화」에서도 확인할 수 있다. 이 보고서에 의하면 '지나친 간접 광고'에 불쾌감을 느끼는 시청자 비율이 2017년 46%에서 2022년 59%로 크게 증가하였다. 또 한국 언론 진흥 재단이 실시한 「시청자의 간접 광고 인식과 광고 효과 조사」 결과에서도 10명 중 6명이 간접 광고로 인해 프로그램에 몰입하는 데 방해를 받는다고 응답했다.

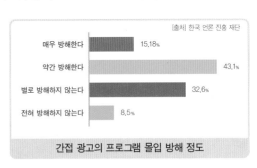

간접 광고의 프로그램 몰입 방해 정도

5️⃣ 간접 광고가 제품을 점점 더 노골적으로 홍보함에 따라 시청자의 불만도 커지고 있다. 지나친 간접 광고를 규제하지 않으면 텔레비전은 ㉠'광고를 위한 방송'으로 넘쳐 나게 될 것이다.

어휘 풀이

☐ **과도하다** 정도가 지나치다. (過 지날 과, 度 법도 도)

☐ **부각하다** 어떤 특징을 두드러지게 하다. (浮 뜰 부, 刻 새길 각)

☐ **충당하다** 모자라는 것을 채워 넣다. (充 가득할 충, 當 마땅할 당)

☐ **의사** 무엇을 하고자 하는 생각. (意 뜻 의, 思 생각 사)

☐ **권익** 권리와 그에 따르는 이익. (權 권세 권, 益 더할 익)

☐ **노골적** 숨김없이 모두를 있는 그대로 드러내는 것.

1
중심
생각

글쓴이의 관점이 가장 잘 드러난 문장에 ◯표 하세요.

(1) 간접 광고는 시청자의 몰입을 방해하고 눈살을 찌푸리게 한다. (   )

(2) 우리나라는 2010년에 「방송법」을 개정하여 간접 광고를 허용하였다. (   )

(3) 프로그램 안에 어떤 상품을 노출시켜 시청자가 그것을 인식하도록 만드는 광고를 '간접 광고'라고 한다. (   )

2
내용
이해

간접 광고에 대한 설명으로 알맞지 <u>않은</u> 것을 두 개 고르세요. (,   )

① 제작비를 충당하기 위해 도입되었다.
② 프로그램의 앞과 뒤에 붙어 방송된다.
③ 제품을 점점 더 노골적으로 홍보하고 있다.
④ 「방송법」 개정 이후 간접 광고가 줄어들고 있다.
⑤ 불쾌감을 느끼는 시청자 비율이 크게 증가하였다.

💡 **어떻게 알았나요?**

간접 광고는 [   ] 안에 녹아 있어 광고 시청을 피하기 어렵습니다.

3
★추론

㉠의 뜻을 알맞게 짐작한 것은 무엇인가요? (   )

① 광고 시청을 강요하지 않는 방송
② 제품을 광고하는 효과가 없는 방송
③ 광고에 더욱 집중할 수 있게 만든 방송
④ 제품을 광고하기 위해 만든 것 같은 방송
⑤ 광고보다는 시청자의 몰입을 추구하는 방송

4
평가

전략 적용

4 문단에 대한 설명으로 알맞은 것은 무엇인가요? (   )

① 글 전체에서 중요한 내용을 한 번 더 강조하고 있다.
② 간접 광고에 대한 글쓴이의 주장이 직접적으로 드러나 있다.
③ 타당한 자료들을 들어 앞에서 제시한 근거를 뒷받침하고 있다.
④ 방송 프로그램에서 광고를 없애야 한다는 글쓴이의 주장과 관련이 있다.
⑤ 정보 통신 정책 연구원과 한국 언론 진흥 재단은 믿을 만한 출처가 아니다.

5 다음 중 글쓴이와 가장 비슷한 의견을 말한 친구의 이름을 쓰세요.

평가

> 기정: 요즘 예능 프로그램의 한 회 제작비가 1억 원을 넘는다고 들었어. 제작비를 부담하려면 간접 광고가 필요하겠어.
>
> 민희: 간접 광고를 허용하지 않으면 극의 흐름상 꼭 나와야 하는 제품도 상표를 가리고 내보내야 해. 자연스럽게 상표를 노출하는 편이 나을 수 있어.
>
> 인주: 나는 조선 시대가 배경인 사극을 보다가 한 식품 업체의 상표가 불쑥 나와서 황당했던 적이 있어. 억지스러운 간접 광고는 역효과를 내는 것 같아.
>
> 상지: 해외로 수출된 드라마에 등장한 제품이 그 나라에서 불티나게 팔렸다는 뉴스를 보았어. 간접 광고를 활용하면 우리나라 제품의 위상을 높일 수 있을 거야.

(   )

핵심 정리

6 노트의 빈칸을 채우며, 이 글의 내용을 정리해 보세요.

「간접 광고의 문제점」 정리하기

1문단	2010년에 ❶( )를 허용한 이후 과도한 간접 광고로 인한 문제가 나타나고 있다.
2문단	간접 광고는 프로그램의 ❷( )를 떨어트린다.
3문단	간접 광고는 시청자가 광고를 보지 않을 ❸( )를 제한한다.
4문단	간접 광고에 대해 ❹( )을 느끼거나, 간접 광고로 인해 프로그램에 몰입하는 데 방해를 받는 사람이 많다.
5문단	'광고를 위한 방송'이 넘쳐 나지 않도록 지나친 간접 광고를 ❺( )해야 한다.

어휘 다지기

1 다음 낱말의 뜻으로 알맞은 것을 찾아 선으로 이으세요.

(1) 과도하다 •   • ① 정도가 지나치다.

(2) 부각하다 •   • ② 모자라는 것을 채워 넣다.

(3) 충당하다 •   • ③ 어떤 특징을 두드러지게 하다.

2 빈칸에 알맞은 낱말을 보기 에서 찾아 쓰세요.

보기   권익   의사   노골적

(1) 그는 이 행사에 꼭 참여하고 싶다는 (   )을/를 밝혔다.

(2) 상대방의 말을 끊는 것은 그 사람을 (   )(으)로 무시하는 태도이다.

(3) 시장 상인들은 자신들의 (   )을/를 보호하기 위해 상인회를 설립했다.

어휘 키우기

3 다음 뜻풀이를 읽고, 밑줄 친 낱말의 뜻으로 알맞은 것을 찾아 각각 기호를 쓰세요.

동형어

㉠ 고르다¹ 여럿 중에서 가려내거나 뽑다.
㉡ 고르다² 울퉁불퉁한 것을 평평하게 하거나 들쭉날쭉한 것을 가지런하게 하다.
㉢ 고르다³ 여럿이 다 높낮이, 크기, 양 등의 차이가 없이 한결같다.

(1) 언니는 치아가 하얗고 고르다. (   )

(2) 편의점에서 먹고 싶은 과자를 골랐다. (   )

(3) 농부는 밭을 고른 후에 모종을 심었다. (   )

두 글의 관점 분석하기

개념 이해

글에는 글쓴이의 관점이 담겨 있습니다. 관점은 사람마다 달라서, 동일한 대상에 대해 쓴 글이라도 글쓴이의 관점에 따라 내용이 달라집니다. 같은 대상을 서로 다른 관점으로 바라본 두 글을 분석하며 읽으면, 그 대상을 더 폭넓게 이해할 수 있습니다.

공통된 대상 파악하기

두 글을 읽으며 공통으로 다루는 대상이 무엇인지 파악합니다. 이때 대상은 하나의 사물일 수도 있고, 특정한 개념이나 사회 현상일 수도 있습니다.

관점의 차이 분석하기

글쓴이의 관점은 글의 제목과 글쓴이의 생각이 드러나는 표현을 살펴보면 알 수 있습니다. 이렇게 두 글에 담긴 글쓴이의 관점을 각각 파악하여 정리한 다음, 어떠한 차이가 있는지 분석해 봅니다.

이렇게 해요!

① 두 글에서 공통으로 다루는 대상이 무엇인지 파악합니다.

② 글의 제목과 글쓴이의 생각이 드러나는 표현을 통해 글쓴이의 관점을 각각 파악합니다.

③ 두 글의 관점 차이를 비교하며 분석해 봅니다.

　예 대상을 긍정적으로 보는지 부정적으로 보는지, 대상의 개인적 측면을 강조하는지 사회적 측면을 강조하는지 등

> '~해야 한다.',
> '~라고 생각한다.'와
> 같은 표현에는
> 글쓴이의 관점이
> 특히 잘 드러나 있지!

확인 문제

[1~2] 다음 글 **가**와 **나**를 읽고, 물음에 답하세요.

글쓴이의 생각이 드러난
표현을 살펴보고,
어떤 관점을 담고 있는지
생각해 보자.

가 햄버거나 도넛, 치킨과 같은 패스트푸드는 오래 기다릴 필요가 없고 가격이 비교적 저렴해서 바쁜 직장인이나 학생들이 자주 찾는 음식이다. 게다가 한번 먹으면 멈추기 어려운 중독성 있는 맛을 자랑한다. 하지만 이렇게 빠르고 맛있는 음식이 건강에도 이롭다고 볼 수는 없다.

패스트푸드는 재료를 기름에 튀겨서 만드는 경우가 많기 때문에 열량이 높다. 또한 자극적인 맛을 내려고 설탕이나 소금을 많이 쓴다. 따라서 패스트푸드를 자주 섭취하면 비만이 될 수 있고, 당뇨병 등 각종 질환에 걸릴 확률도 높아진다. 빠르게 조리되는 패스트푸드가 그만큼 우리 몸을 빠르게 망칠 수 있는 것이다.

나 패스트푸드는 맛있고 먹기에 간편해서 청소년들 사이에 인기가 높다. 하지만 열량은 높고 영양소는 부족해 '나쁜 음식'이라는 꼬리표가 늘 따라다닌다.

이러한 꼬리표를 떼고자 업계에서는 조리법을 바꾸고 재료의 질을 높인 건강한 패스트푸드를 선보이고 있다. 식물성 재료로만 만든 햄버거, 기름에 튀기는 대신 구워서 조리한 치킨, 설탕과 소금 함량을 줄인 소스 등 열량을 낮추고 좋은 영양소를 보충한 건강 메뉴를 내놓고 있는 것이다. 이와 같은 건강한 변신이 계속된다면 조만간 패스트푸드에 달린 '나쁜 음식'이라는 꼬리표가 사라지고, 몸에 좋고 맛도 좋은 패스트푸드를 접하게 되지 않을까?

1 글 **가**와 **나**에서 공통으로 다루는 대상은 무엇인가요?　(　　　　)

① 비만　　　　　　② 당뇨병　　　　　　③ 영양소

④ 패스트푸드　　　⑤ 식물성 재료

2 글 **가**와 **나**에 나타난 관점을 알맞게 분석한 것에 ○표 하세요.

대상을 긍정적으로 본 글과
부정적으로 본 글이
각각 어느 것인지 찾아봐.

(1) 글 **가**는 "한번 먹으면 멈추기 어려운 중독성 있는 맛을 자랑한다."라고 하여, 패스트푸드의 좋은 점을 강조하고 있다.　　　　　　　　　　　(　　　)

(2) 글 **나**는 "몸에 좋고 맛도 좋은 패스트푸드를 접하게 되지 않을까?"라고 하여, 패스트푸드의 변신을 긍정적으로 보고 있다.　　　　　　　　(　　　)

해도 되는 거짓말이 있을까?

인문 | 1,118자

가 "산타 할아버지는 착한 일을 많이 한 아이에게 선물을 주신단다." 크리스마스가 다가오면 어른들이 으레 하는 거짓말이다. 어른들은 산타가 존재하지 않는다는 것을 알지만, 아이들의 꿈과 상상을 지켜 주고자 거짓말을 한다. 이와 같이 선한 의도에서 하는 거짓말을 '선의의 거짓말'이라고 한다.

살다 보면 다른 사람에게 상처를 주지 않기 위해 선의의 거짓말이 필요한 상황이 있다. 친구에게 받은 선물이 마음에 들지 않더라도 우리는 좀처럼 속마음을 말하기 어렵다. 정성껏 선물을 준비한 친구의 마음이 상할 것이기 때문이다. 그래서 보통은 친구에게 선물이 마음에 쏙 든다고 거짓말을 한다. 타인의 감정을 배려하려는 의도를 가진 선의의 거짓말은 때에 따라 필요하다.

또한 정직함보다 중요한 가치를 위해서라면 선한 거짓말은 용인될 수 있다. 예를 들어 강도에게 쫓기는 친구가 집 안에 숨어 있는데, 강도가 나타나 친구의 행방을 묻는다면 어떻게 답할 것인가? 이럴 때는 거짓말을 해서 친구의 목숨을 구하는 것이 옳다. 거짓말을 하지 말자는 도덕규범이 생명보다 소중한 것은 아니기 때문이다.

나 선의의 거짓말도 결국 남을 속이는 행위이다. 아무리 선한 의도에서 비롯되었다고 해도 거짓말은 거짓말일 뿐이다. 선의의 거짓말은 거짓말을 하면 안 된다는 도덕규범에 어긋나므로 옳지 않다. 어떤 거짓말은 괜찮다는 식으로 도덕규범에 예외를 둔다면, 규범 자체가 무너질 수 있다.

선의의 거짓말은 다른 사람이 아니라 자신을 위한 것일 때가 많다. 불편한 상황을 모면할 목적으로 거짓말을 하고는 타인을 배려하는 선의의 거짓말이라고 합리화하는 것이다. 친구가 준 선물이 마음에 든다는 거짓말도 그저 갈등을 회피하기 위한 수단일 수 있다. 이렇듯 많은 경우에 선의의 거짓말은 이타적이지 않다. 오히려 선의의 거짓말은 양심의 가책을 느끼지 않고 스스럼없이 거짓말을 하게 만든다.

게다가 선의의 거짓말이 언제나 좋은 결과를 가져오는 것은 아니다. 거짓말의 결과는 누구도 예측할 수 없다. 친구를 쫓아오는 강도에게 거짓말을 한다고 해서 그 친구를 구할 수 있다고 장담하기는 힘들다. 도리어 거짓말이 들통나서 친구와 나의 목숨이 모두 위험해질지도 모른다. 이렇듯 선의의 거짓말이 유익한 결과를 보장하는 것은 아니므로 선의의 거짓말을 허용해서는 안 된다.

어휘 풀이

- **용인되다** 말이나 행동이 너그러운 마음으로 받아들여져 인정되다.
- **행방** 간 곳이나 방향. (行 다닐 행, 方 방향 방)
- **모면하다** 어떤 일이나 책임을 꾀를 써서 벗어나다. (謀 꾀할 모, 免 면할 면)
- **회피하다** 책임을 지지 않고 피하다.
- **이타적** 자기의 이익보다는 다른 사람의 이익을 더 중요하게 생각하는 것.
- **가책** 자기나 남의 잘못을 꾸짖음. (呵 꾸짖을 가, 責 꾸짖을 책)

1 글 **가**와 **나**에서 공통으로 다루는 대상을 이 글에서 찾아 쓰세요.

중심
생각

(   )

2 글 **가**와 **나**를 읽고 알 수 있는 내용이 <u>아닌</u> 것에 ✕표 하세요.

내용
이해

(1) 산타 할아버지가 있다는 말은 선의의 거짓말이다.   (   )

(2) 거짓말을 하는 행위는 언제나 나쁜 결과를 낳는다.   (   )

(3) 거짓말로 남을 속이면 안 된다는 것은 도덕규범이다.   (   )

(4) 선한 의도에서 하는 거짓말을 '선의의 거짓말'이라고 한다.   (   )

3

> 전략 적용

평가

글 **가**와 **나**의 관점을 가장 알맞게 나타낸 것은 무엇인가요? (   )

① 글 **가**: 정직함은 가장 중요한 가치이다.

② 글 **가**: 선의의 거짓말은 거짓말이 아니다.

③ 글 **나**: 도덕규범에도 예외가 있다.

④ 글 **나**: 선의의 거짓말을 허용해서는 안 된다.

⑤ 글 **가**와 **나**: 선한 의도를 가지고 행동해야 한다.

4 이 글과 보기 를 읽고, 빈칸에 알맞은 글의 기호를 각각 쓰세요.

창의

> **보기**
>
> '플라세보 효과'란 의사가 환자에게 가짜 약을 주어도 환자의 병이 호전되는 효과를 말한다. 환자는 이 약을 먹으면 곧 나아질 거라는 의사의 말을 믿고 심리적 위안을 얻어 스스로 병을 극복한다.

(1) 글 (   )의 글쓴이는 환자의 병을 치료하기 위한 거짓말은 허용되어야 한다고 말할 것이다.

(2) 글 (   )의 글쓴이는 의사가 환자에게 거짓 정보를 전달하는 것은 잘못된 행동이라고 말할 것이다.

💡 어떻게 알았나요?

글 **가**의 글쓴이는   을 해서라도 강도에게 쫓기는 친구의 목숨을 구하는 것이 옳다고 봅니다.

빛의 두 얼굴

과학 | 1,100자

📖 교과 연계
과학 6-1 전기의 이용

가 빛이 없으면 캄캄한 밤에 아무것도 볼 수 없다. 인공조명이 없던 시절에는 해가 지면 가냘픈 촛불에 의지해 어둠을 이겨 내야 했다. 그러다 1879년, 미국의 발명가 토머스 에디슨이 •필라멘트를 사용한 백열전구를 개발하면서 인공조명의 시대가 열렸다.

백열전구는 가격이 저렴하다는 장점이 있었지만, 사용하는 전기 중 5%만 빛을 내는 데 쓰고 나머지 95%는 열에너지로 소모하여 •효율이 떨어졌다. 이러한 단점을 개선한 것이 형광등이다. 수은 증기와 형광 물질을 이용하여 빛을 내는 형광등은 백열전구보다 전기를 훨씬 덜 쓰면서도 수명이 여섯 배 이상 길다. 형광등은 점차 백열전구를 대체하였고, 1900년대에는 가장 보편적인 조명으로 •자리매김하였다. 이후 전력 소모가 적은 데다 엄청난 수명을 자랑하는 엘이디(LED) 조명이 개발되어 다양한 부분에서 활용되고 있다.

인공조명은 인류의 삶에 획기적인 변화를 가져왔다. 인공조명 덕분에 인간은 밤에도 대낮처럼 불편 없이 활동할 수 있게 되었다. 또 늦은 시간까지 공장을 돌릴 수 있게 되어 생산량이 크게 늘었다. 인공조명은 인류에게 편리하고 풍족한 삶을 •선사한 고마운 발명품이다.

나 가로등과 전광판 등 밤을 환하게 밝히는 인공조명이 빛 •공해가 되고 있다. 빛 공해란 과도한 인공 빛이 인체나 자연환경 등에 피해를 주는 것을 말한다. 우리나라는 빛 공해 수준이 매우 심각한 나라 중 하나로 꼽힌다. 이러한 빛 공해는 우리에게 여러 가지 해로운 영향을 끼친다.

빛 공해가 계속되면 식물은 밤과 낮을 구분하지 못해 정상적으로 성장할 수 없다. 또한 어두운 밤에 활동하는 야행성 동물은 먹이 사냥이나 짝짓기를 제대로 하지 못한다. 달빛과 별빛을 보고 이동하는 철새들도 인공조명 때문에 길을 잃는다.

빛 공해가 인간에게 유발하는 가장 큰 문제는 수면 장애다. 늦은 밤에도 밝은 상태가 유지되면, 수면을 유도하는 호르몬인 멜라토닌이 •분비되지 않아 잠을 자는 데 어려움을 겪는다. 이러한 수면 장애가 장기간 지속될 경우 집중력이 저하되고 암이나 당뇨 등의 •발병 위험이 커진다.

빛이 문명과 발전의 상징인 것은 틀림없다. 위성 사진에 찍힌 지구의 밤 풍경은 아름답고 화려하다. 그러나 ⊙인간과 자연 생태계를 생각한다면 지구는 좀 더 어두워질 필요가 있다.

어휘 풀이

☐ **필라멘트** 백열전구 속에서 빛을 내는 실처럼 가는 금속 선.

☐ **효율** 들인 노력과 얻은 결과의 비율.

☐ **자리매김하다** 사회나 사람들의 인식 등에 일정 수준 이상의 위치를 차지하다.

☐ **선사하다** 존경, 친근, 애정의 뜻을 나타내기 위하여 남에게 선물을 주다.

☐ **공해** 산업이나 교통의 발달 등으로 사람과 생물의 생활 환경이 입게 되는 여러 가지 피해.

☐ **분비되다** 세포에서 만들어진 액체가 세포 밖으로 내보내지다.

☐ **발병** 병이 남. (發 필 발, 病 병들 병)

1 글 **가**에 가장 어울리는 제목은 무엇인가요?   (   )

중심
생각

① 인공조명이란 무엇인가

② 밤하늘의 별을 삼킨 인공조명

③ 화려한 인공조명이 지구를 망친다

④ 인공조명의 시대를 연 발명가 에디슨

⑤ 인공조명, 인류에게 풍요로움을 선물하다

💡 어떻게 알았나요?

글 **가**에서는 인공조명을 '   발명품'이라고 하였습니다.

2 글 **나**의 내용으로 알맞지 <u>않은</u> 것은 무엇인가요?   (   )

내용
이해

① 철새들이 인공조명 때문에 길을 잃는다.

② 우리나라는 빛 공해 수준이 심각한 나라이다.

③ 빛 공해는 멜라토닌을 분비시켜 수면 장애를 유발한다.

④ 빛 공해가 계속되면 식물이 밤과 낮을 구분하지 못한다.

⑤ 빛 공해란 과도한 인공 빛이 인체나 자연환경 등에 피해를 주는 것이다.

3 글 **가**를 읽고 짐작한 내용으로 알맞은 것에 ○표 하세요.

★ 추론

(1) 형광등이 백열전구보다 전력 소모가 많을 것이다.   (   )

(2) 인공조명으로 생산량이 늘면서 생활이 풍족해졌을 것이다.   (   )

(3) 인공조명이 없었을 때는 밤에 어둠을 밝힐 수 없었을 것이다.   (   )

4 ㉠의 뜻을 알맞게 짐작한 친구는 누구인가요?   (   )

★ 추론

① 나정: 밤에는 잠을 자야 건강을 지킬 수 있다는 뜻이야.

② 해성: 인공조명을 덜 사용해서 전기를 아끼자는 말이구나.

③ 태현: 빛 공해를 줄이기 위해 불필요한 인공조명을 끄자는 말이군.

④ 민영: 인간이 자연 생태계를 오염시킨 사실을 꼬집는 말인 것 같아.

⑤ 원호: 인공조명이 없었다면 문명이 발전하기 어려웠을 거라는 뜻이겠어.

5

평가

다음 중 글 **가**와 **나**의 관점을 알맞게 분석한 것은 무엇인가요?　(　　　)

① 글 **가**와 **나**는 인공조명이 문명과 발전의 상징임을 강조하고 있다.

② 글 **가**와 **나**는 인공조명과 생태계가 조화되어야 함을 강조하고 있다.

③ 글 **가**는 인공조명의 편리성을, 글 **나**는 인공조명의 비효율성을 강조하고 있다.

④ 글 **가**는 인공조명이 가져온 풍족한 삶을, 글 **나**는 인공조명의 해로운 영향을 강조하고 있다.

⑤ 글 **가**는 인공조명이 사회에 미친 영향을, 글 **나**는 인공조명이 개인에게 미친 영향을 강조하고 있다.

핵심 정리

6

노트의 빈칸을 채우며, 이 글의 내용을 정리해 보세요.

「빛의 두 얼굴」 정리하기

- 글 **가**

1문단	1879년, 토머스 에디슨이 백열전구를 개발하면서 ❶(　　　　　)의 시대가 열렸다.
2문단	백열전구의 단점을 개선한 ❷(　　　)이 등장하여 1900년대에 가장 보편적인 조명으로 자리매김하였고, 이후 엘이디 조명이 개발되었다.
3문단	인공조명은 인류에게 편리하고 풍족한 삶을 선사한 고마운 발명품이다.

- 글 **나**

1문단	빛 공해란 과도한 인공 빛이 인체나 자연환경 등에 ❸(　　　)를 주는 것을 말한다.
2문단	빛 공해는 식물, ❹(　　　) 동물, 철새 등에게 피해를 준다.
3문단	빛 공해는 인간에게 ❺(　　　) 장애를 유발한다.
4문단	인간과 자연 생태계를 생각한다면 지구는 좀 더 어두워질 필요가 있다.

어휘 다지기

1 다음 낱말의 뜻으로 알맞은 것을 찾아 선으로 이으세요.

(1) 분비되다 •

(2) 선사하다 •

(3) 자리매김하다 •

• ① 세포에서 만들어진 액체가 세포 밖으로 내보내지다.

• ② 존경, 친근, 애정의 뜻을 나타내기 위하여 남에게 선물을 주다.

• ③ 사회나 사람들의 인식 등에 일정 수준 이상의 위치를 차지하다.

2 빈칸에 알맞은 낱말을 보기 에서 찾아 쓰세요.

보기	공해	발병	효율

(1) 그 병은 (   ) 후 이틀 정도 열이 오르다가 서서히 낮는다.

(2) 공장에서 폐수를 강으로 흘려보내 심각한 (   )이/가 발생하였다.

(3) 계획을 세운 뒤에 일을 하면 시간 낭비를 줄이고 (   )을/를 높일 수 있다.

어휘 키우기

3 다음 '-성'이 붙은 낱말이 쓰인 것에 모두 V표 하세요.

뜻을 더하는 말

-성	낱말의 뒤에 붙어 '성질'의 뜻을 더하는 말. 예 인공조명은 밤에 활동하는 <u>야행성</u> 동물에게 피해를 준다.

(1) 목조 건물은 화재의 <u>위험성</u>이 높다. ☐

(2) 나는 <u>사교성</u>이 좋아서 사람들과 쉽게 친해진다. ☐

(3) 이 그림은 색칠을 끝내지 못한 <u>미완성</u> 작품이다. ☐

학교 안에 CCTV를 설치한다면

사회 | 1,150자

가 CCTV는 언제 발생할지 모르는 사건과 사고를 감시하는 역할을 합니다. 공공 장소와 거리 곳곳에 설치된 CCTV는 24시간 쉬지 않고 주변을 촬영하며 시민의 안전을 지켜 줍니다. 어린이집도 아동을 보호하기 위해 CCTV를 필수적으로 설치 하게 되어 있습니다. 그러나 아직 초·중·고등학교에서는 CCTV 설치가 의무 사항 이 아닙니다. ㉠최근 들어 학교 안에서 폭력과 범죄가 더욱 빈번하게 일어나는 만 큼, 교내 CCTV 설치를 의무화해야 합니다.

교내에 CCTV를 설치하면 학교 폭력과 범죄를 예방할 수 있습니다. 교육부의 「학교 폭력 실태 조사」 결과에 따르면, 전체 학교 폭력의 절반 이상이 학교 안에서 발생했다고 합니다. 가장 안전해야 할 학교가 범죄의 •온상이 되고 있는 것입니다. 이런 상황에서 교내 CCTV 설치는 학생들에게 •경각심을 줌으로써 학교 폭력을 억 제하는 효과가 있습니다. 또한 ㉡교내 CCTV는 도난, 기물 파손, 무단 침입 등의 범죄 사건이 생겼을 때 도움이 됩니다. CCTV에 촬영된 영상을 확보하여 •경위를 파악하고, 필요한 경우 증거물로 활용할 수 있기 때문입니다. CCTV는 학교를 안 전한 장소로 만드는 데 기여합니다.

나 ㉢교내 CCTV 설치는 학교 폭력과 범죄를 완벽하게 •근절할 방안이 될 수 없습 니다. 학교 안에 CCTV가 설치되면 교내에서 일어나는 폭력 및 범죄 사건은 감소 할지도 모릅니다. 하지만 결국 학교 밖이나 은밀한 곳으로 장소만 이동하여 계속 발생할 것이 •명약관화합니다. 실제로 전국의 학교에 설치된 CCTV 대수가 꾸준히 늘고 있음에도 불구하고 학교 폭력과 범죄는 줄어들 기미가 보이지 않습니다. 안 전한 학교를 만들기 위해서는 인성 교육과 폭력 예방 교육을 강화하고, 학생들의 안전 의식을 높이며, 서로 존중하는 문화를 조성하는 등 다각적이고 장기적인 노 력이 필요합니다. ㉣교내 CCTV 설치 의무화는 학교에서 벌어지는 문제들을 해결 해 주는 만병통치약이 아닙니다.

아울러 교내 CCTV 설치는 학생과 교사의 인권을 침해한다는 중대한 문제가 있 습니다. ㉤학생과 교사는 하루 중 많은 시간을 학교에서 보냅니다. 교내에 설치된 CCTV는 이들의 •일거수일투족을 수집하여 사생활을 침해하고 표현의 자유를 제 약할 여지가 큽니다. 특히 CCTV 영상은 민감한 개인 정보에 해당하는데, 철저하 게 관리되지 못할 경우 외부로 유출될 가능성이 존재합니다.

어휘 풀이

□ **온상** 어떤 현상이나 사 상, 세력 등이 자라나는 바탕을 비유적으로 이 르는 말.

□ **경각심** 정신을 차리고 주의 깊게 살피어 경계 하는 마음. (警 경계할 경, 覺 깨달을 각, 心 마음 심)

□ **경위** 일이 진행되어 온 과정.

□ **근절하다** 다시 살아날 수 없도록 아주 뿌리째 없애 버리다. (根 뿌리 근, 絕 끊을 절)

□ **명약관화하다** 불을 보 듯 분명하고 뻔하다. (明 밝 을 명, 若 같을 약, 觀 볼 관, 火 불 화)

□ **일거수일투족** 손 한 번 들고 발 한 번 옮긴다는 뜻으로, 크고 작은 동작 하나하나를 이르는 말.

□ **제약하다** 조건을 붙여 내용을 제한하다. (制 억 제할 제, 約 맺을 약)

1
중심
생각

다음은 글 **가**와 **나**의 제목입니다. 빈칸에 공통으로 들어갈 말을 세 글자로 쓰세요.

- 글 **가**: 안전한 학교를 위해 교내 CCTV 설치를 [   ]하자
- 글 **나**: 교내 CCTV 설치 [   ], 득보다 실이 많다

(   )

2
내용
이해

글 **가**와 **나**를 읽고 알 수 있는 내용이 <u>아닌</u> 것은 무엇인가요?   (   )

① CCTV는 사건과 사고를 감시하는 역할을 한다.
② 전국의 학교에 설치된 CCTV 대수가 늘고 있다.
③ 현재 교내 CCTV 설치는 법으로 금지되어 있다.
④ 어린이집은 CCTV를 필수적으로 설치해야 한다.
⑤ CCTV 영상은 범죄 사건의 증거로 활용할 수 있다.

3
내용
이해

㉠~㉤ 중 글쓴이의 관점이 드러나지 <u>않은</u> 것은 무엇인가요?   (   )

① ㉠   ② ㉡   ③ ㉢   ④ ㉣   ⑤ ㉤

4
★추론

글 **가**와 **나**를 읽고 짐작한 내용을 알맞게 말한 친구의 이름을 쓰세요.

태진: 글 **가**를 보니, 학교 폭력은 학교 밖에서도 발생하는 것 같아.
상희: 글 **가**를 보니, CCTV가 있는 곳에서는 사건이나 사고가 일어날 수 없겠어.
명경: 글 **나**를 보니, 사생활 보호와 표현의 자유는 인권과 무관할 거야.
구민: 글 **나**를 보니, 지금은 인성 교육과 폭력 예방 교육이 전혀 이루어지지 않나 봐.

(   )

5 글 **가**와 **나**에 나타난 관점을 알맞게 분석한 것은 무엇인가요? (   )

평가

① 글 **가**와 **나**는 모두 교내 CCTV의 범죄 예방 기능을 강조한다.

② 글 **가**와 **나**는 모두 교내 CCTV로 인한 사생활 침해 문제를 강조한다.

③ 글 **가**는 교내 CCTV의 사회적 이익을 강조하고, 글 **나**는 경제적 비용을 강조한다.

④ 글 **가**는 교내 CCTV의 긍정적 효과를 강조하고, 글 **나**는 부정적 영향을 강조한다.

⑤ 글 **가**는 공공장소 CCTV의 필요성을 강조하고, 글 **나**는 교내 CCTV의 필요성을 강조한다.

💡 **어떻게 알았나요?**

글 **가**는 CCTV가 학교를 안전한 장소로 만드는 데   한다고 보는 반면, 글 **나**는   을 침해한다고 봅니다.

핵심 정리

6 노트의 빈칸을 채우며, 이 글의 내용을 정리해 보세요.

「학교 안에 CCTV를 설치한다면」 정리하기

· 글 **가**

1문단	❶( ) 안에서 폭력과 범죄가 빈번하게 일어나고 있으므로 교내 CCTV 설치를 의무화해야 한다.
2문단	교내에 CCTV를 설치하면 학교 폭력과 범죄를 ❷( )하여 학교를 안전한 장소로 만드는 데 기여할 수 있다.

· 글 **나**

1문단	교내 CCTV 설치는 학교 폭력과 범죄를 완벽하게 근절할 방안이 될 수 없으며, ❸( ) 학교를 만들기 위해서는 다각적이고 장기적인 노력이 필요하다.
2문단	교내 CCTV 설치는 학생과 ❹( )의 인권을 침해한다.

어휘 다지기

1 다음 낱말의 뜻으로 알맞은 것을 찾아 선으로 이으세요.

(1) 근절하다 •

(2) 제약하다 •

(3) 명약관화하다 •

• ① 불을 보듯 분명하고 뻔하다.

• ② 조건을 붙여 내용을 제한하다.

• ③ 다시 살아날 수 없도록 아주 뿌리째 없애 버리다.

2 빈칸에 알맞은 낱말을 보기 에서 찾아 쓰세요.

보기   경위   온상   경각심

(1) 이불을 자주 빨지 않으면 세균의 (   )이/가 된다.

(2) 이번에 일어난 대형 화재는 불에 대한 (   )을/를 일깨워 주었다.

(3) 뉴스에서는 비행기 사고가 일어난 (   )을/를 자세히 보도하였다.

어휘 키우기

3 다음 밑줄 친 낱말과 같은 뜻의 '일어나다'가 쓰인 것에 ∨표 하세요.

다의어

학교 안에 CCTV가 설치되면 교내에서 일어나는 폭력 및 범죄 사건은 감소할지도 모릅니다.

(1) 그는 깜짝 놀라 자리에서 벌떡 일어났다.   ☐

(2) 아침에 일찍 일어나서 학교 갈 준비를 했다.   ☐

(3) 친구들 사이에 일어난 싸움 때문에 교실 분위기가 냉랭하다.   ☐

자료를 통해 문제 해결하기

개념 이해

글을 읽다가 모르는 내용이나 더 알고 싶은 내용이 있을 때, 우리는 인터넷을 검색하거나 책을 찾아보곤 합니다. 이렇게 찾은 자료들 중에서 문제 해결에 도움이 되는 자료를 선별하는 방법을 알아봅시다.

다양한 자료의 특성

글의 내용과 관련하여 찾아볼 수 있는 자료의 종류는 다양합니다. 이 중에서 필요한 자료를 선별하려면 각 **자료의 특성**을 잘 이해해야 합니다.

> • 글: 대상에 대한 자세한 정보를 알 수 있다. **예** 신문 기사, 전문가 면담 자료, 백과사전
> • 사진: 대상의 정확한 모습을 한눈에 알 수 있다.
> • 동영상: 대상의 움직임이나 소리 등의 특징을 알 수 있다.
> • 표, 도표: 대상과 관련된 수량이나 수치를 정확히 알 수 있다. **예** 통계 자료

문제 해결을 위한 자료 선별하기

글을 읽으며 내용과 관련하여 여러 가지 궁금증이 생길 수 있습니다. 이때 다양한 자료의 특성을 바탕으로 어떤 자료가 도움이 될지 생각해 보고, **적절한 자료를 선별**해 살펴보면 글의 내용을 깊이 있게 이해할 수 있습니다.

이글루의 모습이 궁금해서 사진을 찾아봤어.

이글루는 북극 지역에 사는 이누이트의 전통 가옥으로, 눈과 얼음으로 짓는다.

이렇게 해요!

① 글에서 모르는 내용이나 더 알고 싶은 내용을 생각해 봅니다.

② 다양한 자료의 특성을 고려하여, 문제 해결에 도움이 되는 자료를 찾아봅니다.

> 자료를 읽기 전에 글을 꼼꼼하게 읽는 것은 기본이지!

확인 문제

[1~2] 다음 글을 읽고, 물음에 답하세요.

> 춘앵전은 조선 시대인 1828년에 순조의 아들 효명 세자가 어머니를 위해 지은 춤이다. '봄 춘(春), 꾀꼬리 앵(鶯), 지저귈 전(囀)'이라는 이름대로, 봄날 아침에 나뭇가지에서 지저귀는 꾀꼬리의 모습을 보고 감동하여 만들었다고 전해진다. 그래서 춘앵전을 추는 무희는 꾀꼬리를 상징하는 노란색 의상을 입고 무대에 오른다.
>
> 춘앵전은 한 명의 무희가 음악에 맞춰 추는 독무이다. 동작이 작고 느리기 때문에 우아한 아름다움을 느낄 수 있다. 춘앵전은 전통 무용 가운데 가장 많은 춤사위를 가지는데, 그중에서도 꽃 앞에서의 아름다운 자태를 표현한 '화전태'가 으뜸으로 꼽힌다. 춘앵전은 내용과 형식 면에서 큰 변형 없이 전해 내려왔다. 그래서 지금도 거의 원형 그대로의 춤을 감상할 수 있다.

> 조선 시대 전통 무용 중 하나인 '춘앵전'에 대해 소개하는 글이야.

1 이 글을 읽고 더 알아보고 싶은 내용을 찾기에 적절한 자료를 선으로 이으세요.

더 알아보고 싶은 내용 　　　　　　　　　자료

> 사진, 영상, 글의 특성을 잘 생각해 봐.

(1) 화전태의 춤사위를 보고 싶어. ● 　　 ● ① 노란색 의상 사진

(2) 춘앵전을 출 때 입는 옷은 어떻게 생겼을까? ● 　　 ● ② 춘앵전 공연 영상

(3) 춘앵전 외에 어떤 전통 무용이 있었는지 궁금해. ● 　　 ● ③ 조선의 무용을 다룬 책

2 다음은 은규가 이 글을 읽고 떠올린 질문을 해결하기 위해 찾은 자료입니다. 은규가 떠올렸을 질문에 ○표 하세요.

> 춘앵전을 전승하는 데 크게 기여한 이는 김천흥 선생이다. 그는 14세가 되던 1922년, 궁중 음악 담당 기관인 이왕직 아악부 양성소에 들어가 춘앵전 등 12종의 춤을 배웠고, 이후 평생 동안 우리 무용을 전승하고자 노력하였다.

(1) 춘앵전을 처음 만든 사람은 누구였을까? 　　　　　　　　(　　)

(2) 춘앵전은 어떻게 큰 변형 없이 전해 내려올 수 있었을까? 　　(　　)

고추의 역사

인문 | 1,044자

📖 교과 연계
사회 6-1 세계 여러 나라의 자연과 문화

고추는 동서양을 가리지 않고 매운 음식을 만드는 데 필수적인 식재료이다. 우리나라 음식에도 고추장과 고춧가루로 매운맛을 낸 것이 많다. 그래서 고추를 우리나라 고유의 채소라고 생각하는 사람들이 많지만, 사실 고추의 원산지는 남아메리카 대륙이다. 15세기 말에 이탈리아 출신의 탐험가 크리스토퍼 콜럼버스가 우연히 고추를 발견하여 유럽에 소개하면서, 고추는 전 세계로 퍼지게 되었다.

1492년 8월 3일, 콜럼버스는 스페인을 떠나 서쪽으로 항해를 시작했다. 인도에서 나는 후추를 찾기 위해서였다. 당시에 후추는 유럽 사람들에게 매우 인기 있는 향신료였는데, 먼 인도에서 아라비아를 거쳐 유럽으로 수입해 와야 했기 때문에 가격이 무척 비쌌다. 오죽하면 후추에 '검은 금'이라는 별칭이 붙을 정도였다.

게다가 새로운 강국으로 떠오른 오스만 제국은 후추의 교역로를 전부 막아 버리고, 베네치아 상인들이 후추 판매를 독점하도록 했다. 그 때문에 가뜩이나 비싼 후추 가격이 천정부지로 치솟았다. 그러자 다른 유럽 사람들은 인도로 가는 바닷길을 개척해 후추를 직접 가져와야겠다고 생각했다. 콜럼버스 역시 이 시기에 인도를 찾아 나선 여러 탐험가 중 한 명이었다.

콜럼버스는 서쪽으로 5주간 항해한 끝에 육지에 도착했다. 하지만 그곳은 인도가 아닌 아메리카 대륙이었고, 당연히 간절하게 찾던 후추도 없었다. 그 대신 콜럼버스는 원주민들이 '아히'라고 부르는 빨간 열매, 즉 고추를 발견했다. 고추를 맛본 콜럼버스는 독특하고 강렬한 매운맛을 가진 고추가 후추를 대신할 수 있겠다고 생각했다. 이 때문에 고추는 후추와 전혀 다른 종임에도 '빨간 후추'를 뜻하는 '레드 페퍼(red pepper)'라는 이름으로 알려지게 되었다.

그러나 콜럼버스의 기대와 달리 처음에는 고추가 유럽에서 별 인기를 끌지 못했다. 16세기에 이르러서야 스페인과 포르투갈에서 고추를 요리에 활용하기 시작했고, 주변 유럽 국가로 퍼져 나갔다. 이후 고추는 포르투갈과 네덜란드 상인들에 의해 반세기 만에 아프리카, 인도, 아시아로 전파되었다. 오늘날 매운맛의 대명사가 된 고추는 전 세계 사람들의 입맛을 사로잡고 있다.

어휘 풀이

□ **향신료** 음식에 맵거나 향기로운 맛을 더하는 조미료. (香 향기 향, 후 매울 신, 料 재료 료)

□ **별칭** 원래의 이름 외에 달리 부르는 이름. (別 다를 별, 稱 일컬을 칭)

□ **교역로** 나라와 나라 사이에서 물건을 서로 사고팔기 위해 이용하는 길. (交 사귈 교, 易 바꿀 역, 路 길 로)

□ **독점하다** 개인이나 한 단체가 생산과 시장을 지배하여 이익을 모두 차지하다. (獨 홀로 독, 占 차지할 점)

□ **천정부지** 천장을 알지 못한다는 뜻으로, 물가 등이 한없이 오르기만 함을 비유적으로 이르는 말.

□ **반세기** 한 세기의 절반인 50년.

□ **대명사** 어떤 속성을 대표적으로 나타내는 것을 비유적으로 이르는 말.

1

중심
생각

이 글의 중심 내용은 무엇인가요?   (   )

① '고추'라는 이름의 유래

② 고추의 발견과 전파 과정

③ 후추와 고추의 공통점과 차이점

④ 우리나라에 고추가 들어온 시기

⑤ 고추를 사용한 전 세계의 매운 음식

2

내용
이해

이 글의 내용으로 알맞지 <u>않은</u> 것은 무엇인가요?   (   )

① 원주민들은 고추를 '아히'라고 불렀다.

② 고추의 원산지는 남아메리카 대륙이다.

③ 콜럼버스는 인도가 아닌 아메리카 대륙에 도착했다.

④ 포르투갈과 네덜란드 상인들이 고추를 다른 대륙으로 전파했다.

⑤ 콜럼버스는 후추를 대신할 향신료를 찾기 위해 항해를 시작했다.

💡 어떻게 알았나요?

다른 유럽 사람들은 인도로 가는 바닷길을 개척해서   를 직접 가져와야겠다고 생각했습니다.

3

내용
이해

후추의 가격이 비쌌던 이유로 알맞은 것을 두 개 고르세요.   (,   )

① 인도가 후추 판매를 독점했기 때문에

② 스페인이 후추를 너무 많이 사들였기 때문에

③ 오스만 제국이 후추의 교역로를 막았기 때문에

④ 후추에 '검은 금'이라는 별칭이 붙어 있었기 때문에

⑤ 먼 인도에서 유럽으로 후추를 수입해 와야 했기 때문에

4

창의

전략 적용

다음은 이 글을 읽고 떠올린 질문입니다. 이 질문을 해결하기 위해 찾은 자료로 가장 적절한 것에 ○표 하세요.

> 콜럼버스가 인도를 찾아 항해한 과정은 어땠을까?

(1) 탐험가 콜럼버스의 일대기를 다룬 책   (   )

(2) 항해를 떠난 콜럼버스와 선원들의 모습을 그린 그림   (   )

(3) 콜럼버스의 항해 이후 유럽으로 전파된 작물의 종류와 수를 정리한 도표   (   )

동물 실험은 필요한가?

사회 | 1,089자

　동물 실험은 의학적 목적에서 동물을 대상으로 실시하는 실험을 말합니다. 새로 개발한 백신과 치료법, 의약품 등을 인간에게 적용하기 전에 그 효과와 안전성을 동물을 통해 검증하는 것이 동물 실험의 목적입니다. 인류는 동물 실험을 이용하여 소아마비, 결핵, 홍역과 같은 치명적인 질병에 대한 백신을 만들어 냈습니다. 하지만 동물 실험은 살아 있는 동물을 희생시킨다는 비판을 받기도 합니다.

　㉠동물 실험에 반대하는 사람들은 인간의 이익을 위해 동물에게 엄청난 고통을 주는 것은 비윤리적이라는 입장입니다. 실험에 동원된 동물들은 실험실에서 태어나 상상 이상의 고통을 겪다가 죽습니다. 우리나라에서 실험에 동원되는 동물의 수는 매년 약 500만 마리에 달하는데, 그중 절반 가까이가 극심한 고통이나 회피할 수 없는 스트레스를 동반하는 가장 고통스러운 실험에 이용됩니다.

　반대론자들은 동물 실험이 이런 비윤리성을 감수할 만큼 효과적이지 않다고 주장합니다. 인간이 걸리는 수만 가지 질병 가운데 동물도 걸리는 것은 고작 1% 정도입니다. 즉, 동물 실험을 거쳤다고 해서 인간에 대한 안전성이 보장되는 것은 아닙니다. 실제로 동물 실험을 통과한 의약품 중 90%가량이 최종 시험에서 탈락한다고 합니다. 반대론자들은 잔인하고 실효성도 낮은 동물 실험을 중단하고, 이를 컴퓨터 시뮬레이션이나 인공 장기, 로봇 등을 활용한 실험으로 대체하자고 제안합니다.

　반면, ㉡동물 실험에 찬성하는 사람들은 인간에게 안전한 치료법을 개발하기 위해 동물 실험이 불가피하다고 주장합니다. 동물 실험을 하지 않고 개발한 약을 인간에게 사용한다면 　　　　　㉢　　　　　. 특히 최근 들어 신종 질병이 계속 등장하면서 동물 실험의 필요성도 커지고 있습니다. 동물 실험은 새로 개발한 백신이나 치료제가 안전한지를 가장 빠르게 검증하는 방법이기 때문입니다.

　찬성론자들은 현재 모든 동물 실험을 완벽하게 대체할 방법은 없다고 말합니다. 여러 가지 대체 실험법이 시도되고 있으나, 아직은 초기 단계라서 불완전하다는 것입니다. 따라서 지금 당장 동물 실험을 금지할 수는 없으며, 대체 실험이 개발될 때까지는 동물 실험을 허용해야 한다는 입장입니다. 다만 꼭 필요한 경우에만 동물의 고통을 최소화하여 실험을 실시해야 한다고 봅니다.

어휘 풀이

□ **비윤리적** 사람이 마땅히 지켜야 할 도리를 따르지 않는 것.

□ **동반하다** 어떤 사물이나 현상이 함께 생기다. (同 같을 동, 伴 짝 반)

□ **감수하다** 괴롭고 힘든 일을 달갑게 받아들이다. (甘 달 감, 受 받을 수)

□ **실효성** 실제로 효과를 나타내는 성질.

□ **시뮬레이션** 어떤 현상이나 사건을 컴퓨터로 모형화하여 가상으로 수행시키는 것.

□ **불가피하다** 피할 수 없다. (不 아닐 불, 可 가능할 가, 避 피할 피)

□ **신종** 새로운 종류. (新 새로울 신, 種 씨 종)

1 이 글을 읽고 알 수 있는 내용이 <u>아닌</u> 것은 무엇인가요? (   )

내용
이해

① 동물 실험을 대체할 실험법은 아직 초기 단계이다.

② 세계적으로 매년 약 500만 마리의 동물이 실험에 동원된다.

③ 인간이 걸리는 질병 가운데 동물도 걸리는 것은 1% 정도이다.

④ 동물 실험을 통해 소아마비, 결핵, 홍역 등에 대한 백신을 만들었다.

⑤ 동물 실험이란 의학적 목적에서 동물을 대상으로 실시하는 실험이다.

2 ㉠과 ㉡이 주장을 뒷받침하기 위해 제시한 근거를 두 개씩 찾아 각각 기호를 쓰세요.

구조
파악

> ㉮ 동물 실험은 잔인하고 비윤리적이다.
>
> ㉯ 동물 실험은 인간을 위해 불가피하다.
>
> ㉰ 동물 실험을 완벽하게 대체할 방법이 없다.
>
> ㉱ 동물 실험은 인간에 대한 안전성을 보장하지 못한다.

(1) ㉠: (,   )   (2) ㉡: (,   )

3 ㉢에 들어갈 말로 가장 알맞은 것은 무엇인가요? (   )

★ 추론

① 약의 효과가 줄어들 수 있습니다

② 새로운 백신을 개발할 수 있습니다

③ 심각한 부작용이 나타날 수 있습니다

④ 의학 기술이 더욱 발달할 수 있습니다

⑤ 동물들이 겪는 고통을 줄일 수 있습니다

💡 어떻게 알았나요?

㉢의 앞 문장에서 인간에게 [   ] 치료법을 개발하기 위해 동물 실험이 불가피하다는 주장을 소개하고 있습니다.

전략 적용

4 이 글을 읽고 더 알고 싶은 내용을 찾을 때, 자료를 <u>잘못</u> 고른 것에 ✕표 하세요.

창의

(1) 동물 실험의 실태와 심각성을 파악하려고 신문 기사를 뒤져 보았어.   (   )

(2) 동물 실험을 대체할 신기술에 대해 알고 싶어서 동물 영상을 찾아보았어.   (   )

(3) 최근 5년간 실험에 동원된 동물의 수를 알기 위해 통계 자료를 검색해 보았어.   (   )

5 다음 포스터에 나타난 관점을 가진 친구가 할 말로 알맞은 것은 무엇인가요? (   )

창의

동물은 실험용이
아닙니다!

① 대체 실험이 개발되기 전에는 동물 실험이 허용되어야 해.

② 동물 실험이 있었기에 많은 사람의 목숨을 구할 수 있었어.

③ 동물의 고통을 줄여야 하겠지만 실험 자체를 금지할 수는 없어.

④ 동물과 인간은 엄연히 달라서 동물 실험의 결과를 신뢰하기 힘들어.

⑤ 동물 실험을 함으로써 치료제를 개발하는 데 드는 시간과 비용을 단축할 수 있어.

핵심 정리

6 노트의 빈칸을 채우며, 이 글의 내용을 정리해 보세요.

「동물 실험은 필요한가?」 정리하기

1문단	인류는 동물 실험을 이용하여 질병에 대한 백신을 만들었지만, 동물 실험은 동물을 ❶( )시킨다는 비판을 받기도 한다.
2문단	동물 실험 반대 의견 1: 인간의 이익을 위해 동물에게 ❷( )을 주는 것은 비윤리적이다.
3문단	동물 실험 반대 의견 2: 동물 실험이 비윤리성을 감수할 만큼 효과적이지 않으므로 다른 실험으로 대체해야 한다.
4문단	동물 실험 찬성 의견 1: 인간에게 안전한 ❸( )을 개발하기 위해서는 동물 실험이 불가피하다.
5문단	동물 실험 찬성 의견 2: 당장 동물 실험을 금지할 수 없으므로 ❹( ) 실험이 개발될 때까지 동물의 고통을 최소화하여 실험을 실시해야 한다.

1 다음 낱말의 뜻으로 알맞은 것을 찾아 선으로 이으세요.

(1) 감수하다 •

(2) 동반하다 •

(3) 불가피하다 •

• ① 피할 수 없다.

• ② 어떤 사물이나 현상이 함께 생기다.

• ③ 괴롭고 힘든 일을 달갑게 받아들이다.

2 빈칸에 알맞은 낱말을 보기 에서 찾아 쓰세요.

보기   신종   실효성   비윤리적

(1) 그 제도는 적용 대상이 적어 (   )이 떨어진다.

(2) 자신을 위해 남을 다치게 하는 행위는 (   )이다.

(3) 평균 수명이 증가하면서 노인을 상대로 한 (   ) 직업이 생겨나고 있다.

어휘 키우기

3 다음 뜻풀이를 읽고, 밑줄 친 낱말의 뜻으로 알맞은 것을 찾아 각각 기호를 쓰세요.

동형어

ㄱ 이상¹(以上) 수량이나 정도가 일정한 기준보다 더 많거나 나음.
ㄴ 이상²(理想) 생각할 수 있는 범위 안에서 가장 완전하다고 여겨지는 상태.
ㄷ 이상³(異常) 정상적인 상태와 다름.

(1) 최근 이상 기온으로 인한 농작물의 피해가 심각하다.   (   )

(2) 이 놀이기구는 키가 130cm 이상인 사람들만 탈 수 있다.   (   )

(3) 그는 정치적 이상을 실현하기 위해 대통령 선거에 출마했다.   (   )

과학 | 1,178자

📖 교과 연계
사회 4-2 사회 변화와 문화의
다양성

빅 데이터 전문가

1 우리는 아침에 일어나 잠들 때까지 모든 일상이 데이터로 수집되는 세상에 살고 있습니다. 우리가 접속한 인터넷 사이트와 애플리케이션에는 검색 기록, 구매 정보, 대화 내역 등이 차곡차곡 쌓입니다. 이렇게 실시간으로 저장되는 방대한 규모의 다양한 정보를 '빅 데이터'라고 합니다. 미래학자들은 '20세기의 자원이 석유였다면 21세기의 자원은 빅 데이터'라며 빅 데이터의 중요성을 강조합니다. 이에 미래를 이끌 차세대 직업으로 빅 데이터 전문가가 주목받고 있습니다.

2 빅 데이터 전문가는 가늠하기 힘들 만큼 방대한 데이터를 분석하여 가치 있는 결과물을 ˙도출하는 사람입니다. 빅 데이터는 무엇이 묻혀 있을지 모르는 거대한 광산과 같습니다. 그 속에서 유용한 광물을 캐내 용도에 맞게 가공하는 사람이 바로 빅 데이터 전문가입니다. 빅 데이터 전문가가 하는 일은 크게 '˙기획, 수집, 분석, ㉠시각화'로 구분됩니다. 빅 데이터 전문가는 데이터를 어디에 활용할지 기획하고, 필요한 데이터를 수집하여 이를 통계적으로 분석한 다음, 일반인이 알아보기 쉽게 시각적으로 나타내는 작업을 합니다.

3 빅 데이터 전문가가 되려면 통계학과 컴퓨터 공학에 대한 기본 지식이 필요합니다. 데이터를 분석할 때 통계 프로그램을 사용하기 때문입니다. 또한 데이터 ˙이면에 숨겨진 의미를 발견하기 위해서는 문제를 논리적으로 해결해 나가는 사고력과 오랜 분석 과정을 견디는 끈기가 뒷받침되어야 합니다. 빅 데이터 전문가는 사회에서 이슈가 되는 정보들을 많이 다루므로 최신 ˙동향을 수시로 파악하고 적용하는 능력도 갖추어야 합니다.

4 빅 데이터 전문가는 다양한 분야에서 ˙활약하고 있습니다. 예컨대 기업에서는 고객의 데이터를 바탕으로 취향과 선호를 분석하여 신제품을 출시하고, 연구소에서는 축적된 연구 데이터를 통해 과학 현상을 예측하며, 정부 기관에서는 공공 데이터에 기반하여 국민이 원하는 서비스를 만들어 제공합니다. 금융, 스포츠, 의료, 범죄 수사 등 데이터를 활용하는 곳이라면 어디든 빅 데이터 전문가가 있습니다.

5 사회가 나날이 디지털화되면서 국내 빅 데이터 시장의 규모는 매년 10% 이상씩 커지는 추세입니다. 그에 따라 빅 데이터 전문가에 대한 수요도 꾸준히 증가할 것으로 전망됩니다. 이러한 흐름에 발맞추어 여러 대학에 빅 데이터 관련 학과가 ˙신설되고 있습니다. 우리를 둘러싼 데이터의 세계에 관심이 있다면, 빅 데이터 전문가를 꿈꾸어 보는 것도 좋겠습니다.

어휘 풀이

□ **차세대** 지금 세대가 지난 다음 세대.

□ **도출하다** 판단이나 결론 등을 이끌어 내다. (導 이끌 도, 出 날 출)

□ **기획** 행사나 일 등의 절차와 내용을 미리 자세하게 계획함.

□ **이면** 겉으로 나타나지 않거나 눈에 보이지 않는 부분. (裏 속 이, 面 낯 면)

□ **동향** 사람들의 사고, 사상, 활동이나 일이 되어 가는 형편 등이 움직여 가는 방향. (動 움직일 동, 向 향할 향)

□ **활약하다** 활발히 활동하다. (活 살 활, 躍 뛸 약)

□ **신설되다** 새로 설치되거나 설비되다. (新 새로울 신, 設 베풀 설)

1 이 글에서 설명하는 내용이 <u>아닌</u> 것은 무엇인가요? (   )

내용
이해

① 빅 데이터의 뜻

② 빅 데이터 전문가의 전망

③ 빅 데이터 전문가가 하는 일

④ 빅 데이터 전문가와 관련된 자격증

⑤ 빅 데이터 전문가가 되기 위해 필요한 지식

2 이 글의 내용으로 알맞은 것을 두 개 고르세요. (,   )

내용
이해

① 국내 빅 데이터 시장의 규모는 줄어들고 있다.

② 데이터를 분석할 때 통계 프로그램을 사용한다.

③ 빅 데이터 전문가는 광물을 캐내 가공하는 사람이다.

④ 우리가 접속한 인터넷 사이트에는 데이터가 실시간으로 저장된다.

⑤ 기업의 빅 데이터 전문가는 연구 데이터를 통해 과학 현상을 예측한다.

3 **1**~**4**문단에 대한 설명으로 알맞지 <u>않은</u> 것에 ✕표 하세요.

구조
파악

(1) **1**문단: 전문가의 말을 제시하여 빅 데이터의 중요성을 강조하였다.   (   )

(2) **2**문단: 빅 데이터를 거대한 광산에 빗대어 표현하였다.   (   )

(3) **3**문단: 빅 데이터 전문가가 다루는 정보들을 기준에 따라 분류하는 방법으로 설명하였다.

                    (   )

(4) **4**문단: 기업, 연구소, 정부 기관을 예로 들어 빅 데이터 전문가의 활동 분야를 설명하였다.

                    (   )

4 ㉠의 사례로 알맞은 것은 무엇인가요? (   )

★ 추론

① 수집한 데이터 중에서 유용한 정보만 선별하여 분석하였다.

② 자전거 사고 위치 정보, 자전거 교통량 등의 데이터를 모았다.

③ 자전거 사고 위험이 높은 도로를 한눈에 볼 수 있게 지도에 표시하였다.

④ 자전거 사고를 줄이기 위해 사고 위험이 높은 도로를 알아보기로 계획하였다.

⑤ 도로가 복잡할수록 자전거 사고가 일어날 가능성이 높다는 결론을 도출하였다.

💡 어떻게 알았나요?

시각화는 일반인이 알아보기 쉽게 [   ]으로 나타내는 작업입니다.

5 다음은 이 글을 읽고 떠올린 질문입니다. 각각의 질문을 해결하기 위한 자료로 적절한 것을 찾
창의 아 기호를 쓰세요.

> ㉮ 빅 데이터의 주요한 특징은 무엇일까?
>
> ㉯ 스포츠 분야에서 빅 데이터는 어떻게 활용될까?

(1)
> 빅 데이터의 특징으로는 데이터의 크기, 속도, 다양성이 꼽힌다. 빅 데이터는 그 크기가 엄청나게 크고, 빠르게 생성 및 저장되며, 글·음성·영상·숫자 등을 모두 포함한다.
>
> (출처: ○○ 백과사전)

(   )

(2)
> □□대학교 빅 데이터 학과 교수: 축구 훈련을 할 때 선수들의 몸에 센서를 부착해 행동 습관, 건강 상태 등과 관련된 데이터를 모읍니다. 이 데이터를 바탕으로 각 선수의 장단점을 파악함으로써 맞춤형 훈련을 실시합니다.

(   )

6 노트의 빈칸을 채우며, 이 글의 내용을 정리해 보세요.

「빅 데이터 전문가」 정리하기

1문단	미래를 이끌 차세대 직업으로 빅 데이터 전문가가 주목받고 있음.
2문단	빅 데이터 전문가가 하는 일: 방대한 ❶( )를 분석하여 가치 있는 결과물을 도출하는 일
3문단	빅 데이터 전문가가 되기 위해 갖추어야 할 능력: ❷( )과 컴퓨터 공학에 대한 기본 지식, 논리적 사고력과 끈기, 최신 동향을 파악하고 적용하는 능력
4문단	빅 데이터 전문가가 활약하는 ❸( ): 기업, 연구소, 정부 기관, 금융, 스포츠, 의료, 범죄 수사 등
5문단	빅 데이터 전문가에 대한 ❹( )가 꾸준히 증가할 것으로 전망됨.

어휘 다지기

1 다음 낱말의 뜻으로 알맞은 것을 찾아 선으로 이으세요.

(1) 도출하다 • • ① 활발히 활동하다

(2) 신설되다 • • ② 새로 설치되거나 설비되다.

(3) 활약하다 • • ③ 판단이나 결론 등을 이끌어 내다.

2 빈칸에 알맞은 낱말을 보기 에서 찾아 쓰세요.

보기	동향	이면	차세대

(1) 화려한 성공의 (   )에는 엄청난 노력이 숨어 있는 법이다.

(2) 올해 채소별 가격 (   )을/를 살펴보면 마늘 값이 가장 많이 올랐다.

(3) 그 선수는 첫 경기에서 뛰어난 재능을 보여 주며 (   ) 국가대표로 떠올랐다.

어휘 키우기

3 다음 뜻을 가진 '적(積)'이 사용된 낱말에 모두 ∨표 하세요.

한자어

積 쌓을 적	예 축적(蓄積): 지식, 경험, 돈 등을 모아서 쌓음.

(1) **누적(累)**: 계속 반복되어 쌓임. ☐

(2) **적설량(雪量)**: 땅 위에 쌓여 있는 눈의 양. ☐

(3) **적수(手)**: 재주나 힘이 서로 비슷해서 상대가 되는 사람. ☐

작품 출처

위치	작품	출처
22쪽	오승희, 「할머니를 따라간 메주」	『할머니를 따라간 메주』, 창비, 2000.
24쪽	오정희, 「소음 공해」	『중국인 거리』, 포레스트 위즈덤, 2024.
33쪽	김용희, 「수도꼭지」	『김용희 동시선집』, 지만지, 2015.
34쪽	박두순, 「처음 안 일」	『박두순 동시선집』, 지만지, 2015.
40쪽	고진하, 「호랑나비 돛배」	『호랑나비 돛배』, 지만지, 2012.
42쪽	도종환, 「담쟁이」	『당신은 누구십니까』, 창비, 1993.
81쪽	민현숙, 「빨래집게」	『붕어빵 아저씨 결석하다』, 푸른책들, 2008.
81쪽	이청준, 「아름다운 흉터」	『아름다운 흉터』, 열림원, 2004.
82쪽	손춘익, 「땅에 그리는 무지개」	『땅에 그리는 무지개』, 창비, 2000.
84쪽	이오덕, 「꿩」	『꿩』, 효리원, 2005.
88쪽	정현종, 「떨어져도 튀는 공처럼」	『나는 별 아저씨』, 문학과지성사, 1995.
90쪽	조지훈, 「마음의 태양」	『현대시선』, 노트북, 2020.
90쪽	김광규, 「나뭇잎 하나」	『좀팽이처럼』, 문학과지성사, 2001.
90쪽	황지우, 「겨울―나무로부터 봄―나무에로」	『겨울―나무로부터 봄―나무에로』, 민음사, 1985.
96쪽	윤오영, 「방망이 깎던 노인」	『곶감과 수필』, 태학사, 2022.

사진 출처

위치	사진	출처
57쪽	6세기 후반에 제작된 반가 사유상	국립중앙박물관
57쪽	7세기 전반에 제작된 반가 사유상	국립중앙박물관
69쪽	김홍도, 〈춤추는 아이〉	국립중앙박물관
72쪽	평화의 소녀상	경기도뉴스포털
74쪽	샌프란시스코에 설치된 평화의 소녀상	David Edelman
110쪽	휘석	Rob Lavinsky, iRocks.com
110쪽	모나자이트	Rob Lavinsky, iRocks.com

※ 퍼블릭 도메인 및 셔터스톡 사진은 따로 표기하지 않았습니다.

● 이 책에 사용한 문학 작품과 사진은 저작권자의 허락을 받아 게재하였습니다. 다만 저작권자를 찾지 못한 일부 자료는 저작권자를 확인하는 대로 게재 허락을 받고, 출판사 통상 기준에 따라 사용료를 지불하겠습니다.

최상위권
독해의 비결,
추론

최상위권 독해의 비결, **추론**

용선생

추론독해

5

초등 국어 **5단계**

5·6학년 권장

정답과 해설

사회평론주니어

추론독해

용선생

5

초등 국어 **5단계**

5·6학년 권장

정답과 해설

1

글쓴이의 관점 파악하기

① '~해야 한다.', '~라고 생각한다.'처럼 글쓴이의 생각이 직접적으로 드러나는 표현을 찾습니다.

② 글쓴이의 생각이 간접적으로 드러나는 낱말이나 문장 등을 주의 깊게 살핍니다.

③ 글의 제목을 보고, 글쓴이가 그러한 제목을 정한 까닭을 생각합니다.

확인 문제

9쪽

1 ㄹ

2 (2) ○

1 '~해야 한다.'라는 표현을 사용한 ㄹ에는 글쓴이가 수명을 다한 인공위성 문제를 바라보고 생각하는 관점이 담겨 있습니다.

오답 피하기 ❗

ㄱ, ㄴ, ㄷ 인공위성에 대한 정보를 사실대로 전달하는 문장입니다.

2 글쓴이는 제목과 2문단의 마지막 문장에서 수명을 다한 인공위성을 언제 터질지 모를 '시한폭탄'에 빗대어 그 위험성을 강조하였습니다. 또 ㄹ에서 인류를 위협할 수 있는 인공위성을 안전하게 처리할 방법에 대해 전 세계가 고민해야 한다고 하였습니다. 이를 통해 글쓴이의 관점은 수명을 다한 인공위성을 안전하게 처리해야 한다는 것임을 알 수 있습니다.

✏️ 이 문제를 틀렸다면

글쓴이가 자신의 생각을 나타내려고 쓴 표현을 찾아봅니다. 이 글에는 "시한폭탄", "우주 쓰레기", "인류의 생명을 위협하는" 등의 표현이 나타나 있습니다.

10~11쪽

개인 정보를 지키자

1 온라인, 개인 정보 💡다섯(5)

2 ①, ③

3 ④

4 현우

1 이 글의 제목과 5문단의 첫 번째 문장인 "이러한 문제를 피하기 위해서는 우리 스스로 온라인 공간에서 개인 정보를 잘 관리해야 합니다."에 글쓴이의 관점이 직접적으로 드러납니다.

✏️ 이 문제를 틀렸다면

제목과 글에 사용된 표현을 살피며 글쓴이의 관점이 드러난 부분을 찾아봅니다.

2 ㄱ은 온라인 공간에서 개인 정보가 유출되었을 때 발생할 수 있는 문제를 말합니다. 3문단에서 나의 개인 정보가 알려지면 누군가가 나를 사칭하여 내 주변 사람들에게 피해를 입힐 수 있다고 하였고(①), 4문단에서 다른 사람이 내 통장에 든 돈을 빼 갈 수 있다고 하였습니다(③).

오답 피하기 ❗

② "금융 거래에 필요한 개인 정보만 있으면"이라는 말로 보아 (4문단), 금융 거래에는 원래 개인 정보가 필요합니다. 이 글에 따르면 이러한 개인 정보를 다른 사람이 알았을 때, 금전적 피해가 생길 수 있습니다.

④ 다양한 온라인 공간에서 시간을 보내게 되면서 개인 정보 보호의 중요성이 커지고 있습니다(1문단).

⑤ 개인 정보가 알려지면, 모르는 사람이 나에게 문자 메시지를 보낼 수 있습니다(3문단).

3 2문단에서 개인 정보란 '나'에 관해 알 수 있는 모든 정보라고 하였습니다. '어제 읽은 책의 제목'은 '나'에 관해 알 수 있는 정보가 아닙니다.

4 5문단에 따르면 누리집 계정의 비밀번호를 주기적으로 바꾸어 주는 것이 개인 정보를 보호하는 데 도움이 됩니다.

오답 피하기 ❗

지연, 민기, 혜주: 스마트폰과 컴퓨터에 보안 프로그램을 설치하는 것, '얼굴'이라는 개인 정보가 포함된 게시물의 공개 범위를 제한하는 것, 쿠폰 증정 이벤트에 응모할 때 과도한 개인 정보를 요구하지 않는지 확인하는 것은 온라인 공간에서 개인 정보를 잘 관리하는 방법입니다.

2 용선생 추론독해 5단계

'살아 있는 화석' 투구게가 위험하다

1 ③   **2** ②, ⑤ 💡살아 있는

3 ③   **4** (2) ◯   **5** ②

6 ❶ 투구게 ❷ 제약 ❸ 피 ❹ 대체

어휘 다지기

1 (1) ② (2) ③ (3) ①

2 (1) 추세 (2) 연맹 (3) 도입

어휘 키우기

3 (1) 띠었다 (2) 띠고 (3) 띄지

1 2문단에서 투구게의 피가 파란색을 띤다고 하였지만, 그 까닭을 알려 주고 있지는 않습니다.

오답 피하기
① 투구게의 피는 세균이 침투하면 곧바로 응고되어 겔 상태로 변하는 특별한 능력이 있습니다(2문단).
② 포획된 투구게 중 약 10% 정도가 극심한 스트레스를 받아 죽습니다(3문단).
④ 투구게의 피를 대신해 유전자 재조합 물질을 사용하는 대체 시험법이 과학적 검증을 받았습니다(4문단).
⑤ 코로나19로 인해 엄청난 양의 백신이 필요해지면서 투구게의 수가 급속도로 줄어들었습니다(3문단).

2 1문단에 따르면 투구게는 약 4억 5,000만 년이라는 긴 세월 동안 예전 모습을 유지해 왔습니다(②). 또 2문단에 따르면 제약 회사들은 새로 개발하는 의약품의 안전성을 시험하기 위해 투구게의 피를 이용합니다(⑤).

오답 피하기
① 투구게의 피가 세균에 쉽게 오염되는지는 이 글에 나와 있지 않습니다.
③ 투구게는 2016년에 '위기 근접종'으로 분류되었습니다(3문단).
④ 제약 회사들은 비용과 검증의 필요성 등을 이유로 대체 시험법의 도입을 망설이고 있습니다(4문단).

3 글쓴이는 제목에서 "투구게가 위험하다"라고 하였고, 4문단에서 "투구게가 미래에도 '살아 있는 화석'이 될 수 있도록 대체 시험법을 적극적으로 도입해야 한다."라고 하였습니다. 이러한 표현으로 보아 글쓴이의 관점은 투구게의 희생을 멈추기 위해 대체 시험법을 도입해야 한다는 것입니다.

4 ㉠은 투구게의 피를 이용하면 의약품이 세균에 오염

되었는지 확인할 수 있다는 내용이고, ㉡은 제약 회사들이 의약품의 안전성을 시험하기 위해 투구게를 포획한다는 내용입니다. ㉠이 원인이 되어 ㉡의 결과로 이어지는 것이므로 빈칸에는 원인과 결과를 이어 주는 말인 '그래서'가 들어가는 것이 알맞습니다.

5 이 글에서는 투구게 피의 능력 때문에 투구게의 수가 꾸준히 감소하고 있다는 점을, 보기 에서는 투구게알의 수가 적어지면서 투구게알을 먹는 붉은가슴도요의 수도 크게 감소하였다는 점을 설명하였습니다. 이를 종합해 볼 때, 투구게의 수가 감소하여 투구게알의 수가 줄어들었고, 이것이 붉은가슴도요의 수에 영향을 미쳤다는 것을 알 수 있습니다.

✒️ 이 문제를 틀렸다면
보기 에서는 붉은가슴도요가 먹는 투구게알의 수가 적어졌다고 하였습니다. 이 글의 내용을 바탕으로 그 까닭이 무엇일지 생각해 봅니다.

6 글쓴이는 1문단에서 긴 세월 동안 예전 모습을 유지해 온 '살아 있는 화석'인 ❶투구게가 심각한 생존 위기를 맞고 있다는 문제 상황을 제시하였습니다. 2문단과 3문단에서는 세균이 침투하면 응고되어 겔 상태로 변하는 투구게 피의 능력 때문에 ❷제약 회사들이 투구게를 대량으로 포획해 왔고, 포획된 투구게의 ❸피를 뽑고 바다로 돌려보내는 과정에서 투구게의 수가 감소했다며 투구게가 생존 위기에 처한 까닭을 설명하였습니다. 끝으로 4문단에서 글쓴이는 투구게의 희생을 멈추기 위해 ❹대체 시험법을 적극적으로 도입해야 한다고 주장하였습니다.

어휘 다지기

2 (1)의 빈칸에는 '어떤 현상이 일정한 방향으로 나아가는 경향.'이라는 뜻의 '추세'가, (2)의 빈칸에는 '같은 목적을 가지고 서로 돕기로 약속한 조직이나 집단.'이라는 뜻의 '연맹'이, (3)의 빈칸에는 '기술, 방법, 물자 등을 끌어 들임.'이라는 뜻의 '도입'이 들어가는 것이 알맞습니다.

어휘 키우기

3 '띄다'와 '띠다'는 뜻이 다르지만 글자가 비슷하여 헷갈리는 말입니다. (1)에서는 검푸른 빛깔을 가지는 것이므로 '띠었다'가 알맞습니다. (2)에서는 얼굴에 홍조의 붉은빛을 가지는 것이므로 '띠고'가 알맞습니다. (3)에서는 눈에 보이지 않게 움직인 것이므로 '띄지'가 알맞습니다.

실전 2

소년 범죄, 처벌이 능사일까?

1 ④   **2** (4) × 💡형사 처벌

3 ㉣   **4** ④, ⑤   **5** (3) ○

6 ❶ 연령 ❷ 예방 ❸ 역효과 ❹ 교화 ❺ 환경

어휘 다지기

1 (1) ③ (2) ① (3) ②

2 (1) 능사 (2) 징역 (3) 낙인

어휘 키우기

3 (2) V (3) V

---

1 글쓴이는 촉법소년의 연령 기준을 낮추어 만 14세 미만의 어린이와 청소년도 형사 처벌을 받게 하자는 의견을 반박하면서, 처벌로는 소년 범죄를 줄일 수 없으므로 교화를 우선해야 한다고 주장하고 있습니다.

✏️ **이 문제를 틀렸다면**

주장하는 글은 글쓴이가 자기 의견을 설득하기 위해 쓴 글입니다. 글쓴이가 내세우는 의견이 무엇인지 글에서 찾아봅니다.

2 1문단에 따르면 우리나라에서 촉법소년을 포함한 만 14세 미만의 어린이와 청소년은 범죄를 저지르더라도 형사 처벌을 받지 않습니다.

✏️ **이 문제를 틀렸다면**

(1)은 1문단을, (2)는 2문단을, (3)은 4문단을 읽으며 확인해 봅니다.

3 ㉣은 '~해야 한다.'라는 표현을 사용하여 글쓴이가 자신의 관점을 직접적으로 드러낸 문장입니다.

💡 **오답 피하기**

㉠, ㉡ 글쓴이가 아니라 촉법소년의 연령 기준을 낮추자고 주장하는 사람들의 의견이 드러난 문장입니다.

㉢ 「소년법」의 목적을 사실대로 설명한 문장입니다.

4 글쓴이는 2문단에서 나이가 어릴수록 처벌에 대한 두려움을 인식하는 능력이 떨어지기 때문에 소년 범죄의 경우 무거운 처벌을 통한 범죄 예방 효과가 크지 않다는 것(④)을, 3문단에서 어린 나이에 범죄자라는 낙인이 찍히면 어른이 되어서도 또 범죄를 저지를 가능성이 높아진다는 것(⑤)을 근거로 들어 주장을 뒷받침하고 있습니다.

5 보기 에는 촉법 소년이 형사 처벌을 받을 수 있다는

두려움을 느껴야 소년 범죄가 줄어들 것이라는 의견이 나타나 있습니다. 그런데 이 글의 2문단에서 글쓴이는 나이가 어릴수록 처벌에 대한 두려움을 인식하는 능력이 떨어진다며 소년범에게 형사 처벌을 해도 범죄가 감소하지 않을 것이라고 하였습니다. 따라서 글쓴이는 보기 를 읽고 형사 처벌로 범죄를 예방하기 어렵다고 말할 것입니다.

💡 **오답 피하기**

(1) 글쓴이는 최근 촉법소년 범죄가 급증하고 있다고 하였습니다(1문단).

(2) 글쓴이는 소년원에 간 것을 기록으로 남기자는 주장을 하고 있지 않습니다.

6 글쓴이는 1문단에서 촉법소년의 ❶ 연령 기준을 낮추어 만 14세 미만도 형사 처벌을 받게 하자는 주장이 나오고 있으나, 이는 근본적인 대책이 될 수 없다고 하였습니다. 그 근거로 2문단에서 소년 범죄는 무거운 처벌을 통한 범죄 ❷ 예방 효과가 크지 않다는 점을, 3문단에서 촉법소년의 연령을 낮추면 오히려 재범이 증가하는 ❸ 역효과가 날 수 있다는 점을 들었습니다. 그리고 4문단에서 아직 신체적, 정신적 성장이 완성되지 않은 어린이와 청소년에게는 처벌보다 ❹ 교화를 우선해야 한다고 하였으며, 5문단에서 소년 범죄를 줄이려면 어린이와 청소년의 처지에 관심을 기울이고, 이들이 범죄로 빠질 수 있는 ❺ 환경을 개선해야 한다고 주장하였습니다.

어휘 다지기

2 (1)의 빈칸에는 '(주로 '아니다'와 함께 쓰여) 잘하는 일.'이라는 뜻의 '능사'가, (2)의 빈칸에는 '죄인을 교도소에 가두어 두고 일을 시키는 형벌.'이라는 뜻의 '징역'이, (3)의 빈칸에는 '바꾸기 힘든 나쁜 평가나 판정.'이라는 뜻의 '낙인'이 들어가는 것이 알맞습니다.

어휘 키우기

3 (2)에 쓰인 '역기능'은 '기능'에 '역-'이 붙어 '본래 의도한 것과 반대로 작용하는 기능.'이라는 뜻을 가지는 낱말이고, (3)에 쓰인 '역방향'은 '방향'에 '역-'이 붙어 '일정한 방향에 대하여 그와 반대되는 방향.'이라는 뜻을 가지는 낱말입니다. (1)에 쓰인 '역사적'은 '역사에 관한 것.'이라는 뜻으로, 제시된 '역-'이 붙어 만들어진 낱말이 아닙니다.

인물의 갈등 이해하기

① 이야기를 읽으며 갈등을 겪고 있는 인물을 찾아봅니다.
② 인물이 처한 상황과 인물들의 관계를 통해 갈등의 원인과 내용을 파악합니다.
③ 갈등 상황에서 인물이 하는 말이나 행동을 살펴봅니다.

확인 문제   21쪽

1 포토 카드, 영주   **2** (1) ○

1 ㉠에서 '나'는 영주가 뽑은 포토 카드와 '내'가 가진 포토 카드를 교환하자고 거듭 부탁했지만, 영주는 쌀쌀맞게 거절하고 바꾸지 않겠다며 소리를 질렀습니다. 따라서 ㉠에는 포토 카드를 교환하는 문제로 '나'와 영주 사이에 일어난 갈등이 나타나 있습니다.

✏️ **이 문제를 틀렸다면**
㉠은 인물과 인물 사이의 갈등이 나타난 부분입니다. ㉠에서 '나'와 갈등을 겪고 있는 인물이 누구인지, 갈등의 원인이 무엇인지 파악해 봅니다.

2 ㉡에는 영주의 포토 카드를 주운 '나'의 두 가지 상반된 생각이 나타나 있습니다. 하나는 영주가 포토 카드를 잃어버린 것이니 돌려주지 않아도 된다는 생각이고, 다른 하나는 원래 영주의 포토 카드이므로 돌려주어야 한다는 생각입니다. 따라서 ㉡에서 '나'는 영주의 포토 카드를 내가 가질 것인지, 영주에게 돌려줄 것인지를 두고 마음속으로 갈등하고 있습니다.

오답 피하기 ❗
(2) ㉡에서 '나'는 이미 영주의 포토 카드를 주워서 가지고 있는 상황이므로, 영주에게 포토 카드를 교환하자고 계속 부탁할지 말지 갈등했다는 것은 알맞지 않습니다.

할머니를 따라간 메주

1 ②, ⑤ 💡갈등   **2** ③
3 (2) ○   **4** ②

1 이 글에서 할머니와 엄마는 메주를 만들어 집에 매달아 놓는 문제로 갈등을 겪고 있습니다. 할머니는 메주를 직접 만들어 장을 담가 먹어야 한다고 생각하지만, 엄마는 할머니가 옛날 방식만 고집한다고 생각합니다. 즉, '메주'는 할머니와 엄마 사이에 갈등을 일으키고(②), 두 인물의 생각 차이를 드러내는(⑤) 소재입니다.

오답 피하기 ❗
③ 메주는 할머니가 고집하는 옛날의 생활 방식을 상징합니다.

2 집에 메주를 매달아 놓으려는 행동과 "아파트 살면 장을 다 사 먹어야 한단 말이여?"라는 말 등을 통해 아파트에 살더라도 손수 장을 담가야 한다고 생각하는 인물은 '할머니'임을 알 수 있습니다.

✏️ **이 문제를 틀렸다면**
인물의 생각은 인물이 한 말이나 행동을 통해 파악할 수 있습니다. '나', 엄마, 할머니의 말과 행동을 살펴봅니다.

3 메주를 매달기 위해 집에 못을 박는 할머니에게 엄마가 "집 꼴은 아무렇게나 돼도 괜찮단 말씀이세요?"라고 소리치며 대들고, 이에 할머니가 "내가 집 꼴을 망치고 있단 말여?"라고 말하며 눈을 부릅뜨고 노여워하는 장면은 이 글에서 인물 간의 갈등이 최고조에 이르러 긴장감이 가장 높은 부분입니다.

오답 피하기 ❗
(1) 할머니는 장을 사 먹으려 하지 않았습니다.
(3) 할머니와 엄마의 갈등이 해소되는 부분은 이 글에 나와 있지 않습니다. 할머니가 빨래 건조대에 메주를 매달아 놓는 장면은 갈등이 지속되고 있음을 보여 줍니다.

4 할머니와 엄마가 다툰 후에 '나'는 둘의 모습을 살피며 누구의 편도 들지 못한 채 안절부절못하고 있습니다. 이를 통해 '나'는 엄마와 할머니가 싸우고 사이가 나빠져 속상한 마음일 것이라고 짐작할 수 있습니다.

오답 피하기 ❗
①, ③, ④ '나'의 말과 행동으로 보아, '내'가 할머니와 엄마에게 실망이나 분노, 원망을 느꼈다고 보기는 어렵습니다.
⑤ '나'는 할머니를 걱정하고 있지만, 이는 할머니가 엄마와 다툰 뒤 속이 상한 것처럼 보였기 때문입니다.

실전 1

소음 공해

1 ⑤   **2** (3) ○   **3** ④

4 ④ 💡 또   **5** (2) ○

6 ❶ 경비원 ❷ 슬리퍼 ❸ 휠체어 ❹ 위층

어휘 다지기

1 (1) ② (2) ③ (3) ①

2 (1) 전갈 (2) 진저리 (3) 역력히

어휘 키우기

3 (1) 친구로서 (2) 함으로써 (3) 한국인으로서

---

1 '나'는 위층의 드르륵거리는 소리를 참다못해 위층 주인에게 발소리를 죽이는 푹신한 슬리퍼를 선물하며 타이르기로 하고 위층으로 올라가 벨을 눌렀습니다. 한참 만에 나온 위층 주인이 휠체어에 앉아 있는 것을 본 '나'는 위층의 소음이 휠체어 때문이었음을 깨닫고 부끄러움을 느꼈습니다. 이렇듯 이 글은 이웃에게 무관심한 현대인의 모습을 묘사함으로써 이웃에 대한 관심과 배려의 필요성을 전하고 있습니다.

✏️ **이 문제를 틀렸다면**

위층 주인을 본 '내'가 슬리퍼를 등 뒤로 감춘 까닭이 무엇일지, 이를 통해 작가가 무엇을 말하고자 했을지 생각해 봅니다.

2 직접 인터폰을 해서 항의하는 '나'에게 위층 주인이 "내 집에서 맘대로 움직이지도 못하나요?"라고 뻔뻔하게 반응하자, '나'는 욕설을 퍼부어도 가라앉지 않을 만큼 화가 났습니다.

오답 피하기 ❗

(1) "난 그 소리 때문에 병이 날 지경이에요."라는 '나'의 말은 실제로 병이 났다는 것이 아니라, 병이 날 정도로 고통받고 있다는 뜻입니다.

(2) '나'는 위층 주인에게 푹신한 슬리퍼를 선물하려 했지만, 휠체어를 탄 위층 주인의 모습을 보고 슬리퍼를 감추었습니다.

3 이 글에는 위층에서 들리는 소음을 둘러싼 '나'와 위층 주인 사이의 갈등이 드러납니다. 경비원은 '나'의 말과 위층 주인의 말을 서로에게 전달해 주는 인물이며, 이 글에 위층 주인과 경비원 사이의 갈등은 나타나지 않습니다.

4 ㉠과 ㉡에서 경비원은 '내'가 왜 인터폰을 했는지 밝히지 않았는데도 '나'의 목소리를 알아채자마자 지레짐작하며 위층이 '또' 시끄럽냐고 물었습니다. 이를 통

해 '내'가 평소에 위층의 소음 문제로 경비원에게 자주 연락했음을 짐작할 수 있습니다.

5 '내'가 장애인 시설에서 자원봉사를 하며 보람을 느낀다는 보기 의 내용으로 보아, '나'는 장애인의 처우를 이해하려는 따뜻한 마음을 가졌음을 알 수 있습니다. 그러나 '나'는 가까운 이웃에게 무관심했기에 위층 주인이 장애인인 것을 몰랐고, 뒤늦게 그 사실을 알고 부끄러움을 느꼈습니다. 그러므로 '나'의 행동과 생각에 대해 (2)와 같이 평가할 수 있습니다.

오답 피하기 ❗

(1) '나'는 위층에서 들리는 소리가 휠체어 바퀴 소리인지 몰랐고 선물하려던 슬리퍼를 감춘 것 역시 장애인에 대한 편견 때문이 아니므로 알맞지 않은 평가입니다.

6 위층에서 드르륵거리는 소리가 멈추지 않자, '나'는 인터폰을 들어 ❶경비원을 통해 항의했습니다. 그래도 소리는 여전했고 결국 직접 위층 주인과 통화해 보았지만, 위층 주인의 뻔뻔한 태도에 화만 났습니다. '나'는 위층 주인에게 ❷슬리퍼를 선물하며 공동생활 규범에 대해 타일러야겠다고 생각하면서 위층에 찾아갔습니다. 그러나 소음의 원인이 위층 주인이 탄 ❸휠체어 바퀴 소리임을 알게 된 '나'는 부끄러워하며 슬리퍼를 감추었습니다.

이 글에는 ❹위층에 사는 이웃의 처지를 모른 채 드르륵거리는 소음에 괴로워하는 '나'와, 장애가 있어 휠체어를 타며 바퀴 소음을 덜 내려고 신경 쓰는 위층 주인이 등장합니다.

어휘 다지기

2 (1)의 빈칸에는 '사람을 시켜 전하는 말이나 안부.'라는 뜻의 '전갈'이, (2)의 빈칸에는 '몹시 싫거나 괴롭거나 끔찍할 때 몸을 떠는 것.'이라는 뜻의 '진저리'가, (3)의 빈칸에는 '감정이나 모습, 기억 등이 또렷하고 분명하게.'라는 뜻의 '역력히'가 들어가는 것이 알맞습니다.

어휘 키우기

3 '-(으)로서'와 '-(으)로써'는 뜻이 다르지만 글자가 비슷하여 헷갈리는 말입니다. (1)에서는 친구라는 지위를 나타낸 것이므로 '친구로서'가 알맞습니다. (2)에서는 좋은 성적을 받는 방법을 나타낸 것이므로 '함으로써'가 알맞습니다. (3)에서는 한국인이라는 자격을 나타낸 것이므로 '한국인으로서'가 알맞습니다.

나비

1 ③ **2** (4) × **3** (1) 어머니 (2) 에밀

4 ③ 💡단호한 **5** 재아

6 ❶ 나비 ❷ 어머니 ❸ 에밀 ❹ 잘못

어휘 다지기

1 (1) ② (2) ① (3) ③

2 (1) 원형 (2) 도리 (3) 멱살

어휘 키우기

3 (1) ∨ (2) ∨

---

1 '나'는 에밀에게 찾아가 자기가 나비를 망가뜨렸다고 밝혔습니다. 에밀은 그 말을 듣고도 화를 내거나 소리를 지르지 않고, 대신 한참 동안 '나'를 쳐다보았습니다.

2 '나'는 훔친 나비를 돌려주러 에밀의 방에 되돌아가지만, 주머니에서 꺼낸 나비가 이미 보기 싫게 망가져 버렸기 때문에 '나'의 갈등은 해소되지 못했습니다.

오답 피하기
(1), (2), (3) 가에서 '나'는 에밀의 나비를 가지고 싶어 마음속으로 갈등하게 되었고, 결국 나비를 훔쳤다가 다시 가져다 놓지만 산산조각이 나 버린 나비를 보고 괴로움을 느끼며 갈등이 더욱 깊어졌습니다.

3 나에는 에밀에게 용서를 구하러 가기를 망설이는 '나'와 당장 에밀에게 잘못을 고백하러 가라는 '어머니' 사이의 갈등이 드러나 있습니다. 다에는 나비를 망가뜨린 사실을 고백하고 용서를 구하는 '나'와 냉담한 태도로 '나'를 비웃으며 용서하지 않는 '에밀' 사이의 갈등이 드러나 있습니다.

✏️ 이 문제를 틀렸다면
나와 다에서 '내'가 어떤 인물과 대립하거나 충돌하고 있는지 찾아봅니다.

4 ㉠의 앞부분에서 어머니는 '나'에게 단호한 목소리로 당장 에밀에게 가서 잘못을 고백하고 용서를 빌라고 말했습니다. 그러나 '나'는 밤이 되도록 에밀에게 가지 못하고 있었습니다. 이러한 상황에서 어머니가 '나'에게 다시 한번 딱 잘라 말한 내용은 당장 에밀에게 용서를 구하러 가라는 말이었을 것입니다. 이는 ㉠의 뒷부분에서 '내'가 마지못해 에밀을 찾아간 것과도 자연스럽게 이어집니다.

✏️ 이 문제를 틀렸다면
㉠의 앞 내용을 통해 ㉠에 들어갈 말을 짐작하고, 짐작한 말이 뒤 내용과 자연스럽게 이어지는지 확인해 봅니다.

5 '나'는 에밀에게 잘못을 고백하며 '내'가 가진 장난감과 지금까지 수집한 나비를 주겠다고 말했지만, 에밀은 '나'를 비웃으며 거절했고, 냉정하고 경멸에 찬 표정으로 '나'를 쳐다보았습니다. 에밀의 이러한 태도로 보아, 에밀이 '나'의 제안을 거절한 것은 '나'를 배려하기 위해서가 아니라 '나'를 무시해서 한 행동일 것입니다.

오답 피하기
선우: '나에게 에밀을 찾아가 용서를 빌라고 여러 번 말하는 어머니의 모습은 정직함을 중요시하는 모습이라고 볼 수 있습니다.
보미: 에밀에게 솔직하게 잘못을 고백하고 용서를 구한 '나'의 행동은 용기 있는 행동이라고 볼 수 있습니다.

6 '나'는 에밀의 ❶나비를 훔치려다 잘못을 깨닫고 에밀의 방으로 돌아가 나비를 가져다 놓았지만, 주머니에서 꺼낸 나비는 망가져 있었습니다. '내'가 어머니께 모든 일을 털어놓자, ❷어머니는 '나'에게 당장 ❸에밀에게 가서 용서를 빌라고 말했습니다. '나'는 에밀을 찾아가 사실을 밝히고 용서를 빌었습니다. 그러나 에밀은 '나'를 비웃으며 용서해 주지 않았고, '나'는 한번 저지른 ❹잘못은 바로잡을 수 없음을 깨달았습니다.
이 글은 '친구의 나비를 훔치려 한 사건으로 인해 '내'가 겪은 갈등과 깨달음'을 주제로 다루고 있습니다.

어휘 다지기

2 (1)의 빈칸에는 '처음 생긴 대로의 모양이나 형태.'라는 뜻의 '원형'이, (2)의 빈칸에는 '어떤 일을 해 나갈 방법.'이라는 뜻의 '도리'가, (3)의 빈칸에는 '목 아래의 옷깃 부분.'이라는 뜻의 '멱살'이 들어가는 것이 알맞습니다.

어휘 키우기

3 '부끄러울 치(恥)'가 사용된 낱말은 (1)의 '치욕(恥辱)'과 (2)의 '염치(廉恥)'입니다. (3)의 '일치(一致)'는 '이를 치(致)'가 사용된 낱말입니다.

비유하는 표현 이해하기

① 시에서 '~처럼', '~같이', '~듯이', '~은/는 ~이다'와 같은 말로 비유한 부분을 찾아봅니다.

② 표현하려는 대상과 빗댄 대상을 찾아 두 대상의 공통점을 떠올려 보고, 그렇게 비유한 까닭을 알아봅니다.

확인 문제
33쪽

1 ㉠, ㉡ **2** 반딧불

1 이 시는 1연에서 수도꼭지를 확 틀었을 때 물이 쏟아져 나오는 소리를 '박수 소리'에 빗대어 은유법으로 표현하였습니다(㉠). 또 2연과 3연에서 "한꺼번에 벼락같이 / 내지르는 탄성처럼", "꾹 참고 또 참았다가 / 쏟아 낸 재채기처럼"이라고 하여 '탄성'과 '재채기'에 빗대어 직유법으로 표현하였습니다(㉡).

✏️ **이 문제를 틀렸다면**

'수도꼭지에서 물이 쏟아져 나오는 소리'에 어떤 특성이 있는지 생각해 보고, 같은 특성을 가진 대상을 찾아봅니다.

2 2연의 "그믐밤 반딧불은 / 부서진 달 조각,"은 은유법이 쓰인 부분으로, '~은 ~이다'의 형식을 사용하여 꽁무니에서 빛을 내는 반딧불을 환하게 빛나는 달의 조각에 빗대어 표현하였습니다.

✏️ **이 문제를 틀렸다면**

비유하는 표현을 찾을 때는 '~처럼', '~같이', '~듯이'와 같은 말이나 '~은/는 ~이다'의 형식을 사용한 표현이 있는지 찾아봅니다. 그리고 표현하려는 대상과 빗댄 대상 사이의 공통점이 무엇인지 생각해 봅니다.

연습
34~35쪽

처음 안 일

1 선아 **2** (2) × **3** ③ 💡직유법

4 ④

1 이 시는 말하는 이가 지하철 보도 계단에서 만난 거지 아저씨를 그냥 지나치고 집에 돌아온 후에 다른 사람을 돕는 일이 어렵다는 것을 깨달은 경험을 표현하고 있습니다. 이는 4연의 "마음 한 귀퉁이 / 잘라 주기가 어려운 걸 / 처음 알았다."에서 직접적으로 드러납니다.

✏️ **이 문제를 틀렸다면**

문학 작품에서 '주제'란 작가가 작품을 통해 전하고자 하는 중심 내용을 뜻합니다. '작가가 이 시를 통해 전하려고 하는 것이 무엇일까?'를 생각하며 시를 읽어 봅니다.

2 2연에서 말하는 이는 거지 아저씨의 텅 빈 손에 동전 하나 놓아 줄까 망설이다가 그냥 지나쳤습니다.

오답 피하기 ❗

(1) "지하철 보도 계단 맨바닥에"라는 말에서 1연의 공간적 배경을 알 수 있습니다.

(3) "집에 와서야 / 가슴이 비어 있음을 알았다."를 통해 말하는 이가 지하철 보도를 지날 때 자신이 했던 행동을 집에 와서 되돌아보았음을 알 수 있습니다.

(4) 말하는 이는 거지 아저씨를 돕지 못하고 그냥 집에 와 버린 뒤 선뜻 도움의 손길을 내미는 행동이 얼마나 어려운지 깨달았을 것입니다. 따라서 마음 한 귀퉁이를 잘라 준다는 것은 '누군가를 돕는 것'을 의미합니다.

3 ㉠은 '~처럼'이라는 말을 사용하여, 거지 아저씨가 내밀고 있는 텅 빈 손을 아무것도 움켜쥐지 못하고 쫙 퍼진 나뭇잎들의 손에 빗대어 직유법으로 표현한 것입니다.

4 1연에서 말하는 이는 거지 아저씨의 손이 비어 있는 것을 보고 안타까움을 느껴 2연에서 동전을 하나 놓아 줄까 망설였을 것입니다. 3연에서는 거지 아저씨를 그냥 지나치고 집에 돌아와 가슴이 비어 있는 것 같다고 생각하였으므로, 거지 아저씨에게 미안함을 느꼈을 것입니다. 4연에서 말하는 이는 마음 한 귀퉁이를 잘라 주기가 어려운 것을 처음 알았다고 하였으므로, 남을 도와주는 일이 어렵다는 사실을 깨달았을 것입니다.

돌담에 속삭이는 햇발

1 ②　　　　　　**2** ③

3 ②, ⑤　💡은유법　　**4** (4)◯　　**5** ⑤

6 ❶ 샘물　❷ 부끄럼　❸ 하늘　❹ 세(3)

어휘 다지기

1 (1)③ (2)② (3)①

2 (1) 고요히　(2) 살포시　(3) 햇발

어휘 키우기

3 (1) V　(2) V

---

1 이 시는 1연과 2연 모두 1, 2행은 '~같이'로 끝나고, 4행은 '~고 싶다.'로 끝나 두 연이 비슷한 구조를 이루고 있습니다.

오답 피하기 ❗
① '햇발', '봄 길', '물결', '고요히', '살포시', '보드레한' 등의 시어에서 따뜻하고 평화로운 분위기가 느껴집니다.
③ 각 연의 1, 2행에서 '~같이'가 반복되고, 4행에서 '~고 싶다.'가 반복되어 리듬감이 느껴집니다.
④ 1연에서 사람이 아닌 '햇발'이 속삭이고, '샘물'이 웃음 짓는다고 표현하고 있습니다.
⑤ '살포시', '보드레한'은 한자어나 외래어가 아닌 순우리말의 아름다움이 느껴지는 시어입니다.

2 이 시에는 물결을 타고 노느라 옷이 젖는 내용이 나오지 않습니다.
참고로, 2연 2행의 "시의 가슴에 살포시 젖는 물결같이"에서 '시의 가슴'은 시의 정서가 가득한 순수한 마음을 의미합니다.

오답 피하기 ❗
① 1연의 "돌담에 속삭이는 햇발같이"에서 떠올릴 수 있습니다.
② 1연의 "풀 아래 웃음 짓는 샘물같이"에서 떠올릴 수 있습니다.
④ 2연의 "새악시 볼에 떠오는 부끄럼같이"에서 떠올릴 수 있습니다.
⑤ 2연의 "보드레한 에메랄드 얇게 흐르는 / 실비단 하늘"에서 떠올릴 수 있습니다.

3 ㉠~㉣은 모두 '~같이'라는 말을 사용하여 대상을 다른 대상에 직접적으로 빗댄 표현으로, 직유법이 쓰였습니다(⑤). '천사처럼 고운 아기' 역시 '~처럼'을 사용하여 '고운 아기'를 '천사'에 직접적으로 빗댄 표현입니다(②).

오답 피하기 ❗
①, ④ 대상을 다른 대상에 간접적으로 빗대어 표현하는 방법인 은유법은 '~은/는 ~이다'의 형식을 사용합니다.
③ '돌담'이 아닌 '내 마음'을 빗대어 표현하고 있습니다.

4 '보드레한 에메랄드'는 에메랄드의 부드러운 감촉을 마치 손으로 만지듯이 표현한 것입니다.

오답 피하기 ❗
(2) 소리를 귀로 듣듯이 표현한 청각적 표현이 사용된 말입니다.

5 1연에서 말하는 이가 우러르고 싶다고 한 것은 '하늘'이고, 2연에서 에메랄드와 실비단으로 표현된 것도 '하늘'입니다. 이 시에서 '하늘'은 말하는 이가 우러르고 싶은 대상, 즉 간절하게 소망하는 대상으로 아름답고 고운 세상을 뜻합니다.

✒️ **이 문제를 틀렸다면**
시에서 말하는 이가 우러르고 싶고 바라보고 싶다고 한 대상이 무엇인지 찾아봅니다.

6 말하는 이는 1연에서 햇발같이, ❶샘물같이 오늘 하루 하늘을 우러르고 싶다고 하였고, 2연에서 ❷부끄럼같이, 물결같이 실비단 하늘을 바라보고 싶다고 하였습니다. 이를 통해 이 시의 주제는 '❸하늘을 소망하는 마음'임을 알 수 있습니다.
이 시에서는 '돌담에∨속삭이는∨햇발같이'처럼 대체로 ❹세(3) 마디씩 끊어 읽게 되어 읽을 때 리듬감이 느껴집니다.

어휘 다지기

2 (1)의 빈칸에는 '마음이나 상태 등이 조용하고 평화롭게.'라는 뜻의 '고요히'가, (2)의 빈칸에는 '포근하게 살며시.'라는 뜻의 '살포시'가, (3)의 빈칸에는 '사방으로 퍼지는 햇살.'이라는 뜻의 '햇발'이 들어가는 것이 알맞습니다.

어휘 키우기

3 (1)에 쓰인 '실눈'은 '눈'에 '실-'이 붙어 '가늘고 작은 눈.'이라는 뜻을 가지는 낱말이고, (2)에 쓰인 '실개천'은 '개천'에 '실-'이 붙어 '폭이 매우 좁고 작은 개천.'이라는 뜻을 가지는 낱말입니다. (3)에 쓰인 '실시간'은 '실제 흐르는 시간과 같은 시간.'이라는 뜻으로, 제시된 '실-'이 붙어 만들어진 낱말이 아닙니다.

호랑나비 돛배

1 ②   **2** (1)×   **3** ③, ⑤

4 ④ 💡몇 배   **5** (1)○

6 ❶ 개미 ❷ 돛배 ❸ 날개 ❹ 은유법 ❺ 직유법

어휘 다지기

1 (1)② (2)① (3)③

2 (1)점 (2)목조 (3)돛

어휘 키우기

3 (1) V

---

1 이 시에서 말하는 이는 개미 한 마리가 나타나 계단 위에 떨어진 호랑나비 날개 한 짝을 입에 물고 가는 모습을 보았습니다.

오답 피하기 🔔

① 말하는 이는 홀로 산길을 올랐습니다(1행).

③, ⑤ 이 시에 춤추는 호랑나비나 구름이 떠가는 하늘의 풍경은 나타나 있지 않습니다.

④ 개미 한 마리가 제 몸의 몇 배나 되는 호랑나비 날개를 쳐들었습니다(5행, 9~10행).

2 직유법은 '~처럼', '~같이', '~듯이'와 같은 말을 사용하여 대상을 다른 대상에 직접적으로 빗대어 표현하는 것이므로, ㉠에 쓰인 표현 방법이 아닙니다.

오답 피하기 🔔

(2), (3), (4) ㉠은 '~는 ~이다'의 형식을 사용하여, 개미가 기우뚱대며 물고 가는 호랑나비 날개를 바람을 받아 기우뚱대며 나아가는 돛에 빗대어 은유법으로 표현한 부분입니다.

3 ㉡에서는 '기우뚱'과 같이 흉내 내는 말을 사용하여 호랑나비 날개를 문 개미가 산길을 가는 모습을 실감 나게 표현하고 있습니다(③). 또 ㉠에서 호랑나비 날개를 돛에 비유했듯이, ㉡에서는 개미가 호랑나비 날개를 물고 가는 모습을 '개미를 태운 호랑나비 돛배'라고 하여 돛배에 빗대어 표현하고 있습니다(⑤).

✏️ **이 문제를 틀렸다면**

㉡에서 '돛배'는 실제 돛배를 뜻하는 것이 아니라 빗댄 대상임을 이해하고, 말하는 이가 어떤 대상을 돛배에 빗대어 표현하려 했을지 생각해 봅니다.

4 말하는 이는 자기 몸보다 몇 배나 큰 호랑나비 날개를 물고 가볍게 산길을 가는 개미의 모습을 근사한 돛을 단 돛배라고 표현하고 있습니다. 이를 통해 말

하는 이가 개미를 근사하고 기특한 마음으로 바라보고 있음을 알 수 있습니다.

5 보기 의 '담쟁이'는 어쩔 수 없다고 여겨지는 절망의 벽을 서두르지 않고 말없이 오릅니다. 그리고 이 시에서 '개미'는 자기 몸보다 몇 배나 큰 호랑나비 날개를 물고 산길을 갑니다. 이러한 '개미'와 '담쟁이'의 모습은 모두 작은 몸으로 하기 어려운 일을 해내는 모습입니다.

오답 피하기 🔔

(1) 보기 의 '담쟁이'는 말없이 벽을 오른다고 하여 사람처럼 표현되어 있으나, 이 시의 '개미'는 그렇지 않습니다.

(3) 이 시의 '개미'와 보기 의 '담쟁이' 모두 어려운 일을 포기하지 않고 해내는 긍정적인 존재로 그려져 있습니다.

6 1~13행에서는 ❶개미 한 마리가 나타나 땅에 떨어진 호랑나비 날개를 입에 물고 번쩍 쳐드는 모습을 그리고 있습니다. 말하는 이는 이 모습을 보고 호랑나비 날개를 근사한 돛이라고 표현하였습니다. 14~20행에서는 개미가 호랑나비 날개를 물고 기우뚱대며 산길을 가는 모습을 그리고 있습니다. 말하는 이는 이렇게 개미가 호랑나비 날개를 물고 가는 모습을 개미를 태운 ❷돛배라고 표현하였습니다. 이를 통해 알 수 있는 이 시의 주제는 '제 몸보다 몇 배나 큰 호랑나비 ❸날개를 물고 가는 개미의 모습'입니다.

이 시에는 "날개는 근사한 돛이다."와 같이 ❹은유법을 사용한 표현과 "바람을 받는 돛배처럼"과 같이 ❺직유법을 사용한 표현이 나타납니다. 이러한 비유적 표현을 읽으면 대상이 참신하고 실감 나게 느껴집니다.

어휘 다지기

2 (1)의 빈칸에는 '아주 적은 양을 나타내는 말.'이라는 뜻의 '점'이, (2)의 빈칸에는 '나무로 만든 물건.'이라는 뜻의 '목조'가, (3)의 빈칸에는 '배 바닥에 기둥을 세운 후 매다는 넓은 천.'이라는 뜻의 '돛'이 들어가는 것이 알맞습니다.

어휘 키우기

3 '받다'는 형태는 같지만 뜻이 서로 다른 동형어입니다. 제시된 문장에서 '받다'는 '빛, 볕, 열이나 바람 등의 기운이 닿다.'라는 뜻이며, 이와 같은 뜻의 '받다'가 쓰인 것은 (1)입니다. (2)와 (3)에서는 '머리나 뿔 등으로 세차게 부딪치다.'라는 뜻의 '받다'가 쓰였습니다.

설명 방법 알기
: 정의, 예시, 열거, 인과

① 글에서 설명하는 대상이 무엇인지 파악합니다.
② 대상의 특징을 잘 드러내기 위해 어떤 설명 방법을 사용했는지 살펴봅니다.

확인 문제
45쪽

1 마찰력, 스포츠   **2** (1) ㉠, ㉢, ㉣ (2) ㉡ (3) ㉤

1 이 글은 마찰력이 경기력을 좌우하는 동계 스포츠 종목인 쇼트트랙과 컬링에 대해 설명하고 있습니다.

✏️ **이 문제를 틀렸다면**
설명하는 글에서 설명 대상은 보통 1문단에 나타나 있습니다. 1문단에서 이 글의 설명 대상을 찾아봅니다.

2 ㉠, ㉢, ㉣은 각각 마찰력, 쇼트트랙, 컬링의 뜻을 쉽게 풀어서 설명하고 있으므로 정의의 설명 방법을 사용한 문장입니다. ㉡은 마찰력이 경기력을 좌우하는 스포츠의 대표적인 예로 쇼트트랙과 컬링을 들고 있으므로 예시의 설명 방법을 사용한 문장입니다. ㉤은 브룸으로 빙판을 문지르면 마찰력이 작아진다는 원인과 그로 인해 스톤이 더 멀리까지 미끄러진다는 결과를 중심으로 설명하고 있으므로 인과의 설명 방법을 사용한 문장입니다.

✏️ **이 문제를 틀렸다면**
㉠~㉤이 각각 대상의 뜻을 밝혀 풀이하는지(정의), 대상과 관련된 예를 제시하는지(예시), 대상에 대해 원인과 결과의 관계를 중심으로 설명하는지(인과) 파악해 봅니다.

연습
46~47쪽

세상을 바꾸는 공유 경제

1 ②   **2** ③   **3** ⑤ 💡나열

4 경수

1 이 글은 공유 경제 서비스의 뜻과 사례, 장점, 문제점, 현황과 전망 등을 설명하는 글입니다.

오답 피하기 🔔
①, ⑤ 친환경적 소비와 합리적인 소비 방식은 공유 경제 서비스의 장점으로 언급된 내용이지, 이 글에서 주로 설명하는 대상이 아닙니다.
③ 공공 자전거 제도는 공유 경제 서비스의 한 사례일 뿐, 이 글의 설명 대상이 아닙니다.
④ 2문단에서 물건을 가진 사람과 빌릴 사람을 연결하는 온라인 공간이 많아지면서 공유 경제 서비스가 빠르게 확산하였다는 내용이 나오지만, 이 글에서 온라인 거래 서비스를 설명하고 있지는 않습니다.

2 4문단의 마지막 문장에 따르면, 공유 경제 서비스가 기존에 물건을 생산하던 업체의 이익을 침해하여 사회적 갈등이 나타나기도 합니다.

✏️ **이 문제를 틀렸다면**
①은 1문단을, ②는 2문단을, ④는 3문단을, ⑤는 5문단을 읽으며 확인해 봅니다.

3 ㉠은 공공 자전거 제도의 의미를 쉽게 풀어서 설명한 문장으로, 정의의 설명 방법을 사용하였습니다. ㉡은 공유 경제 서비스를 둘러싼 문제점 세 가지를 나열하여 설명한 부분으로, 열거의 설명 방법을 사용하였습니다.

4 공유 경제 서비스는 다른 사람의 물건을 사서 쓰는 것이 아니라 빌려 쓰는 서비스입니다. 따라서 다른 사람이 사용했던 물건을 사서 쓰기 때문에 안전 문제가 발생할 수 있겠다고 짐작하는 것은 알맞지 않습니다.

오답 피하기 🔔
지영: 공유 경제 서비스의 뜻(1문단)으로 보아, 자신이 타던 자전거를 다른 사람에게 빌려주는 것은 공유 경제 서비스에 해당한다고 볼 수 있습니다.
찬희: 공유 경제 서비스가 기존 업체의 이익을 침해하기도 한다는 내용(4문단)을 통해 짐작할 수 있습니다.
진주: 물건을 빌려줄 사람과 빌릴 사람을 연결해 주는 온라인 공간이 많아지면서 공유 경제 서비스가 확산되었다는 내용(2문단)을 통해 짐작할 수 있습니다.

실전 1

직선보다 강한 곡선, 아치

1 ②　　　　　**2** ③　　　　　**3** (1) ◯, (4) ◯

4 (1) ⓒ (2) ⓐ (3) ⓑ 💡오지　　**5** ④

6 ❶ 아치 ❷ 분산 ❸ 원호 ❹ 캔

어휘 다지기

1 (1) ① (2) ② (3) ③

2 (1) 균열 (2) 교향곡 (3) 철골

어휘 키우기

3 (2) ∨ (3) ∨

---

1 이 글에는 아치의 예술적 가치에 대한 내용이 나와 있지 않습니다.

오답 피하기 💡
① 아치는 윗부분이 곡선형이 되도록 자재를 쌓아 올린 구조입니다(**1**문단).
③ 아치 구조에서는 윗부분을 누르는 힘이 아치의 곡선을 따라 주변 기둥과 땅으로 분산되기 때문에 건축물의 무게를 더 많이 지탱할 수 있습니다(**2**문단).
④ 생활 속에서 찾아볼 수 있는 아치형 구조에는 사람의 발바닥, 탄산음료 캔의 바닥 등이 있습니다(**4**문단).
⑤ 아치의 형태는 시대에 따라 원호 아치, 첨두 아치, 오지 아치로 변화하였습니다(**3**문단).

2 **2**문단에 따르면, 누르는 힘이 가해질 때 평평한 윗부분에 힘이 집중되는 구조는 아치형이 아닌 네모 모양의 구조물입니다.

3 **1**문단은 "'아치'란 윗부분이 곡선형이 되도록 자재를 쌓아 올린 구조를 말합니다."에서 아치가 무엇인지를 정의의 방법으로 설명하였습니다. 그리고 **4**문단에서는 사람의 발바닥과 탄산음료의 캔 바닥 등 건축물이 아닌 아치형 구조의 사례를 예시의 방법으로 설명하였습니다.

오답 피하기 💡
(2) **2**문단에서는 아치의 원리와 그 효과를 인과의 방법으로 설명하였고, 아치의 과학적 원리를 적용한 고대 로마의 건축물을 예시의 방법으로 설명하였습니다.
(3) **3**문단에서는 시대에 따라 달라진 아치의 형태를 열거의 방법으로 설명하였습니다.

4 (1)은 볼록한 곡선과 오목한 곡선으로 이루어져 있으므로 오지 아치(ⓒ)입니다. (2)는 윗부분이 반원 모양인 것으로 보아 원호 아치(ⓐ)입니다. (3)은 윗부분의

꼭대기가 뾰족한 모양이므로 첨두 아치(ⓑ)입니다.

✏️ **이 문제를 틀렸다면**
3문단에서 원호 아치, 첨두 아치, 오지 아치의 형태가 각각 어떤 특징을 가지고 있는지 확인해 봅니다.

5 이 글의 **4**문단에서 발바닥의 아치형 구조는 걸을 때마다 발에 가해지는 체중을 분산하는 역할을 한다고 하였습니다. 보기 에서 설명한 평발은 발바닥이 아치형을 이루지 못한 발이므로, 평발을 가진 사람은 걸을 때 체중이 분산되지 않고 발에 고스란히 집중되어 발이 쉽게 피로해질 것입니다.

오답 피하기 💡
①, ②, ③ 평발을 가진 사람이 발바닥이 두껍거나 발바닥의 면적이 넓거나 발에 힘을 잘 주지 못하는 것은 아닙니다.
⑤ 발바닥의 아치형 구조는 몸의 균형을 잡아 주는 역할을 한다고 하였으므로, 평발을 가진 사람이 아니라 일반적인 발을 가진 사람이 몸의 균형을 더 잘 유지할 수 있을 것입니다.

6 1문단은 고대 로마에서 견고하고 거대한 건축물을 짓기 위해 윗부분이 곡선형이 되도록 자재를 쌓아 올린 구조인 ❶아치를 활용하였다는 내용입니다. 2문단은 아치는 윗부분을 누르는 힘이 아치의 곡선을 따라 ❷분산되어 건축물의 무게를 더 많이 지탱할 수 있다는 내용입니다. 3문단은 고대 로마에서 ❸원호 아치를 주로 사용하였고, 이후 첨두 아치와 오지 아치 등으로 발전하다가 근대에 와서는 아치의 모양과 크기가 더욱 자유로워졌다는 내용으로, 시대에 따라 달라진 아치의 형태를 설명하고 있습니다. 4문단은 사람의 발바닥, ❹캔의 바닥 등에서도 아치의 형태를 찾아볼 수 있다는 내용입니다.

어휘 다지기

2 (1)의 빈칸에는 '거북의 등에 있는 무늬처럼 갈라져 터짐.'이라는 뜻의 '균열'이, (2)의 빈칸에는 '관현악을 위하여 만든 규모가 큰 곡.'이라는 뜻의 '교향곡'이, (3)의 빈칸에는 '철재로 된 건축물의 뼈대.'라는 뜻의 '철골'이 들어가는 것이 알맞습니다.

어휘 키우기

3 '모을 집(集)'이 사용된 낱말은 (2)의 '집단(集團)'과 (3)의 '집대성(集大成)'입니다. (1)의 '집필(執筆)'은 '잡을 집(執)'이 사용된 낱말입니다.

논증의 오류

1 ②   **2** (3)×   **3** ③ 💡예시

4 ㉠   **5** ④

6 ❶오류 ❷일반화 ❸합성 ❹근거

어휘 다지기

1 (1)② (2)① (3)③

2 (1) 정당성 (2) 속성 (3) 피장파장

어휘 키우기

3 (1)㉡ (2)㉠ (3)㉢

---

1 이 글은 논증의 오류 가운데 대표적인 세 가지 오류를 설명하기 위해 쓴 글입니다.

2 4문단에 따르면 자신이 옳다는 근거를 제시하는 대신, 다른 사람의 잘못을 지적하거나 도덕성을 공격하여 자기주장의 정당성을 확보하는 것은 올바른 논증이 아닌 피장파장의 오류를 저지른 것입니다.

✎ **이 문제를 틀렸다면**
(1)은 1문단을, (2)는 5문단을, (4)는 3문단을 읽으며 확인해 봅니다.

3 1문단에서는 논증과 논증의 오류의 뜻을 정의의 방법으로 설명하고 있습니다. 2, 3, 4문단에서는 각각 성급한 일반화의 오류, 합성의 오류, 피장파장의 오류의 뜻을 정의의 방법으로 설명한 뒤, 각각에 해당하는 사례를 예시의 방법으로 설명하고 있습니다. 마지막으로 5문단에서는 논증의 오류의 문제점을 논증의 오류가 비논리적이라는 원인과, 그래서 잘못된 판단으로 이어질 수 있다는 결과를 밝혀 인과의 방법으로 설명하고 있습니다.

4 제시된 사례에서는 친한 친구들 다섯 명 중에 네 명이 나중에 커서 '연예인'이 되고 싶다고 답한 자료를 근거로 들어, 초등학생들이 가장 선호하는 직업이 연예인이라는 결론을 내렸습니다. 이는 대표성이 없는 자료나 일부의 사례를 가지고 곧바로 결론을 내린 것으로, '성급한 일반화의 오류'의 사례에 해당합니다.

✎ **이 문제를 틀렸다면**
"초등학생들이 가장 선호하는 직업은 연예인이다."라는 결론을 내리게 된 근거가 부적절한 까닭을 생각해 봅니다.

5 동우는 청소 시간에 놀다가 호현이에게 지적을 받자,

다른 사람인 준형이의 잘못을 들어 자신의 잘못을 정당화하는 피장파장의 오류를 보이고 있습니다. ④는 다른 사람이 잘못을 저질렀다는 사실이 자기의 잘못을 정당화해 주지 않는다는 점을 잘 짚고 있으므로 적절한 조언입니다.

오답 피하기 👎

① 성급한 일반화의 오류를 보이는 사람에게 해 줄 수 있는 조언입니다.

② 권위 있는 전문가의 의견을 그대로 따르는 것은 논증의 오류를 피하는 방법이 아닙니다.

③ 합성의 오류를 보이는 사람에게 해 줄 수 있는 조언입니다.

⑤ 다른 사람이 아닌 동우 자신이 논증의 오류를 보이고 있으므로 이를 피할 방법을 조언하는 것이 적절합니다.

6 1문단에서는 근거가 적절하지 않음에도 자신의 주장이 옳다고 결론짓는 것을 논증의 ❶오류라고 하였습니다. 2문단에서는 대표성이 없는 자료나 일부의 사례를 가지고 곧바로 결론을 내리는 성급한 ❷일반화의 오류를, 3문단에서는 부분이 옳음을 근거로 하여 전체도 옳을 것이라고 단정하는 ❸합성의 오류를, 4문단에서는 다른 사람의 잘못을 들어 자신의 잘못을 정당화하는 피장파장의 오류를 설명하였습니다. 5문단에서는 이와 같은 논증의 오류는 잘못된 판단으로 이어질 수 있으므로 논증을 할 때는 정확하고 객관적인 ❹근거를 들고, 다른 사람의 논증을 평가할 때는 비판적으로 검토해야 한다고 하였습니다.

어휘 다지기

2 (1)의 빈칸에는 '이치에 맞아 올바른 성질.'이라는 뜻의 '정당성'이, (2)의 빈칸에는 '사물의 특징이나 성질.'이라는 뜻의 '속성'이, (3)의 빈칸에는 '두 편이 서로 낫고 못함이 없음.'이라는 뜻의 '피장파장'이 들어가는 것이 알맞습니다.

어휘 키우기

3 '내리다'는 한 낱말이 여러 가지 뜻을 가진 다의어입니다. (1)에는 탈것에서 땅으로 옮아간다는 ㉡의 뜻이, (2)에는 비가 온다는 ㉠의 뜻이, (3)에는 판단을 한다는 ㉢의 뜻이 알맞습니다.

5

설명 방법 알기: 비교, 대조

① 글에서 설명하는 대상이 무엇인지 파악합니다.

② 설명하는 대상들의 공통점을 찾아 설명했다면 비교이고, 차이점을 찾아 설명했다면 대조입니다.

확인 문제

57쪽

1 반가 사유상 **2** (1) ② (2) ①

1 이 글은 국립 중앙 박물관의 '사유의 방'에 전시되어 있는 <u>반가 사유상</u> 두 점의 공통점과 차이점을 설명하는 글입니다.

✏️ **이 문제를 틀렸다면**

설명하는 대상은 글에서 여러 번 반복되는 말인 경우가 많습니다. **1**~**3**문단에서 여러 번 반복되는 말이 무엇인지 찾아봅니다.

2 **2**문단에서는 두 반가 사유상이 전반적으로 비슷한 모습이고, 삼국 시대에 제작된 금동불이며, 우리나라의 국보라고 하였습니다. 이는 대상들의 공통점을 찾아 설명하는 비교의 설명 방법을 사용한 것입니다 (②). **3**문단에서는 두 반가 사유상의 제작 시기가 각각 6세기 후반과 7세기 전반으로 다르고, 세부적인 특징과 크기에도 차이가 있다고 하였습니다. 이는 대상들의 차이점을 찾아 설명하는 대조의 설명 방법을 사용한 것입니다(①).

✏️ **이 문제를 틀렸다면**

2문단과 **3**문단에서 다루는 내용이 두 반가 사유상의 공통점인지, 차이점인지 파악해 봅니다.

58~59쪽

닮은 듯 서로 다른 두 나라

1 ③   **2** ②

3 ⑤ 💡 공통점, 차이점   **4** (2) ○

1 이 글은 우리나라와 중국 두 나라의 식문화에서 나타나는 공통점과 차이점을 설명하고 있습니다.

⚠️ **오답 피하기**

①, ②, ④, ⑤ 이 글에서 부분적으로 언급하기는 하지만, 주로 설명하는 대상은 아닙니다.

2 **4**문단에 따르면 중국에서는 국물 요리보다 볶음 요리나 튀김 요리가 발달하여 숟가락을 거의 사용하지 않습니다. 숟가락으로 밥과 국을 떠먹는 것은 우리나라입니다.

✏️ **이 문제를 틀렸다면**

①과 ⑤는 **3**문단을, ③은 **2**문단을, ④는 **1**문단을 읽으며 확인해 봅니다.

3 **1**문단은 우리나라와 중국이 공유하는 문화들을 설명하였고, **2**문단은 두 나라가 쌀을 주식으로 하는 밥 문화권이라는 점을 설명하였으며, **3**문단은 두 나라 모두 젓가락을 사용한다는 점을 설명하였습니다. 즉, **1**~**3**문단은 두 나라의 공통점을 중심으로 설명하였으므로, 비교의 설명 방법을 사용한 문단입니다. 한편, **4**문단은 우리나라에서는 식사할 때 숟가락을 사용하지만 중국은 거의 사용하지 않는다고 하여 두 나라의 차이점을 중심으로 설명하였으므로, 대조의 설명 방법을 사용한 문단입니다.

4 **2**문단을 보면 조선 시대부터 쌀이 여러 곡류 가운데 대표를 차지하게 되었다고 하였습니다. 그러므로 조선 시대 이전에도 쌀농사를 짓기는 했지만, 그때는 쌀보다 다른 곡류를 더 많이 먹었을 것이라고 짐작할 수 있습니다.

⚠️ **오답 피하기**

(1) **4**문단을 보면 국물 요리가 발달한 우리나라에서는 식사할 때 숟가락과 젓가락을 동시에 사용하고, 볶음 요리나 튀김 요리가 발달한 중국에서는 거의 젓가락만 사용한다고 하였습니다. 그러므로 식사 도구에 따라 발달하는 요리가 달라지는 것이 아니라, 발달한 요리에 따라 식사 도구가 달라지는 것이라고 짐작할 수 있습니다.

(3) 이 글에는 밀가루로 만든 빵에 대한 내용이 나오지 않습니다.

14 용선생 추론독해 5단계

실전 1

세균과 바이러스

1 ④ **2** (1) ㉮, ㉰ (2) ㉯, ㉱ 💡바이러스

3 ③ **4** (2) ○ **5** ②, ④

6 ❶ 세균 ❷ 크기 ❸ 생명 ❹ 항생제

어휘 다지기

1 (1) ③ (2) ① (3) ②

2 (1) 세포 (2) 엄연히 (3) 미생물

어휘 키우기

3 (1) V (3) V

---

1 ❹문단에 따르면 항바이러스제는 바이러스가 증식하는 데 필요한 물질을 억제하는 역할을 함으로써 바이러스가 더 늘어나지 못하게 합니다.

✏️ **이 문제를 틀렸다면**

①은 ❷문단을, ②는 ❸문단을, ③은 ❺문단을, ⑤는 ❶문단을 읽으며 확인해 봅니다.

2 세균은 그 크기가 1~5마이크로미터이고(㉮), 감염되었을 때 항생제로 치료합니다(㉰). 한편 바이러스는 세포가 없고 유전 물질과 단백질로만 이루어져 있어서(㉱), 스스로 생존하거나 번식할 수 없습니다(㉯).

3 세균과 바이러스라는 두 대상에 대해 ❷문단은 크기에서의 차이점을, ❸문단은 생존 방식에서의 차이점을, ❹문단은 감염되었을 때 치료하는 방법에서의 차이점을 찾아 설명하고 있습니다. 따라서 ❷~❹문단에서 사용한 설명 방법은 대조입니다.

오답 피하기 🔔

①, ⑤ 세균과 바이러스의 뜻, 세균과 바이러스가 질병을 일으키는 원리는 이 글에서 다루고 있지 않습니다.

② ❶문단에서 사용한 설명 방법입니다.

④ 세균과 바이러스의 위험성은 ❶문단에 나와 있으나, 예시의 설명 방법을 사용하지는 않았습니다.

4 글의 흐름으로 보아 ㉠에는 세균과 바이러스의 차이를 잘 알아 두어야 하는 까닭이 들어가야 합니다. ㉠의 뒤 내용인 "건강을 지키려면"을 고려하면, ㉠에는 '치료 방법이 다르므로'가 들어가는 것이 자연스럽습니다.

오답 피하기 🔔

(1), (3) 건강을 지키기 위해 세균과 바이러스의 차이를 알아 두어야 하는 까닭으로 적절하지 않습니다.

5 코로나19의 원인인 코로나바이러스는 바이러스의 일종이므로 항생제로 치료하지 않을 것이며(②), 단순히 손에 묻는 것만으로는 전염되지 않고 코나 입을 통해 사람의 세포에 들어가야만 전염이 될 것입니다(④).

오답 피하기 🔔

① 바이러스는 눈에 보이지 않으므로 현미경으로만 관찰할 수 있을 것입니다.

③ 바이러스는 몸속에 들어와 질병을 일으킬 수 있으므로 마스크를 써서 코와 입을 가리는 것은 코로나19를 예방하는 방법이 될 수 있습니다.

⑤ 바이러스는 스스로 생명 활동을 할 수 없으므로 다른 생명체의 세포에 들어가지 못하고 공기 중에 오래 있으면 생존할 수 없을 것입니다.

6 1문단에서 ❶세균과 바이러스는 비슷해 보이지만 그 특성이 매우 다르다고 하였습니다. 2문단에서는 일반적으로 세균의 ❷크기는 1~5마이크로미터이지만 바이러스의 크기는 0.003~0.05마이크로미터라는 점을, 3문단에서는 세균은 스스로 ❸생명 활동을 하지만 바이러스는 살아 있는 다른 생명체의 세포에 들어가야 생존할 수 있다는 점을, 4문단에서는 세균은 ❹항생제로 치료하지만 바이러스는 항바이러스제로 치료한다는 점을 설명하였습니다. 5문단에서는 세균과 바이러스는 엄연히 다른 존재이며 건강을 지키려면 둘의 차이를 잘 알아 두어야 한다고 하였습니다.

어휘 다지기

2 (1)의 빈칸에는 '생물체를 이루는 기본 단위.'라는 뜻의 '세포'가, (2)의 빈칸에는 '누구도 부인할 수 없을 정도로 명백하게.'라는 뜻의 '엄연히'가, (3)의 빈칸에는 '맨눈으로 볼 수 없는 아주 작은 생물.'이라는 뜻의 '미생물'이 들어가는 것이 알맞습니다.

어휘 키우기

3 (1)에 쓰인 '항균'은 '균'에 '항-'이 붙어 '균에 저항함.'이라는 뜻을 가지는 낱말이고, (3)에 쓰인 '항암'은 '암'에 '항-'이 붙어 '암세포의 증식을 억제하거나 암세포를 죽임.'이라는 뜻을 가지는 낱말입니다. (2)에 쓰인 '항구'는 '배가 안전하게 드나들도록 강가나 바닷가에 부두 등을 설비한 곳.'이라는 뜻으로, 제시된 '항-'이 붙어 만들어진 낱말이 아닙니다.

달력에 담긴 천체의 움직임

1 ④   **2** ③   **3** ①

4 윤년, 4년 💡 4년계   **5** ①

6 ❶ 음력 ❷ 달력 ❸ 윤년 ❹ 달 ❺ 양력

어휘 다지기

1 (1) ② (2) ① (3) ③

2 (1) 주기 (2) 천체 (3) 오차

어휘 키우기

3 (1) 걷혔다 (2) 거치고 (3) 거쳐

---

1 이 글에서 설명하는 대상은 양력과 음력의 차이입니다. 제목에는 글 전체에서 주로 다루는 대상을 드러내는 것이 좋으므로, '양력과 음력은 무엇이 다를까?'가 바꾸어 쓸 제목으로 가장 알맞습니다.

2 **1**문단의 "음력 1월 1일인 설과 음력 8월 15일인 추석의 양력 날짜가 매년 바뀌는 것도 이 때문입니다."를 통해 설과 추석의 음력 날짜는 각각 1월 1일과 8월 15일로 매년 동일하고, 양력 날짜가 매년 바뀐다는 것을 알 수 있습니다.

✏️ **이 문제를 틀렸다면**
①은 **3**문단을, ②는 **5**문단을, ④는 **2**문단을, ⑤는 **4**문단을 읽으며 확인해 봅니다.

3 **3**문단에서는 양력이 태양을 기준으로 한 달력이며, 양력에서 1년은 365일이고 4년마다 윤년이 돌아온다고 하였습니다. **4**문단에서는 음력이 달을 기준으로 한 달력이며, 음력에서 1년은 354일이고 2~3년마다 윤달이 추가된다고 하였습니다. 이렇듯 **3**문단과 **4**문단은 양력과 음력의 차이를 찾아 설명하고 있으므로, 대조의 설명 방법을 사용한 것입니다.

✏️ **이 문제를 틀렸다면**
대조, 비교, 열거, 예시, 인과가 각각 어떤 설명 방법인지 알아봅니다.

4 양력 2월 29일은 양력에서 1년을 365일로 정했을 때 생기는 오차를 바로잡기 위해 4년에 한 번씩 추가하는 날로, 이날이 있는 해를 윤년이라고 합니다. 따라서 양력 2월 29일인 '동생'의 생일은 윤년에 있어서 4년에 한 번씩 돌아올 것입니다.

5 양력에서 1년이 366일인 해, 즉 윤년에는 2월 29일이 있습니다. 그런데 제시된 달력은 양력 2025년 2월의 달력이 아니라 7월의 달력이므로, 2025년이 윤년인지 아닌지를 판단할 수 없습니다.

오답 피하기 ❗

② 제시된 달력을 보면 양력 7월 24일에 음력 6월이 끝나고, 양력 7월 25일에 윤달 6월이 시작됩니다.

③ 제시된 달력에서 양력 7월 7일의 작은 숫자를 보면, 그 날은 음력 6월 13일입니다.

④ 작은 숫자로 표시된 날짜는 음력 날짜이고(**1**문단) 음력에서 한 달은 29일 또는 30일이므로(**4**문단), 달력의 작은 숫자에는 31일이 없습니다. 제시된 달력의 작은 숫자를 보아도 31일이 없는 것을 확인할 수 있습니다.

⑤ 큰 숫자로 표시된 날짜는 태양을 기준으로 한 달력인 양력의 날짜입니다(**1**문단).

6 1문단에서는 달력에 표시된 양력과 ❶음력의 날짜가 서로 다르게 흘러간다며 설명 대상을 소개하였습니다. 2문단에서는 ❷달력이 주기적으로 반복되는 천문 현상을 이용하여 만든 것임을 알려 주었습니다. 그리고 3문단에서는 양력이 태양을 기준으로 한 달력이며, 1년마다 생기는 6시간의 오차를 바로잡기 위해 4년에 한 번씩 ❸윤년이 있다고 설명하였습니다. 한편 4문단에서는 음력은 양력과 달리 ❹달을 기준으로 한 달력이며, 양력에 비해 1년에 11일이 모자라는 오차를 보완하기 위해 2~3년에 한 번씩 윤달이 있다고 설명하였습니다. 5문단에서는 우리나라가 1896년부터 ❺양력을 썼지만, 여전히 음력을 병행하여 사용하고 있다고 설명하였습니다.

어휘 다지기

2 (1)의 빈칸에는 '같은 현상이나 특징이 한 번 나타나고 다음에 다시 나타나기까지의 기간.'이라는 뜻의 '주기'가, (2)의 빈칸에는 '우주에 존재하는 모든 물체.'라는 뜻의 '천체'가, (3)의 빈칸에는 '실제로 계산하거나 측정한 값과 이론적으로 정확한 값과의 차이.'라는 뜻의 '오차'가 들어가는 것이 알맞습니다.

어휘 키우기

3 '거치다'와 '걷히다'는 뜻이 다르지만 글자가 비슷하여 헷갈리는 말입니다. (1)에서는 어둠이 흩어져 없어진다는 것이므로 '걷혔다'가 알맞습니다. (2)에서는 가난한 시절을 겪었다는 것이므로 '거치고'가 알맞습니다. (3)에서는 초등학교, 중학교, 고등학교의 과정을 밟았다는 것이므로 '거쳐'가 알맞습니다.

설명 방법 알기: 분류, 분석

① 글에서 설명하는 대상이 무엇인지 파악합니다.

② 대상을 기준에 따라 나누어 설명했다면 분류이고, 대상 전체를 부분으로 나누어 설명했다면 분석입니다.

확인 문제

1 (2) ○   **2** ③

1 이 글은 재화를 일정한 기준(획득하는 데에 대가가 필요한지)에 따라 종류별(경제재와 자유재)로 나누어 설명하고 있습니다. 이는 분류의 설명 방법을 사용한 것입니다.

> **오답 피하기** 💡
> (1) 이 글은 재화를 몇 개의 구성 요소나 부분으로 나누어 분석하고 있지 않습니다. 쌀, 바지, 집, 텔레비전, 책은 재화의 구성 요소가 아니라 경제재에 속하는 구체적인 예들입니다.

2 이 글은 단원 김홍도의 〈춤추는 아이〉를 구성하는 인물들의 모습을 악사들과 무동으로 나누어 설명하고 있습니다. 이는 분석의 설명 방법을 사용한 것입니다.

> **오답 피하기** 💡
> ① 대조는 둘 이상의 대상에서 차이점을 찾아 설명하는 방법입니다.
> ② 분류는 대상을 일정 기준에 따라 종류별로 나누어 설명하는 방법입니다.
> ④ 비교는 둘 이상의 대상에서 공통점을 찾아 설명하는 방법입니다.
> ⑤ 예시는 대상과 관련된 구체적인 예를 들어 설명하는 방법입니다.

똑같은 불이 아니다

1 (1) ③ (2) ① (3) ④ (4) ②   **2** ④

3 원인, 분류 💡 분류   **4** ⑤

1 2~5문단의 첫 번째 문장을 보면 A급 화재는 나무나 종이, 천과 같은 가연성 물체에 불이 붙어 발생하는 화재이고(③), B급 화재는 유류 물질로 인해 발생하는 화재이며(①), C급 화재는 누전 등에 의해 전기 설비에 불이 붙어 발생하는 화재이고(④), D급 화재는 가연성 금속 물질로 인해 발생하는 화재입니다(②).

2 4문단에서 "C급 화재는 물로 진압할 수 있지만, 그전에 반드시 전기를 차단해야 합니다."라고 하였으므로 C급 화재도 물을 이용해 진압할 수 있습니다.

> ✏️ **이 문제를 틀렸다면**
> ①은 3문단을, ②는 2문단을, ③은 5문단을, ⑤는 3문단과 4문단을 읽으며 확인해 봅니다.

3 이 글은 설명 대상인 화재를 그 원인에 따라 A급 화재, B급 화재, C급 화재, D급 화재라는 네 가지로 분류하여 각각의 특징을 설명하고 있습니다.

> ✏️ **이 문제를 틀렸다면**
> 1문단에서 화재의 종류를 어떠한 기준에 따라 몇 가지로 나누었는지 확인해 봅니다.

4 제시된 사진을 보면, 전기 설비 중 하나인 콘센트에 불이 붙어 있습니다. 이는 C급 화재가 발생한 상황이므로, 전기를 차단한 뒤 물을 뿌리거나 분말 소화기 또는 이산화 탄소 소화기를 사용해 진압해야 합니다.

> **오답 피하기** 💡
> ① 작은 불씨가 큰 화재로 번지면 막대한 피해를 줄 수 있습니다. 따라서 화재가 발생하면 재가 될 때까지 기다릴 것이 아니라, 초기에 불을 진압해야 합니다(1문단).
> ② 물은 전기가 통하므로 감전될 위험이 있기 때문에 곧바로 물을 부어서는 안 되며, 그 전에 반드시 전기를 차단해야 합니다(4문단).
> ③ 금속 화재용 소화기를 뿌려 진압할 수 있는 것은 D급 화재입니다(5문단).
> ④ 이 글에서 설명한 화재 진압 방법이 아닙니다.

실전 1

72~75쪽

평화의 소녀상

1 (2) ○

2 ⑤ 💡조선

3 (1) ㉯ (2) ㉮ (3) ㉰ (4) ㉱

4 ③

5 (2) ×

6 ❶ 평화 ❷ 수요 ❸ 새 ❹ 나비 ❺ 역사

어휘 다지기

1 (1) ① (2) ③ (3) ②

2 (1) 배상 (2) 염원 (3) 시위

어휘 키우기

3 (1) 지그시 (2) 지긋이 (3) 지긋이

1 이 글은 평화의 소녀상이 언제, 왜 건립되었는지, 소녀상의 각 부분에 어떤 의미가 담겨 있는지를 알려 주는 글입니다.

2 3문단의 첫 문장을 통해 소녀상이 치마저고리를 입고 있는 것은 1920~1940년대 일반적인 조선 소녀의 모습을 나타낸 것임을 알 수 있습니다.

이 문제를 틀렸다면

①과 ③은 2문단을, ②는 4문단을, ④는 1문단을 읽으며 확인해 봅니다.

3 뒤꿈치를 든 맨발에는 고향에 돌아와서도 편히 정착하지 못한 일본군 '위안부' 피해자들의 설움이 담겨 있습니다(㉯). 무릎 위의 꽉 쥔 주먹은 일본 정부의 진심 어린 사과를 받아 내겠다는 의지의 표현입니다(㉮). 거칠게 잘린 단발머리는 일본군 '위안부'로 끌려간 소녀들이 부모와 고향으로부터 강제로 단절되었던 상황을 상징합니다(㉰). 할머니 형상의 그림자 안에 있는 하얀 나비는 피해자 할머니들이 다시 태어나 한을 풀기를 바라는 염원을 담고 있습니다(㉱).

4 3, 4문단은 평화의 소녀상을 '치마저고리, 거칠게 잘린 단발머리, 담담한 표정, 뒤꿈치를 든 맨발, 무릎 위의 꽉 쥔 주먹, 어깨 위의 작은 새, 그림자 안의 하얀 나비, 빈 의자' 등의 여러 부분으로 나누어 각각이 상징하는 바를 설명하고 있습니다. 이는 분석의 설명 방법을 사용한 것입니다.

오답 피하기

①은 비교, ②는 대조, ④는 분류, ⑤는 열거의 설명 방법으로, 이 글에 사용되지 않았습니다.

5 일본군 '위안부' 문제가 우리나라만이 아니라 세계의 문제인 것은 맞지만, 그렇다고 해서 우리나라의 소녀상을 다른 나라로 옮길 필요는 없습니다. 이 글에서 설명하였듯이 우리나라의 소녀상은 중요한 의미가 있는 데다가, 보기 에 따르면 중국과 미국에도 이미 평화의 소녀상이 있기 때문입니다.

오답 피하기

(1) 미국 샌프란시스코에 설치된 평화의 소녀상은 한국, 중국, 필리핀 소녀가 손을 맞잡고 있는 모습입니다. 따라서 중국과 필리핀의 여성들도 우리나라의 피해자들처럼 일본에 의해 강제로 끌려가 성폭력과 인권 침해를 당했을 것이라고 짐작할 수 있습니다.

(3) 아시아가 아닌 미국에도 평화의 소녀상이 있는 것으로 보아, 여러 나라가 일본군 '위안부' 피해자들의 아픔에 공감하고 있다고 짐작할 수 있습니다.

6 1문단에서는 ❶평화의 소녀상이 일본군 '위안부' 피해자를 기리기 위해 세워진 동상임을, 2문단에서는 ❷수요 시위가 1,000회를 맞은 2011년에 평화의 소녀상이 건립되었음을 알려 주었습니다. 그리고 3문단에서는 평화의 소녀상을 이루고 있는 거칠게 잘린 단발머리, 담담한 표정, 뒤꿈치를 든 맨발, 꽉 쥔 주먹, 어깨 위의 작은 ❸새에 담긴 의미를, 4문단에서는 평화의 소녀상의 그림자 안의 ❹나비와 빈 의자의 의미를 설명하였습니다. 마지막 5문단에서는 평화의 소녀상이 다시는 이러한 ❺역사가 반복되지 않아야 한다는 메시지를 우리 모두에게 전하고 있다고 하였습니다.

어휘 다지기

2 (1)의 빈칸에는 '남에게 입힌 손해를 물어 주는 일.'이라는 뜻의 '배상'이, (2)의 빈칸에는 '간절히 생각하고 바람.'이라는 뜻의 '염원'이, (3)의 빈칸에는 '많은 사람이 요구 조건을 내걸고 집회나 행진을 하며 의사를 표시하는 행동.'이라는 뜻의 '시위'가 들어가는 것이 알맞습니다.

어휘 키우기

3 '지그시'와 '지긋이'는 뜻이 다르지만 글자가 비슷하여 헷갈리는 말입니다. (1)에서는 입술에 슬며시 힘을 준 것이므로 '지그시'가 알맞습니다. (2)에서는 참을성 있게 화를 참았다는 것이므로 '지긋이'가 알맞습니다. (3)에서는 끈기 있게 앉아 있었던 것이므로 '지긋이'가 알맞습니다.

식물의 다양한 꽃가루받이

1 꽃가루받이　　**2** ③　　　　**3** ④ 💡분석

4 ⑤　　　　　　**5** (2)○

6 ❶암술 ❷곤충 ❸새 ❹바람 ❺물

어휘 다지기

1 (1)② (2)③ (3)①

2 (1) 필수적 (2) 확률 (3) 매개체

어휘 키우기

3 (1) V (3) V

---

1 1문단의 "대부분의 꽃은 ~ 꽃가루받이를 거쳐 씨를 만든다는 공통점이 있다."와 "꽃가루받이란 꽃의 수술에서 만들어진 꽃가루가 암술로 옮겨 붙는 일로,"를 통해 답이 '꽃가루받이'라는 것을 알 수 있습니다. 또 2~5문단에서 곤충, 새, 바람, 물 등이 꽃가루받이를 도와준다고 하였습니다.

2 조매화는 새의 도움을 받아 꽃가루받이를 하는 식물입니다. 3문단에 따르면 새는 냄새를 잘 맡지 못하기 때문에 조매화는 꽃에서 향기가 나지 않는 경우가 많으며, 대신 꿀을 많이 만들어 새를 불러들입니다.

✏️ **이 문제를 틀렸다면**

①은 5문단을, ②는 4문단을, ④는 2문단을, ⑤는 1문단을 읽으며 확인해 봅니다.

3 ㉠은 꽃을 암술, 수술, 꽃잎, 꽃받침의 네 부분으로 나누어 설명하고 있으므로 분석의 설명 방법을 사용한 문장입니다. ㉡은 식물을 꽃가루를 옮겨 주는 매개체라는 기준에 따라 충매화, 조매화, 풍매화, 수매화의 네 종류로 나누어 설명하고 있으므로 분류의 설명 방법을 사용한 문장입니다.

✏️ **이 문제를 틀렸다면**

분류와 분석은 둘 다 대상을 나누어 설명하는 것이기 때문에 헷갈리기 쉽습니다. 분류에는 대상을 나누는 기준이 있다는 점을 떠올리며 ㉠과 ㉡을 확인해 봅니다.

4 ㉢의 앞에서 "풍매화와 마찬가지로"라고 하였으므로 풍매화에 대한 설명을 살펴봅니다. 풍매화를 다룬 4문단에서는 풍매화가 곤충이나 새를 유인할 필요가 없어 꽃잎이 작거나 없으며 꿀샘도 없는 것이 많다고 하였습니다. 이를 통해 ㉢의 까닭 역시 수매화가 곤충이나 새를 유인할 필요가 없기 때문이라고 짐작할

수 있습니다.

5 보기 에서는 모란꽃에서 아름답고 진한 향기가 난다고 하였습니다. 이 글에 따르면 향기가 나는 꽃은 꽃가루받이를 위해 곤충을 유인해야 하는 충매화이므로, 향기가 진한 모란은 충매화일 것이라고 짐작할 수 있습니다.

오답 피하기 💡

(1) 조매화는 향기가 나지 않는 경우가 많으므로(3문단), 모든 꽃에 향기가 있는 것은 아닙니다.

(3) 곤충을 유인하는 충매화는 꽃잎의 색깔이 화려하고 향기가 나므로(2문단), 곤충인 벌과 나비가 모이는 꽃에는 향기가 있다고 판단할 수 있습니다.

6 1문단에서는 꽃가루받이란 꽃의 수술에서 만들어진 꽃가루가 ❶암술로 옮겨 붙는 일이라고 하였습니다. 2문단에서는 식물은 꽃가루를 옮겨 주는 매개체에 따라 충매화, 조매화, 풍매화, 수매화로 나눌 수 있다고 하면서, 이 가운데 ❷곤충이 꽃가루를 옮겨 주는 식물인 충매화에 대해 설명하였습니다. 3문단에서는 ❸새의 도움을 받아 꽃가루받이를 하는 식물인 조매화에 대해, 4문단에서는 ❹바람을 이용해 꽃가루를 옮기는 식물인 풍매화에 대해, 5문단에서는 ❺물에 의해 꽃가루가 옮겨지는 식물인 수매화에 대해 설명하였습니다.

어휘 다지기

2 (1)의 빈칸에는 '꼭 있어야 하거나 해야 하는 것.'이라는 뜻의 '필수적'이, (2)의 빈칸에는 '일정한 조건 아래에서 어떤 일이 일어날 수 있는 가능성의 정도.'라는 뜻의 '확률'이, (3)의 빈칸에는 '둘 사이에서 어떤 일을 맺어 주는 것.'이라는 뜻의 '매개체'가 들어가는 것이 알맞습니다.

어휘 키우기

3 '받을 수(受)'가 사용된 낱말은 (1)의 '수강(受講)'과 (3)의 '수신자(受信者)'입니다. (2)의 '수재민(水災民)'은 '물 수(水)'가 사용된 낱말입니다.

소재의 의미 추론하기

① 작품에 나타난 소재와 그 특성을 파악합니다.
② 작품의 주제와 관련지어 소재에 담긴 의미를 짐작합니다.

확인 문제
81쪽

1 (1)○ **2** ⑤

1 빨래집게는 빨래를 널 때 빨래가 날아가지 않게 고정시키는 도구입니다. 이 시에서 빨래집게는 자기보다 덩치가 큰 바람이 바짓가랑이를 잡고 늘어지는 어려움이 있어도 빨래를 꽉 무는 일에 최선을 다합니다. 그러므로 '빨래집게'에는 어려움이 있더라도 자신의 일에 최선을 다하는 삶이라는 의미가 담겨 있다고 추론할 수 있습니다.

오답 피하기
(2) 이 시에 빨래집게가 개구쟁이 바람과 사이좋게 지내는 내용은 나와 있지 않습니다.

2 이 글에서 '나'는 어렸을 때는 거칠고 흉터가 많은 손을 "부끄러움거리"로 여겼습니다. 하지만 세월이 흘러 청년기가 되었을 때 '나'는 이 흉터와 손을 "은근한 자랑거리"로 생각하게 되었습니다. 이는 직장의 선배님이 '내' 손의 흉터를 보며 어려운 시절을 힘차게 살아 낸 흔적이라고 말해 주었을 때부터였습니다. 따라서 이 글에서 '흉터'는 어려움을 이겨 낸 흔적이라는 의미일 것이라고 추론할 수 있습니다.

✏ 이 문제를 틀렸다면
'내'가 손의 흉터를 자랑스럽게 생각하게 된 계기가 무엇인지 파악해 봅니다.

땅에 그리는 무지개

1 ⑤ **2** (2)○ **3** ①, ②
4 ② 💡 시인

1 주인아저씨는 '나'에게 독립해 문방구점을 해 보라며 "얼마라도 저축한 돈이 있다면 그 돈을 보태 우선 가게를 얻고 물건은 내가 외상으로 대 줄 테니까 염려 마라."라고 하였습니다. 이를 통해 '내'가 혼자 힘으로 가게를 얻은 것이 아니라, 주인아저씨의 도움으로 문방구점의 주인이 되었다는 것을 알 수 있습니다.

✏ 이 문제를 틀렸다면
①~⑤에 제시된 '나'에 대한 설명을 글에서 하나씩 찾아 밑줄을 그어 봅니다.

2 ㉡의 앞에서 주인아저씨는 '내'가 착실히 일하는 모습을 보고 독립을 제안하였고, 일단 가게를 얻으면 물건도 외상으로 대 줄 것이며 점포 위치도 미리 봐 두었다고 하였습니다. 이를 통해 ㉡은 주인아저씨가 '나'를 매우 신뢰해서 하는 말임을 알 수 있습니다.

오답 피하기
(1) ㉠의 앞 문장을 보면, ㉠을 말하는 '나'는 속으로 뛸 듯이 기뻤지만 엄두가 나지 않아 사양했음을 알 수 있습니다.
(3) ㉢의 뒤 내용을 보면, ㉢은 한자리를 지키며 꾸준히 노력해 온 '나'를 빗댄 말임을 알 수 있습니다.
(4) ㉣의 앞에서 '내'가 당선이 되기까지 낙선을 거듭했다고 말한 것과 거북이가 아주 느리게 걷는다는 것을 고려하면, ㉣은 성공에 이르기까지 오랜 시간이 걸렸다는 뜻임을 알 수 있습니다.

3 '나'에 대한 주인아저씨의 평가와 "주위에서는 내가 워낙 부지런하고 착실해 드디어 성공했다고 소문이 났다."라는 내용을 통해 '내'가 성실한 성격(①)임을 짐작할 수 있습니다. 또한 신춘문예에 당선되기까지 낙선을 거듭하였지만 절망하지 않고 도전을 계속한 것으로 보아, '나'는 끈기 있는 성격(②)일 것입니다.

4 '나'는 문방구점 주인이 되었지만, 정말로 잡고 싶은 무지개는 그것이 아니었다고 하였습니다. 그리고 신춘문예에 당선되어 시인이 되자, '나'는 "비로소 내 발 앞에 내 무지개를 그려 놓은 것이다."라고 하였습니다. 따라서 '무지개'는 '내'가 이루고 싶은, 시인이라는 꿈을 의미한다고 추론할 수 있습니다.

꿩

1 ④   **2** ⑤   **3** 민정

4 ④   **5** (1)○ 💡용이

6 ❶ 못난 ❷ 꿩 ❸ 돌 ❹ 아이들

어휘 다지기

1 (1) ② (2) ③ (3) ①

2 (1) 뭉텅이 (2) 고갯마루 (3) 보퉁이

어휘 키우기

3 (1) 메고 (2) 멘 (3) 맸다

---

1 다른 아이들의 책 보퉁이를 대신 메고 고개를 오르던 용이는 고개 위에서 아이들의 고함이 들리자 돌멩이를 집어 골짜기 아래로 던졌습니다(②). 그 순간 솟아오른 꿩이 날개를 쫙 펴고 산을 넘어가는 모습(①)을 본 용이는 다른 아이들의 책 보퉁이를 던져 버리고는 자기 책 보퉁이만 둘러맨 뒤 고개를 뛰어 올라갔고(⑤), 고갯마루에서는 아이들이 용이를 기다리고 있었습니다(③). 그러나 이 글에 용이가 아이들의 책 보퉁이를 숨기는 장면은 나와 있지 않습니다.

2 ㉠의 앞 내용으로 보아, 용이는 모두가 자기를 보고 남의 책 보퉁이나 메 주는 못난 아이라고 수군거리는 것 같아 화가 났습니다.

3 이 글에서 ㉡은 '꿩'을 뜻합니다. 용이가 평소에 꿩을 보았다거나, 꿩을 보며 자신과 닮았다고 생각했다는 내용은 이 글에 나와 있지 않습니다.

오답 피하기 🙁

유미: ㉡은 용이가 던진 돌멩이가 골짜기 아래에 떨어지자, 온 산골을 뒤흔드는 소리를 치며 하늘로 날아오르는 꿩입니다.

경중: 꿩은 눈부신 모습으로 산을 넘어갔고, 이 모습을 본 용이는 온몸에 어떤 힘이 마구 솟구치는 것을 느꼈습니다.

종섭: 꿩을 본 후로 용이는 하늘에라도 날아오를 듯한 기분을 느끼며 책 보퉁이들을 하나씩 집어 던졌고, 고갯마루에서 아이들에게 맞서는 등 "지금까지의 용이와는 아주 다른, 딴 아이"처럼 당당하게 행동하기 시작하였습니다.

4 모두가 자기를 남의 책 보퉁이나 메 주는 못난 아이라고 비웃는다고 생각하던 용이는 꿩의 멋진 모습을 보고 아이들의 책 보퉁이를 전부 집어 던졌습니다. 그리고 고갯마루에서 용이를 덮치는 아이들을 향해

돌을 거머쥐고 가만두지 않겠다며 맞섰습니다. 또 용이는 도망가는 아이들을 보며 자기는 이제 못난 아이가 아니라고 생각했습니다. 이러한 내용으로 보아, ㉢에 담긴 용이의 생각은 앞으로는 남의 책 보퉁이를 들어 주지 않겠다는 다짐일 것입니다.

5 보기 는 이 글에서 '꿩'이 어떤 모습이었는지, 꿩을 본 뒤에 용이가 어떻게 행동했는지를 설명하고 있습니다. 용이는 생명력 넘치고 멋진 꿩의 모습을 본 이후로 다른 아이들의 책 보퉁이를 메 주는 것을 거부하며 당당하고 용기 있게 행동하였습니다. 그러므로 이 글에서 꿩은 부당함에 맞서는 용기와 자신감을 의미할 것입니다.

✏️ **이 문제를 틀렸다면**

꿩을 보기 전과 후에 용이의 행동이 어떻게 변화했는지 살펴봅니다.

6 아이들의 책 보퉁이를 메고 고개를 오르던 용이는 모두가 자기를 보고 남의 책 보퉁이나 메다 주는 ❶못난 아이라고 수군거리는 것 같아 화가 났습니다. 용이가 돌멩이를 집어 골짜기 아래로 던지자 꿩 한 마리가 솟아올랐고, 용이는 날아가는 ❷꿩을 보고 갑자기 힘이 솟구쳐 다른 아이들의 책 보퉁이를 집어 던졌습니다. 자신의 책 보퉁이만 둘러매고 고갯마루로 올라온 용이를 향해 아이들이 덮쳐 오자, 용이는 ❸돌을 거머쥐고 맞섰습니다.

이 글에는 책 보퉁이들을 던지고 고갯마루로 올라간 용이와 그러한 용이에게 발과 주먹을 휘두르는 ❹아이들 사이의 갈등이 드러납니다.

어휘 다지기

2 (1)의 빈칸에는 '한데 뭉친 큰 덩어리.'라는 뜻의 '뭉텅이'가, (2)의 빈칸에는 '고개의 가장 높은 부분.'이라는 뜻의 '고갯마루'가, (3)의 빈칸에는 '물건을 보자기에 싸 놓은 것.'이라는 뜻의 '보퉁이'가 들어가는 것이 알맞습니다.

어휘 키우기

3 '매다'와 '메다'는 뜻이 다르지만 글자가 비슷하여 헷갈리는 말입니다. (1)에서는 배낭을 어깨에 올려놓은 것이므로 '메고'가 알맞습니다. (2)에서는 총을 어깨에 올려놓은 것이므로 '멘'이 알맞습니다. (3)에서는 신발 끈이 풀어지지 않도록 두 끝을 묶었다는 것이므로 '맸다'가 알맞습니다.

떨어져도 튀는 공처럼

1 ④   **2** ④ 💡공   **3** ㉯, ㉰

4 ⑤   **5** (2) ○

6 ❶튀는 ❷준비 ❸최선 ❹왕자

어휘 다지기

1 (1)② (2)① (3)③

2 (1)탄력 (2)최선 (3)꼴

어휘 키우기

3 (1) V (3) V

---

1 3연 2행의 "곧 움직일 준비 되어 있는 꼴"은 잘 움직이는 공의 특성을 나타내는 표현입니다.

✏ 이 문제를 틀렸다면

①은 2연과 3연을, ②는 3연을, ③은 2연과 4연을, ⑤는 1연과 4연을 확인해 봅니다.

2 이 시에서는 '살아 봐야지', '공이 되어', '둥근', '꼴', '떨어져도', '쓰러지는 법이 없는' 등이 반복되어 운율이 느껴집니다.

🚫 오답 피하기

① 이 시는 '살아 봐야지', '떠올라야지'와 같이 의지를 다지는 말투를 사용하고 있습니다.

② 이 시에는 시간의 흐름이 드러나 있지 않습니다.

③ 이 시에는 소리를 흉내 내는 표현이 나타나 있지 않습니다.

⑤ 이 시는 공의 모양이나 움직임을 눈으로 보듯이 표현하고 있습니다.

3 직유법은 '~처럼', '~같이', '~듯이'와 같은 말을 사용하여 대상을 다른 대상에 직접적으로 빗대어 표현하는 방법입니다. 따라서 직유법이 사용된 표현은 '~처럼'이 쓰인 '지금의 네 모습처럼'(㉯)과 '탄력의 나라의 / 왕자처럼'(㉰)입니다.

✏ 이 문제를 틀렸다면

시에서 '~처럼', '~같이', '~듯이'와 같은 말을 사용한 표현을 찾아봅니다.

4 이 시에서 공은 떨어져도 다시 가볍게 튀어 오르는 존재, 쓰러지는 법이 없이 언제든 움직일 준비가 되어 있는 존재입니다. 말하는 이는 이러한 공처럼 살아 보겠다고 하였으므로, 공은 떨어지거나 쓰러지는 것과 같이 힘든 상황에서도 포기하지 않고 다시 도전하는 삶을 의미한다고 볼 수 있습니다.

✏ 이 문제를 틀렸다면

이 시에서 '공'의 어떤 특성이 강조되어 있는지, 그리고 이러한 '공'을 통해 말하는 이가 말하고자 하는 것이 무엇일지 생각해 봅니다.

5 보기 에 따르면 ㉠은 아래로 떨어지는 듯한 이미지로, 이러한 이미지가 담긴 말은 부정적인 느낌을 줍니다. (2)에서 '떨어졌다'는 아래로 떨어지는 듯한 이미지가 담긴 말이며 쓸쓸함과 같은 부정적인 느낌을 주고 있습니다.

🚫 오답 피하기

(1), (3) '날아오르는', '막 밀고 올라간다'는 위로 올라가는 듯한 상승 이미지가 담긴 말입니다.

6 이 시의 1연에는 떨어져도 ❶튀는 공처럼 살자는 다짐이, 2연에는 쓰러지는 법이 없는 탄력적인 공처럼 살자는 다짐이, 3연에는 곧 움직일 ❷준비가 되어 있는 공처럼 살자는 다짐이, 4연에는 떨어져도 튀어 오르고 쓰러지는 법이 없는 ❸최선의 꼴인 공처럼 살자는 다짐이 나타나 있습니다. 이를 통해 이 시의 주제는 '어려움이 닥쳐도 쓰러지지 않고 꿋꿋하게 살아가려는 의지'임을 알 수 있습니다.

이 시에는 '탄력의 나라의 ❹왕자처럼'과 같이 동화적이고 발랄한 상상력이 느껴지는 표현이 사용되었습니다.

어휘 다지기

2 (1)의 빈칸에는 '용수철처럼 튀거나 팽팽하게 버티는 힘.'이라는 뜻의 '탄력'이, (2)의 빈칸에는 '가장 좋고 훌륭한 일.'이라는 뜻의 '최선'이, (3)의 빈칸에는 '겉으로 보이는 사물의 모양.'이라는 뜻의 '꼴'이 들어가는 것이 알맞습니다.

어휘 키우기

3 '갖출 비(備)'가 사용된 낱말은 (1)의 '구비(具備)'와 (3)의 '예비(豫備)'입니다. (2)의 '낭비(浪費)'는 '쓸 비(費)'가 사용된 낱말입니다.

인물이 추구하는 가치 추론하기

① 인물이 처한 상황을 알아보고, 그 상황에서 인물이 한 말이나 행동을 찾아봅니다.

② 인물이 그렇게 말하고 행동한 까닭을 생각해 보면서 인물이 추구하는 가치를 짐작해 봅니다.

확인 문제 93쪽

1 ㉢   **2** ④

1 ㉠~㉣은 한스가 한 말이나 행동입니다. 이 중에서 ㉢은 교장 선생님이 친구인 하일러를 멀리하면 좋겠다고 말하자 한스가 그렇게 할 수 없다고 답하는 부분으로, 한스가 어떤 가치를 바람직하다고 여기는지가 잘 드러납니다.

🖊 **이 문제를 틀렸다면**
㉠~㉣ 중 한스가 어떤 인물인지 알 수 있는 부분을 찾아봅니다.

2 한스는 하일러를 멀리하라는 교장 선생님의 말에 "친구를 저버릴 수는 없습니다."라고 답했습니다. 또 공부에 집중이 잘되지 않는 까닭이 우정 때문이라고 생각했습니다. 이러한 한스의 말과 생각을 통해, 한스는 교장 선생님의 말을 따르는 것보다 친구인 하일러와의 우정을 더 중요하게 여긴다는 것을 알 수 있습니다. 따라서 한스가 추구하는 가치는 '친구와의 우정'입니다.

박제상전

1 ⑤   **2** ④   **3** (3)○

4 ④ 💡근심

1 이 글은 박제상이 눌지왕의 두 아우인 복호와 미사흔을 각각 고구려와 일본에서 구출해 신라로 돌려보낸 일을 다루고 있습니다.

2 박제상은 실제로 늦잠을 잔 것이 아니라, 미사흔을 일본에서 탈출시키기 위해 늦잠을 자는 척하며 시간을 번 것입니다. 이는 "신이 내일 아침에 늦잠을 자는 척하며 시간을 벌 테니 그 틈에 달아나소서."라는 박제상의 말을 통해 알 수 있습니다.

오답 피하기 ❗
① 이 글은 신라 눌지왕의 두 아우와 박제상에 관한 일화이므로, 이 글의 배경은 신라 시대입니다.
② 눌지왕은 박제상을 불러 "내 자나 깨나 아우들 생각에 마음 편한 날이 없는데, 그대가 내 아우들을 데려올 수 있겠소?"라고 말했습니다.
③ 복호와 미사흔은 각각 고구려와 일본에 볼모로 잡혀 있다고 하였습니다.
⑤ 박제상은 일본 왕의 신임을 얻기 위해 눌지왕에게 자기가 신라를 배신하고 도망쳤다는 거짓 소문을 퍼뜨려 달라고 요청했습니다.

3 고구려 왕이 어진 성품을 지녀 말로 청해 눌지왕의 아우를 데려올 수 있었다는 ㉠의 앞 내용으로 보아, ㉠은 일본 왕의 성품이 어질지 않기 때문에 말로 청하는 것만으로는 미사흔을 데려오기 어렵다는 의미일 것입니다.

4 박제상은 아우들이 볼모로 잡혀 있어 근심하는 눌지왕을 위해 고구려로 가서 복호를 데려왔습니다. 또 죽기를 각오하고 일본으로 건너가 미사흔을 탈출시키고 그곳에서 죽임을 당하였습니다. 이렇듯 목숨을 걸고 왕의 명령에 충성하는 행동과 "전하의 근심을 기필코 해결해 드리겠습니다." 등의 말을 통해 박제상은 '왕에 대한 충성심'이라는 가치를 추구한다고 짐작할 수 있습니다.

🖊 **이 문제를 틀렸다면**
박제상이 죽을 각오를 하면서까지 미사흔을 신라로 돌려보낸 까닭을 생각해 보고, 박제상이 중요하게 여기는 가치가 무엇인지 짐작해 봅니다.

방망이 깎던 노인

1 (2) ○　　　　**2** ③　　　　**3** ①, ④

4 (1) ① (2) ②　　**5** ③ 💡밥

6 ❶ 노인 ❷ 차 ❸ 불유쾌 ❹ 아내 ❺ 미안

어휘 다지기

1 (1) ② (2) ① (3) ③

2 (1) 에누리 (2) 외고집 (3) 숫제

어휘 키우기

3 (1) V (3) V

---

1 이 글은 글쓴이인 '내'가 방망이를 깎아 파는 노인에게 방망이를 산 경험과 그 경험을 통해 얻은 깨달음을 솔직하게 표현한 '수필'입니다.

2 '나'는 완성된 방망이를 보고 노인을 칭찬하지 않았습니다. 오히려 아까부터 방망이는 다 돼 있었는데 괜히 기다리느라 차를 놓쳤다고 생각하며 불유쾌함을 느꼈습니다.

3 늑장을 부리며 계속 방망이를 깎는 노인의 태도에 체념하고 마음대로 깎아 보라고 한 '나'의 말에 노인은 "재촉을 하면 점점 거칠고 늦어진다니까. 물건이란 제대로 만들어야지, 깎다가 놓치면 되나."라고 말했습니다. 이를 통해 노인은 방망이를 빨리 깎으라고 재촉하면 거칠어지고(①), 물건은 빨리 만드는 것보다 제대로 만드는 것이 중요하다고(④) 생각한다는 것을 알 수 있습니다.

오답 피하기 ❗

② '내'가 방망이를 그만 깎고 그냥 달라며 "살 사람이 좋다는데 무얼 더 깎는다는 말이오."라고 말했을 때, 노인은 "다른 데 가 사우. 난 안 팔겠소."라고 하였습니다.

③ 노인은 깎던 방망이를 무릎에다 놓고 담배를 피우기도 했습니다.

⑤ 노인이 '나'에게 방망이를 팔지 않겠다며 "다른 데 가 사우."라고 말했던 것은 '내'가 무뚝뚝하거나 불친절해서가 아닙니다.

4 ㉠과 ㉡의 앞부분에서 '나'는 노인에게 방망이를 깎아 달라고 부탁하며 방망이의 값을 좀 싸게 해 줄 수 없느냐고 했고, 노인은 이를 거절했습니다. 이러한 상황을 고려할 때 '내'가 깎지(㉠) 못한 것은 방망이의 값이나 금액이고(①), 깎아(㉡) 달라고 부탁한 것

은 방망이의 겉 부분이나 표면일 것입니다(②).

5 노인이 '나'의 재촉에도 아랑곳하지 않고 "끓을 만큼 끓어야 밥이 되지, 생쌀이 재촉한다고 밥이 되나.", "물건이란 제대로 만들어야지, 깎다가 놓치면 되나." 라고 말하며 끝까지 방망이를 깎은 까닭은 방망이를 깎아 파는 사람으로서 최선을 다해 제대로 된 물건을 만들어야 한다고 생각했기 때문일 것입니다. 따라서 노인이 추구하는 가치는 '자신의 일에 최선을 다하는 장인 정신'임을 짐작할 수 있습니다.

✎ 이 문제를 틀렸다면

'내'가 방망이를 더 깎지 말고 달라고 하는 상황에서 노인이 어떻게 행동했는지, 그 까닭이 무엇일지 생각해 봅니다.

6 '나'는 방망이를 깎아 파는 ❶노인에게 방망이를 깎아 달라고 부탁했는데, 노인은 방망이를 자꾸만 더 깎았습니다. '내'가 ❷차 시간이 빠듯해 방망이를 그만 달라고 하자 노인이 안 팔겠다고 했고, 체념한 '나'는 방망이를 마음대로 깎아 보라고 했습니다. 노인은 깎고 또 깎은 방망이를 '나'에게 건넸고, '나'는 방망이를 기다리느라 차를 놓쳐 ❸불유쾌하기 짝이 없었습니다. 그러나 방망이를 본 ❹아내가 이렇게 꼭 알맞은 방망이는 만나기 어렵다고 말하자, '나'는 마음이 풀렸고 노인에 대한 태도를 뉘우쳤습니다.

이 글에서 '나'는 방망이가 다 되기를 기다리며 초조했다가, 방망이 때문에 다음 차로 가야 하는 사실에 기분이 나빠졌고, 집에 와서 아내의 말을 들은 후 노인에게 ❺미안해졌습니다.

어휘 다지기

2 (1)의 빈칸에는 '물건값을 받을 값보다 더 많이 부르는 일.'이라는 뜻의 '에누리'가, (2)의 빈칸에는 '융통성이 없고 쓸데없이 고집을 부리는 사람.'이라는 뜻의 '외고집'이, (3)의 빈칸에는 '아예 전적으로.'라는 뜻의 '숫제'가 들어가는 것이 알맞습니다.

어휘 키우기

3 (1)에 쓰인 '망치질'은 '망치'에 '-질'이 붙어 '망치로 무엇을 두드리거나 박는 일.'이라는 뜻을 가지는 낱말이고, (3)에 쓰인 '낚시질'은 '낚시'에 '-질'이 붙어 '여러 가지 낚시 도구로 물고기를 낚는 일.'이라는 뜻을 가지는 낱말입니다. (2)에 쓰인 '품질'은 '물건의 성질과 바탕.'이라는 뜻으로, 제시된 '-질'이 붙어 만들어진 낱말이 아닙니다.

상록수

1 ③   **2** ④   **3** (1)○ 💡직유법

4 ㉰   **5** ②, ④

6 ❶교실 ❷담 ❸칠판 ❹글

어휘 다지기

1 (1)② (2)① (3)③

2 (1)선고 (2)사제간 (3)경황

어휘 키우기

3 (1)떼었다 (2)떼어 (3)때니

---

1 영신은 눈두덩이 뜨끈해지고 목이 막혀 말을 꺼내지 못하다가 한참 만에야 풀이 죽은 목소리로 금 밖에 앉은 아이들은 이제 공부를 시킬 수 없다고 말하고, 아이들을 내쫓은 뒤에도 눈물을 보였습니다. 이러한 부분에서 영신이 어쩔 수 없이 아이들을 내쫓으며 괴로워한다는 것을 알 수 있습니다.

✎ **이 문제를 틀렸다면**
①~⑤가 맞는지 확인할 수 있는 부분을 이 글에서 찾아봅니다.

2 ㉠에서 아이들이 담장에 매달리고 나무에 오른 까닭은 담 안을 넘겨다보면서라도 글을 배우고 싶었기 때문입니다. 나무에 오르지 못한 아이들이 운 것도 글을 배우지 못하게 된 상황이 슬퍼서였을 것입니다.

❗**오답 피하기**
①, ⑤ 교실에서 쫓겨난 아이들은 계속 글을 배우고 싶은 마음에 집으로 가지 않고 예배당 담 안을 넘겨다보았고, 영신은 이 아이들이 볼 수 있게 칠판을 창 앞으로 옮겼습니다.
② 창밖을 내다보던 영신은 담 안을 넘겨다보고 있는 아이들을 보고 콧마루가 시큰해졌습니다.
③ 뽕나무 가지에 사람의 열매가 열렸다는 말은 담 안을 보기 위해 뽕나무에 올라간 아이들이 가지 사이사이로 고개를 내밀고 있는 모습을 비유한 말입니다.

3 이 글에서는 '한칼로 베어 내는 것 같은', '꽈리처럼', '이가 빠진 듯이' 등 직유법을 사용하여 상황을 실감 나게 묘사하고 있습니다.

❗**오답 피하기**
(2) 이 글에는 '목이 막히다', '머리가 굵다', '이가 빠지다' 등의 관용 표현이 나오지만, 이를 통해 인물 간의 갈등을 효과적으로 드러내고 있지는 않습니다. 또 이 글에는 아이들 사이의 갈등이 아니라, 강습소에서 글을 배울 수 없게 된 아이들과 영신 사이의 갈등이 드러납니다.

4 영신이 강습소를 열어 아이들에게 글을 가르쳐 온 것, 교실에서 쫓겨난 아이들을 위해 칠판을 옮겨 글을 가르친 것, 칠판에 "누구든지 학교로 오너라."와 같은 구절을 쓴 것 등으로 보아 영신은 '누구든 배울 수 있어야 한다'는 가치를 추구함을 알 수 있습니다.

5 보기 에서 브나로드 운동은 농촌 사람들에게 글을 가르쳐 주는 문맹 퇴치 운동이라고 하였으므로, 당시 농촌에는 글을 모르는 문맹 상태의 아이들이 많았을 것입니다(②). 이는 영신이 많은 아이를 가르치고 있었던 것에서도 알 수 있습니다. 또한 "배우고야 무슨 일이든 한다."라는 말은 배움을 통해 농촌을 변화시키려는 브나로드 운동의 목적을 잘 보여 줍니다(④).

❗**오답 피하기**
① 보기 의 내용을 통해 영신은 농촌으로 내려간 지식인임을 짐작할 수 있습니다.
③ 작가가 브나로드 운동을 실천하는 인물인 영신을 부정적으로 그리지 않았으므로 알맞게 짐작한 내용이 아닙니다.
⑤ '앞부분의 줄거리'에서 일본 순사가 강습소의 학생 수를 제한하라고 한 것을 보면, 일본은 브나로드 운동을 지원하지 않았을 것입니다.

6 일본 순사로부터 학생 수를 제한하라는 경고를 받은 영신은 아이들을 ❶교실에서 내쫓고 눈물을 흘렸습니다. 쫓겨난 아이들은 밖에서 ❷담 안을 넘겨다 보거나 땅바닥에 주저앉아 울었습니다. 이를 발견한 영신은 창문을 열고 창 앞턱에다 ❸칠판을 놓고 수업을 이어 갔습니다.
이 글의 주제는 '농촌 계몽을 위한 영신의 노력과 ❹글을 배우고자 하는 아이들의 강한 의지'입니다.

어휘 다지기

2 (1)의 빈칸에는 '어떤 결정이나 사실을 선언하여 알림.'이라는 뜻의 '선고'가, (2)의 빈칸에는 '스승과 제자 사이.'라는 뜻의 '사제간'이, (3)의 빈칸에는 '정신적, 시간적인 여유나 형편.'이라는 뜻의 '경황'이 들어가는 것이 알맞습니다.

어휘 키우기

3 '때다'와 '떼다'는 뜻이 다르지만 글자가 비슷하여 헷갈리는 말입니다. (1)에서는 붙어 있던 자석을 떨어지게 한 것이므로 '떼었다'가 알맞습니다. (2)에서는 붙어 있던 상표를 떨어지게 한 것이므로 '떼어'가 알맞습니다. (3)에서는 방에 불을 지피어 타게 한 것이므로 '때니'가 알맞습니다.

생략된 내용 추론하기

① 글을 꼼꼼하게 읽으면서 단서를 찾아 생략된 내용을 추론합니다.

② 앞뒤 내용을 고려하여 추론한 내용이 적절한지 확인해 봅니다.

확인 문제

105쪽

1 은결　　**2** (3) ✕

1 북극성은 항상 정확한 북쪽에 있다고 하였습니다. 따라서 북극성이 속한 작은곰자리도 북쪽 하늘에 있을 것이라고 짐작할 수 있습니다.

오답 피하기

주미: 북극성이 거의 움직이지 않는 것처럼 보이는 까닭은 지구 자전축의 연장선상에 위치하기 때문입니다. 작은곰자리의 다른 별들은 그렇지 않으므로 북극성을 중심으로 회전하는 것처럼 보일 것입니다.

2 ㉠에서 북두칠성과 카시오페이아자리가 북극성을 중심으로 돈다고 하였으므로 이들은 북극성 주변에 위치해 있으며, 북극성과 마찬가지로 북쪽 하늘에 떠 있다고 추론할 수 있습니다. 또한 ㉠의 앞 문장에서 북극성이 한눈에 들어올 만큼 밝은 별이 아니라고 한 점을 고려하면, 북극성을 찾기 위해 이용하는 북두칠성이나 카시오페이아자리는 북극성보다 찾기 쉬울 것입니다. 그러나 ㉠을 통해 북두칠성과 카시오페이아자리의 모양이 비슷한지 아닌지를 추론하기는 어렵습니다.

참정권은 어떻게 변해 왔을까?

1 (2)○ 💡권리　　**2** ①　　**3** ⑤

4 ㉮

1 2문단에서 참정권은 국민이 국가의 주인이라는 민주주의의 원칙을 실현한다는 점에서 '민주주의의 꽃'이라 불린다고 하였습니다.

오답 피하기

(1) 선거권은 피선거권, 공무 담임권 등과 함께 참정권에 포함되는 권리입니다(1문단).

(3) 참정권은 국민이 정치에 참여해야 할 의무가 아니라 국민이 정치에 참여할 수 있는 권리입니다(1문단).

2 우리나라의 선거권 연령이 어떻게 변화했는지는 5문단에 나와 있지만, 다른 나라의 선거권 연령 변화에 관해서는 다루고 있지 않습니다.

오답 피하기

② 영국에서는 1928년부터 여성의 선거권이 인정되었습니다 (4문단).

③ 영국의 가난한 노동자와 여성은 재산에 상관없이 선거권을 부여할 것을 요구하며 차티스트 운동을 벌였습니다(3문단).

④ 우리나라는 1948년에 헌법을 제정할 때부터 남녀 모두에게 선거권을 보장하였습니다(5문단).

⑤ 에밀리 데이비슨은 여성에게도 선거권을 부여해 달라는 메시지를 전하기 위해 달리는 말에 뛰어들었습니다(4문단).

3 ㉠에서 '지금과 달리 과거에는'이라고 한 것으로 미루어 보아, 지금은 성별, 인종, 신분, 재산 등에 따라 참정권이 제한되지 않을 것입니다. 즉, 오늘날에는 대부분의 나라에서 일정 연령을 넘은 모든 사람에게 참정권을 부여한다고 추론할 수 있습니다.

✏️ 이 문제를 틀렸다면

㉠을 읽고 과거에는 어떠했는지 파악한 뒤, '지금과 달리'라는 말을 단서로 지금은 어떠할지 짐작해 봅니다.

4 이 글은 가장 기본적인 참정권인 선거권이 일정 연령 이상의 모든 사람에게 보장되기까지 많은 이들의 희생과 노력이 있었음을 설명하는 글입니다. 이와 관련 있는 선거의 원칙은 일정한 나이가 된 모든 사람에게 선거권을 주는 '보통 선거'의 원칙입니다.

실전 1

보석의 비밀

1 ⑤ 💡광물   **2** ③   **3** ①

4 (2) ✕   **5** ㉴

6 ❶ 광물 ❷ 광택 ❸ 내구성 ❹ 보석

어휘 다지기

1 (1) ① (2) ③ (3) ②

2 (1) 희소가치 (2) 내구성 (3) 결정

어휘 키우기

3 (2) ✔ (3) ✔

---

1 이 글은 광물이 보석으로 인정받기 위한 세 가지 조건을 설명하고 있습니다.

✏️ 이 문제를 틀렸다면

글에 나와 있는 내용이라고 해서 모두 중심 내용인 것은 아닙니다. 글 전체에서 가장 중심이 되는 내용이 무엇인지, 글쓴이가 무엇을 알려 주기 위해 이 글을 썼을지 생각해 봅니다.

2 1문단에서 광물은 그 종류가 4,000여 종에 이른다고 하였습니다. 이 수천 종의 광물 가운데 보석으로 인정받는 것이 70여 종입니다.

🔊 오답 피하기

① 광물 중에는 보석으로 인정받는 것도 있고, 그렇지 못한 것도 있습니다.

② 암석을 이루는 알갱이를 광물이라고 합니다.

④ 어떤 광물은 매우 단단하고 어떤 광물은 비교적 무른 것에서 알 수 있듯이, 광물은 제각기 독특한 성질을 가지고 있습니다.

⑤ 연필심의 재료로 쓰이는 흑연, 보석으로 인정받는 에메랄드와 다이아몬드는 모두 광물입니다.

3 ㉠에서는 광물의 한 예를 제시하였고, ㉡에서는 빛깔과 광택이 아름다운 보석의 세 가지 예를 제시하였습니다. ㉠과 ㉡은 모두 대상과 관련된 구체적인 예를 들어 설명하였으므로 예시의 설명 방법을 사용한 문장입니다.

✏️ 이 문제를 틀렸다면

다양한 설명 방법을 다시 확인합니다. 열거는 대상의 특징을 나열하여 설명하는 방법이고, 인과는 대상에 대해 원인과 결과의 관계를 중심으로 설명하는 방법입니다. 비교와 대조는 둘 이상의 대상에서 각각 공통점과 차이점을 찾아 설명하는 방법입니다.

4 ㉢의 앞 내용이나 ㉢이 있는 문단의 내용, 글 전체의

흐름 등을 살펴보았을 때, 팬시 컬러 다이아몬드는 가공할 필요가 없다는 내용을 추론하기는 어렵습니다.

🔊 오답 피하기

(1), (4) 보석 중에서도 희귀한 것이 더 높게 평가된다고 하면서 ㉢의 팬시 컬러 다이아몬드를 예로 들었으므로, 팬시 컬러 다이아몬드는 투명한 다이아몬드보다 희귀할 것이고 그래서 훨씬 비싸게 팔릴 것입니다.

(3) 불순물이 있어서 특정한 색을 띠게 된 팬시 컬러 다이아몬드가 비싸게 팔리는 보석이라는 내용을 통해 추론할 수 있습니다.

5 이 글에서 광물이 보석으로 인정받으려면 빛깔이나 광택이 아름답고, 희소가치가 있고, 내구성이 높아야 한다고 하였습니다. ㉮~㉲ 중에서 그러한 광물은 광택이 있는 아름다운 보라색을 띠고 희소하며 내구성이 높은 ㉴입니다.

✏️ 이 문제를 틀렸다면

이 글에서 설명한 보석의 세 가지 조건이 무엇인지 살펴봅니다.

6 1문단에서는 4,000여 종에 이르는 ❶광물 중에서 몇몇 광물이 귀한 보석으로 대접받는데, 광물이 보석으로 인정받기 위해서는 세 가지 조건이 필요하다고 하였습니다. 2문단에서는 빛깔과 ❷광택이 아름다워야 한다는 첫 번째 조건을, 3문단에서는 희소가치가 높아야 한다는 두 번째 조건을, 4문단에서는 ❸내구성이 뛰어나야 한다는 세 번째 조건을 설명하였습니다. 5문단에서는 이러한 세 가지 조건을 모두 만족하여 ❹보석으로 인정받는 광물은 70여 종에 불과하다고 하였습니다.

어휘 다지기

2 (1)의 빈칸에는 '드물기 때문에 인정되는 가치.'라는 뜻의 '희소가치'가, (2)의 빈칸에는 '물질이 변하지 않고 오래 견디는 성질.'이라는 뜻의 '내구성'이, (3)의 빈칸에는 '입자들이 규칙적으로 배열되어 일정한 모양을 이룬 것.'이라는 뜻의 '결정'이 들어가는 것이 알맞습니다.

어휘 키우기

3 '깨뜨릴 파(破)'가 사용된 낱말은 (2)의 '돌파(突破)'와 (3)의 '파기(破棄)'입니다. (1)의 '전파(傳播)'는 '뿌릴 파(播)'가 사용된 낱말입니다.

침묵의 음악, 〈4분 33초〉

1 ④　　　**2** ③ 💡타셋　　　**3** ④

4 소영　　　**5** (3)×

6 ❶케이지 ❷음표 ❸고요함 ❹음악

어휘 다지기

1 (1)③ (2)② (3)①

2 (1)반향 (2)영감 (3)지평

어휘 키우기

3 (1)㉠ (2)㉢ (3)㉡

---

1 이 글은 존 케이지가 작곡한 〈4분 33초〉를 다룬 글로, 이 곡의 특징과 의미를 설명하고 있습니다.

2 2문단에 따르면 〈4분 33초〉의 악보에는 '침묵'이라는 뜻의 '타셋(TACET)'이라는 글자가 적혀 있습니다.

> ✏️ 이 문제를 틀렸다면
> ①과 ②는 2문단을, ④와 ⑤는 1문단을 읽으며 확인해 봅니다.

3 3문단에 따르면 존 케이지는 방음이 잘되는 녹음실에서 미세한 소리를 들은 경험을 통해 세상에 완벽한 고요함은 없다는 사실을 깨닫고 이 곡을 만들었습니다.

> ✏️ 이 문제를 틀렸다면
> 존 케이지가 〈4분 33초〉를 작곡한 까닭을 설명하는 문단을 찾아봅니다.

4 ㉠의 앞 문장은 음악에 대한 고정 관념에서 벗어난 〈4분 33초〉가 오늘날 긍정적인 평가를 받는다는 내용이고, ㉠은 〈4분 33초〉가 처음 발표될 당시 평론가들의 평가는 그렇지 않았다는 내용입니다. 이를 종합해 보면, 당시 음악 평론가들은 〈4분 33초〉가 기존 음악을 따르지 않은 점을 비판했을 것이라고 추론할 수 있습니다.

> 🛑 오답 피하기
> 은지: ㉠의 앞뒤 내용이나 글의 전체적인 흐름으로 보아, 〈4분 33초〉의 연주 시간은 이 곡이 처음 발표될 당시에도 오늘날에도 평가 대상이 아니었습니다.
> 정원: ㉠에서 당시 음악 평론가들의 평가가 오늘날의 평가와 달랐다고 하였으므로, 당시 평론가들은 〈4분 33초〉에 찬사를 보내지 않았을 것입니다.

5 보기 는 1959년에 백남준이 〈존 케이지에 대한 경의〉라는 공연에서 아름다운 소리만이 아니라 잡다한 소

음도 음악에 포함될 수 있다는 메시지를 던졌다고 설명하였습니다. 그리고 이 글에서는 존 케이지가 〈4분 33초〉를 통해 일상적인 소리와 예술적인 음악 사이의 경계를 허물었다고 하였습니다. 따라서 백남준과 존 케이지는 모두 일상적인 소리와 예술적인 음악을 구분하지 않았음을 알 수 있습니다.

> 🛑 오답 피하기
> (1) "내 인생은 존 케이지를 만나기 이전과 이후로 나눌 수 있다."라는 백남준의 말을 통해 백남준이 존 케이지에게 영향을 받았음을 짐작할 수 있습니다. 또 1952년에 〈4분 33초〉가 처음 무대에 올랐고 1959년에 〈존 케이지에 대한 경의〉가 공연되었으므로 두 사람은 동시대 예술가일 것입니다.
> (2) 백남준이 공연에서 각종 소리가 녹음된 테이프를 틀고 피아노를 연주하다가 갑자기 피아노 줄을 끊어 버리며 악기를 부쉈다는 내용을 통해 짐작할 수 있습니다.

6 1문단에서는 존 ❶케이지가 작곡한 〈4분 33초〉의 첫 공연 모습을, 2문단에서는 총 세 악장으로 구성되어 있으며 ❷음표가 없이 오직 '타셋'이라는 글자만 적혀 있는 〈4분 33초〉 악보의 구성을, 3문단에서는 케이지가 방음이 잘되는 녹음실에서 세상 어디에도 완벽한 ❸고요함은 없다는 사실을 깨닫고 〈4분 33초〉를 작곡했음을, 4문단에서는 어떤 소리도 ❹음악이 될 수 있음을 보여 주었다는 〈4분 33초〉의 의미를, 5문단에서는 〈4분 33초〉가 오늘날 음악의 지평을 넓혔다는 평가를 받고 있음을 설명하였습니다.

어휘 다지기

2 (1)의 빈칸에는 '어떤 사건이나 발표 등이 세상에 영향을 미치어 일어나는 반응.'이라는 뜻의 '반향'이, (2)의 빈칸에는 '창조적인 활동과 관련한 기발하고 좋은 생각.'이라는 뜻의 '영감'이, (3)의 빈칸에는 '사물의 전망이나 가능성 등을 비유적으로 이르는 말.'이라는 뜻의 '지평'이 들어가는 것이 알맞습니다.

어휘 키우기

3 '넘기다'는 한 낱말이 여러 가지 뜻을 가진 다의어입니다. (1)에는 일정한 시간을 벗어나 지나게 한다는 ㉠의 뜻이, (2)에는 지나쳐 보낸다는 ㉢의 뜻이, (3)에는 종이를 젖힌다는 ㉡의 뜻이 알맞습니다.

내용의 타당성 판단하기

① 글에 나타난 주장이 가치 있고 중요한지, 근거가 주장과 관련이 있는지, 근거가 주장을 뒷받침하는지 살펴봅니다.

② 근거를 뒷받침하는 자료가 제시될 때는 사실 여부, 근거와의 관련성, 출처의 신뢰성을 바탕으로 자료의 타당성을 따져 봅니다.

확인 문제
117쪽

1 (3) ○ **2** 있고, 타당한

1 이 글의 주장은 지구 온난화를 막으려면 이산화 탄소의 배출을 줄여야 한다는 것입니다. 이는 지구 온난화 문제가 심각해지는 상황에서 가치 있고 중요하므로 타당합니다. 또한 이 글의 근거는 **2**문단과 **3**문단에서 제시하고 있는데, 우선 온실가스 중에서 이산화 탄소의 배출량이 가장 많다는 **2**문단의 근거는 주장과 관련이 있고 주장을 뒷받침하므로 타당합니다. 그러나 이산화 탄소가 아닌 메테인의 배출을 줄일 필요가 있다는 **3**문단은 주장을 뒷받침하지 못하므로 타당하지 않습니다.

2 자료 ㉮는 6대 온실가스 중에서 이산화 탄소가 전체 배출량의 91.4%를 차지한다는 것을 보여 주는 도표입니다. 이 자료는 이산화 탄소가 여러 온실가스 가운데 배출량이 가장 많다는 근거와 관련이 있고 출처가 '온실가스 종합 정보 센터'로 믿을 만하므로 타당한 자료입니다.

✏️ **이 문제를 틀렸다면**
자료의 타당성을 판단하려면 자료를 해석할 수 있어야 합니다. 제시된 자료가 어떤 내용을 전달하고 있는지 파악해 봅니다.

신조어 사용, 이대로 괜찮을까?

1 ④ **2** ③ 💡기성세대
3 ④, ⑤ **4** (2) ○

1 1문단의 "무분별한 신조어 사용은 여러 가지 문제를 초래하고 있습니다."와 5문단의 "지나친 신조어의 사용은 지양해야 합니다."를 통해, 글쓴이의 주장이 무분별한 신조어의 사용을 지양해야 한다는 것임을 알 수 있습니다.

2 3문단에서 신조어는 대체로 젊은 층에서 만들어지고 유행한다고 하였습니다.

✏️ **이 문제를 틀렸다면**
①은 2문단을, ②와 ⑤는 1문단을, ④는 5문단을 읽으며 확인해 봅니다.

3 ㉣은 무분별한 신조어 사용이 초래하는 문제 중 하나로, 주장과 관련이 있고 주장을 잘 뒷받침하므로 타당한 근거입니다. ㉤은 출처가 국립 국어원으로 믿을 만하지만, 그 내용이 해당 문단에서 제시하는 '신조어에 비속어가 포함된 경우가 많다'라는 근거와 관련이 없으므로 타당하지 않은 자료입니다.

⚠️ **오답 피하기**
① 내용이 재미있는지 아닌지는 근거의 타당성을 판단하는 기준이 아닙니다.
② ㉡은 주장과 관련이 있는 타당한 근거입니다.
③ ㉢은 타당한 자료이지만, 이는 유명한 위인의 의견이라서가 아닙니다. ㉢은 지식과 전문성을 갖춘 전문가의 의견이라 믿을 만하며, 근거를 잘 뒷받침하고 있기에 타당한 자료라고 판단할 수 있습니다.

4 ㉮의 앞뒤 내용은 신조어의 사용을 막을 수는 없지만, 지나친 사용은 지양해야 한다는 것입니다. 이는 신조어를 지나치게 사용하지 말자는 의미이므로, ㉮에는 지나친 것은 부족한 것보다 못하다는 뜻의 '과유불급(過猶不及)'이 들어가는 것이 알맞습니다.

✏️ **이 문제를 틀렸다면**
(1)~(3)에 제시된 사자성어를 ㉮에 하나씩 넣어 보고, 앞뒤 내용이 자연스럽게 연결되는 것을 찾아봅니다.

실전 1

로봇세를 도입하자

1 ④ 💡도입   2 ②   3 ②

4 대환   5 (2)○

6 ❶로봇세 ❷세금 ❸저해 ❹실직

어휘 다지기

1 (1)① (2)② (3)③

2 (1)세수 (2)향후 (3)유망

어휘 키우기

3 (1)∨ (3)∨

---

1 1문단의 "인간과 로봇이 공생하기 위해서는 로봇세를 도입해야 한다."와 5문단의 "로봇세를 도입하여 인간과 로봇이 함께 살아가는 미래를 만들어야 한다."를 통해 글쓴이가 로봇세 도입의 필요성을 설득하기 위해 이 글을 썼음을 알 수 있습니다.

2 3문단에서 "로봇에 대한 투자를 줄일 수 있다."라고 한 것은 로봇세를 도입할 때 일어날 수 있는 결과를 예상한 말이지, 실제로 로봇에 대한 투자가 줄어들고 있다는 말이 아닙니다. 각국이 로봇 산업을 적극적으로 육성하고 있다는 3문단의 내용을 고려하면, 로봇에 대한 투자는 오히려 늘어나고 있을 것이라고 짐작할 수 있습니다.

✒️ **이 문제를 틀렸다면**
①은 3문단을, ③과 ⑤는 1문단을, ④는 4문단을 읽으며 확인해 봅니다.

3 ㉠의 뒤 내용은 인간이 일을 하면 세금을 내지만, 자연인도 법인도 아닌 로봇은 일을 해도 세금을 내지 않는다는 것입니다. 이를 통해 기계인 로봇은 세금을 내지 않기 때문에 ㉠과 같은 문제가 생긴다고 짐작할 수 있습니다.

4 2문단에서 제시한 근거는 로봇세를 거두면 로봇으로 인해 부족해진 세금을 보전할 수 있다는 것입니다. 이 근거는 로봇세 도입이 필요하다는 주장을 잘 뒷받침해 주므로 타당하다고 판단할 수 있습니다.

오답 피하기 🚫
미정: 3문단에서 제시한 근거는 로봇세가 로봇 기술의 발전을 저해할 수 있다는 것입니다. 이 근거는 글쓴이의 주장을 제대로 뒷받침하지 못하므로 타당한 근거가 아닙니다.

새롬: 「일자리의 미래」 보고서는 세계 경제 포럼에서 발표한 것이므로, 출처가 분명하며 신뢰할 만합니다.

5 제시된 신문 기사는 사람을 대신하여 로봇이 생산 공정을 수행하는 전기차 공장을 소개하고 있습니다. 이 글의 글쓴이는 로봇으로 인해 사람이 일자리를 잃는 이러한 상황에 문제의식을 느끼고, 로봇세를 거두어 실직한 사람들의 취업을 지원해야 한다고 말할 것입니다.

✒️ **이 문제를 틀렸다면**
사람이 하던 일을 로봇이 하게 된 상황과 관련하여 글쓴이가 가지고 있는 생각을 글에서 찾아봅니다.

6 1문단에서 글쓴이는 인간과 로봇이 공생하기 위해 ❶로봇세를 도입해야 한다고 주장하였습니다. 그리고 그 근거로 2문단에서 로봇세가 로봇으로 인해 부족해진 ❷세금을 보전하는 방법이 될 수 있다는 점을, 3문단에서 로봇세가 로봇 기술의 발전을 ❸저해할 가능성이 높다는 점을, 4문단에서 로봇세가 로봇 때문에 ❹실직한 사람들에게 직업 훈련을 제공하여 취업을 지원할 수 있다는 점을 들었습니다. 마지막으로 5문단에서는 로봇세를 도입하여 인간과 로봇이 함께 살아가는 미래를 만들어야 한다며 주장을 다시 한번 강조하였습니다.

어휘 다지기

2 (1)의 빈칸에는 '정부가 국민에게서 세금으로 거두어 들여 얻는 수입.'이라는 뜻의 '세수'가, (2)의 빈칸에는 '이것에 뒤이어 오는 때나 자리.'라는 뜻의 '향후'가, (3)의 빈칸에는 '앞으로 잘될 듯한 희망이나 전망이 있음.'이라는 뜻의 '유망'이 들어가는 것이 알맞습니다.

어휘 키우기

3 (1)에 쓰인 '재방송'은 '방송'에 '재-'가 붙어 '라디오, 텔레비전 등에서 이미 방송하였던 프로그램을 다시 방송함.'이라는 뜻을 가지는 낱말이고, (3)에 쓰인 '재수사'는 '수사'에 '재-'가 붙어 '범인이나 범죄에 대한 증거를 다시 찾고 조사함.'이라는 뜻을 가지는 낱말입니다. (2)에 쓰인 '재학생'은 '학교에 소속되어 공부하는 학생.'이라는 뜻으로, 제시된 '재-'가 붙어 만들어진 낱말이 아닙니다.

124~127쪽

간접 광고의 문제점

1 (1) ○　　　**2** ②, ④ 💡프로그램　　　**3** ④

4 ③　　　**5** 인주

6 ❶ 간접 광고　❷ 완성도　❸ 권리　❹ 불쾌감　❺ 규제

어휘 다지기

1 (1) ①　(2) ③　(3) ②

2 (1) 의사　(2) 노골적　(3) 권익

어휘 키우기

3 (1) ㉢　(2) ㉠　(3) ㉡

---

1 "간접 광고는 시청자의 몰입을 방해하고 눈살을 찌푸리게 한다"는 간접 광고의 문제점을 서술한 문장으로, 과도한 간접 광고를 부정적으로 바라보는 글쓴이의 관점이 담겨 있습니다.

오답 피하기 💬

(2), (3) 각각 방송법과 간접 광고에 대한 정보를 사실대로 전달하는 문장입니다.

2 **3**문단에 따르면 프로그램의 앞과 뒤에 붙어 방송되는 것은 간접 광고가 아니라 일반적인 광고입니다. 또 **1**문단에 따르면 2010년에 「방송법」을 개정하여 간접 광고를 허용하면서 간접 광고가 늘어났습니다.

🖊 **이 문제를 틀렸다면**

①은 **2**문단을, ③은 **5**문단을, ⑤는 **4**문단을 읽으며 확인해 봅니다.

3 ㉠이 속한 **5**문단을 살펴보면, 글쓴이는 간접 광고가 제품을 점점 더 노골적으로 홍보한다면서 지나친 간접 광고를 규제하지 않았을 때 ㉠이 넘쳐 나게 될 것이라고 하였습니다. 이러한 내용으로 보아 ㉠은 특정 제품을 광고하는 것이 목적인 듯한 방송을 뜻한다고 짐작할 수 있습니다.

4 **4**문단에서 제시한 두 개의 설문 조사 자료는 간접 광고로 인해 불쾌감을 느끼거나 몰입에 방해를 받는 시청자가 많다는 내용입니다. 이는 간접 광고가 시청자의 몰입을 방해하고 권리를 침해한다는 근거를 잘 뒷받침해 주므로 타당한 자료라고 볼 수 있습니다.

오답 피하기 💬

① **4**문단은 글의 중요한 내용을 강조한 문단이 아니라, 근거를 뒷받침하는 자료를 제시한 문단입니다.

② 글쓴이의 주장은 **4**문단이 아닌 **5**문단에 직접적으로 드러나 있습니다.

④ 글쓴이는 광고를 아예 없애야 한다고 주장하는 것이 아니라, 지나친 간접 광고를 규제해야 한다고 주장합니다.

⑤ 두 기관은 정부 산하 기관이므로 믿을 만한 출처라고 볼 수 있습니다.

5 사극에 나온 억지스러운 간접 광고를 보고 황당했다는 인주의 의견은 무리하게 끼워 넣은 간접 광고가 시청자의 눈살을 찌푸리게 한다는 글쓴이의 의견과 비슷합니다.

🖊 **이 문제를 틀렸다면**

글쓴이는 지나친 간접 광고에 대해 부정적인 입장입니다. 기정, 민희, 인주, 상지 중에서 간접 광고의 문제점을 지적한 친구를 찾아봅니다.

6 1문단에서 글쓴이는 2010년에 「방송법」을 개정하여 ❶간접 광고를 허용한 이후 과도한 간접 광고로 인한 문제가 나타나고 있다고 하였습니다. 그리고 2문단과 3문단에서 프로그램의 ❷완성도를 떨어트리고 시청자가 광고를 보지 않을 ❸권리를 제한한다는 간접 광고의 문제점을 제시하였습니다. 4문단에서는 간접 광고 때문에 ❹불쾌감을 느끼거나 프로그램에 몰입하는 데 방해를 받는 사람이 많다는 자료를 통해 앞서 제시한 근거를 뒷받침하였습니다. 5문단에서는 이러한 문제점을 근거로 지나친 간접 광고를 ❺규제해야 한다고 주장하였습니다.

어휘 다지기

2 (1)의 빈칸에는 '무엇을 하고자 하는 생각.'이라는 뜻의 '의사'가, (2)의 빈칸에는 '숨김없이 모두를 있는 그대로 드러내는 것.'이라는 뜻의 '노골적'이, (3)의 빈칸에는 '권리와 그에 따르는 이익.'이라는 뜻의 '권익'이 들어가는 것이 알맞습니다.

어휘 키우기

3 '고르다'는 형태는 같지만 뜻이 서로 다른 동형어입니다. (1)에는 높낮이의 차이가 없이 한결같다는 ㉢의 뜻이, (2)에는 여럿 중에서 뽑는다는 ㉠의 뜻이, (3)에는 울퉁불퉁한 것을 평평하게 한다는 ㉡의 뜻이 알맞습니다.

두 글의 관점 분석하기

① 두 글에서 공통으로 다루는 대상이 무엇인지 파악합니다.

② 글의 제목과 글쓴이의 생각이 드러나는 표현을 통해 글쓴이의 관점을 각각 파악합니다.

③ 두 글의 관점 차이를 비교하며 분석해 봅니다.

확인 문제

129쪽

1 ④　　　　**2** (2) ○

---

1 글 **가**는 패스트푸드가 건강에 해롭다는 내용이고, 글 **나**는 패스트푸드가 건강한 음식으로 변화하고 있다는 내용입니다. 따라서 글 **가**와 **나**에서 다루는 대상은 모두 '패스트푸드'입니다.

✎ 이 문제를 틀렸다면

두 글에서 자주 등장하는 말이 무엇인지 확인해 봅니다.

2 글 **나**는 조리법을 바꾸고 재료의 질을 높인 건강한 패스트푸드를 선보이는 것을 패스트푸드의 '건강한 변신'이라고 말하며 이를 긍정하고 있습니다. "몸에 좋고 맛도 좋은 패스트푸드를 접하게 되지 않을까?"에는 이러한 글쓴이의 관점이 잘 드러납니다.

오답 피하기 ❗

(1) 글 **가**는 "이렇게 빠르고 맛있는 음식이 건강에도 이롭다고 볼 수는 없다.", "빠르게 조리되는 패스트푸드가 그만큼 우리 몸을 빠르게 망칠 수 있는 것이다."라고 하여 패스트푸드가 건강에 나쁘다는 점을 강조하고 있습니다.

해도 되는 거짓말이 있을까?

1 선의의 거짓말　　　**2** (2) ×

3 ④　　　　　　**4** (1) **가** (2) **나** 💡 거짓말

---

1 글 **가**는 선의의 거짓말이 필요함을 주장하는 글이고, 글 **나**는 선의의 거짓말을 해서는 안 된다고 주장하는 글입니다. 따라서 글 **가**와 **나**에서 공통으로 다루는 대상은 '선의의 거짓말'입니다.

2 글 **가**에서는 선의의 거짓말이 친구의 목숨을 구하는 좋은 결과를 만들 수 있다고 하였고, 글 **나**에서는 선의의 거짓말이 언제나 좋은 결과를 가져오는 것은 아니라고 하였습니다. 따라서 선의의 거짓말은 좋은 결과를 낳을 수도 있고 나쁜 결과를 낳을 수도 있는 것이지, 언제나 나쁜 결과를 낳는 것은 아닙니다.

✎ 이 문제를 틀렸다면

(1)은 글 **가**의 1문단을, (3)은 글 **가**의 3문단과 글 **나**의 1문단을, (4)는 글 **가**의 1문단을 읽으며 확인해 봅니다.

3 글 **가**와 **나**에서 공통으로 다루는 대상은 '선의의 거짓말'입니다. 이에 대한 글 **나**의 관점은 선의의 거짓말이 타인이 아니라 자신을 위한 것이고 언제나 좋은 결과를 가져오는 것도 아니기에 선의의 거짓말을 허용해서는 안 된다는 것입니다.

오답 피하기 ❗

①, ②, ⑤ 글 **가**의 관점은 타인을 배려하기 위해 선의의 거짓말이 필요하거나 정직함보다 중요한 가치를 지켜야 하는 상황에서는 선의의 거짓말을 용인할 수 있다는 것입니다.

③ 글 **나**의 글쓴이는 도덕규범에 예외를 둔다면 규범 자체가 무너질 수 있다고 하였습니다.

4 보기 의 "이 약을 먹으면 곧 나아질 거라는 의사의 말"은 환자의 병을 낫게 하려는 선의의 거짓말이라고 볼 수 있습니다. 이에 대해 글 **가** 글쓴이는 거짓말을 하면 안 된다는 도덕규범보다 환자의 치료가 더 중요한 가치라고 생각하여 (1)과 같이 말할 것입니다. 반면 글 **나**의 글쓴이는 선한 의도에서 비롯된 거짓말도 결국 남을 속이는 행위라는 생각에서 (2)와 같이 말할 것입니다.

빛의 두 얼굴

1 ⑤ 💡고마운 **2** ③ **3** (2)○

4 ③   **5** ④

6 ❶ 인공조명 ❷ 형광등 ❸ 피해 ❹ 야행성 ❺ 수면

어휘 다지기

1 (1)① (2)② (3)③

2 (1)발병 (2)공해 (3)효율

어휘 키우기

3 (1) V (2) V

---

1 글 **가** 는 인공조명의 발전 과정과 인공조명 덕분에 편리하고 풍족하게 변화한 인류의 삶을 다루고 있으므로, 이를 표현한 "인공조명, 인류에게 풍요로움을 선물하다."가 제목으로 가장 어울립니다.

2 글 **나** 의 3문단에 따르면, 빛 공해가 수면 장애를 유발하는 까닭은 늦은 밤에도 밝은 상태가 유지되면 수면을 유도하는 호르몬인 멜라토닌이 분비되지 않기 때문입니다.

✏️ **이 문제를 틀렸다면**

①과 ④는 2문단을, ②와 ⑤는 1문단을 읽으며 확인해 봅니다.

3 글 **가** 의 3문단에서 인공조명 덕분에 늦은 시간까지 공장을 돌릴 수 있게 되어 생산량이 크게 늘었다고 하였습니다. 이를 통해 인공조명으로 생산량이 늘면서 생활이 풍족해졌을 것이라고 짐작할 수 있습니다.

⚠️ **오답 피하기**

(1) 2문단에서 형광등이 백열전구보다 전기를 훨씬 덜 쓴다고 하였으므로, 형광등은 백열전구보다 전력을 덜 소모할 것입니다.

(3) 1문단에서 인공조명이 없던 시절에는 촛불에 의지해 어둠을 이겨 냈다고 한 것으로 보아, 인공조명이 개발되지 않았을 때에도 촛불로 어둠을 밝힐 수 있었을 것입니다.

4 글 **나** 의 내용으로 볼 때, ㉠의 '인간과 자연 생태계'는 빛 공해로 인해 피해를 입고 있습니다. 이를 고려하면 ㉠의 뜻은 빛 공해를 줄이기 위해 인공조명을 끄자는 의견이 담긴 말임을 짐작할 수 있습니다.

✏️ **이 문제를 틀렸다면**

㉠은 글쓴이가 말하려는 바를 간접적으로 나타낸 함축적 표현입니다. 이러한 표현의 의미를 추론할 때는 글의 내용을 바탕으로 글쓴이가 무엇을 말하고자 했을지를 생각해 봅니다.

5 글 **가** 는 "인공조명은 인류의 삶에 획기적인 변화를 가져왔다.", "인공조명은 인류에게 편리하고 풍족한 삶을 선사한 고마운 발명품이다." 등의 표현에서 알 수 있듯이, 인공조명이 가져온 풍족한 삶을 강조하고 있습니다. 이와 달리 글 **나** 는 "인공조명이 빛 공해가 되고 있다.", "빛 공해는 우리에게 여러 가지 해로운 영향을 끼친다." 등의 표현에서 알 수 있듯이, 인공조명의 해로운 영향을 강조하고 있습니다.

⚠️ **오답 피하기**

① 글 **가** 에만 해당하는 설명입니다.

② 글 **나** 에만 해당하는 설명입니다.

③, ⑤ 글 **가** 에 대한 분석은 맞지만, 글 **나** 에 대한 분석은 맞지 않습니다.

6 글 **가** 의 글쓴이는 1문단에서 1879년에 토머스 에디슨이 백열전구를 개발하면서 ❶ 인공조명의 시대가 열렸음을, 2문단에서 백열전구의 단점을 개선한 ❷ 형광등이 등장했고 이후 엘이디 조명이 개발되었음을 설명하였습니다. 그리고 3문단에서는 이러한 인공조명이 인류에게 편리하고 풍족한 삶을 선사한 고마운 발명품이라고 하였습니다. 반면 글 **나** 의 글쓴이는 1문단에서 빛 공해란 과도한 인공 빛이 인체나 자연환경 등에 ❸ 피해를 주는 것이라고 하였습니다. 그리고 2문단에서는 이러한 빛 공해가 식물, ❹ 야행성 동물, 철새 등에게 피해를 준다는 점을, 3문단에서는 인간에게 ❺ 수면 장애를 유발한다는 점을 설명하였습니다. 마지막으로 4문단에서는 인간과 자연 생태계를 생각한다면 지구가 좀 더 어두워질 필요가 있다고 하였습니다.

어휘 다지기

2 (1)의 빈칸에는 '병이 남.'이라는 뜻의 '발병'이, (2)의 빈칸에는 '산업이나 교통의 발달 등으로 사람과 생물의 생활 환경이 입게 되는 여러 가지 피해.'라는 뜻의 '공해'가, (3)의 빈칸에는 '들인 노력과 얻은 결과의 비율.'이라는 뜻의 '효율'이 들어가는 것이 알맞습니다.

어휘 키우기

3 (1)에 쓰인 '위험성'은 '위험'에 '-성'이 붙어 '위험하거나 그렇게 될 가능성이 있는 성질.'이라는 뜻을 가지는 낱말이고, (2)에 쓰인 '사교성'은 '사교'에 '-성'이 붙어 '남과 사귀기를 좋아하거나 쉽게 사귀는 성질.'이라는 뜻을 가지는 낱말입니다. (3)에 쓰인 '미완성'은 '아직 덜 됨.'이라는 뜻으로, 제시된 '-성'이 붙어 만들어진 낱말이 아닙니다.

학교 안에 CCTV를 설치한다면

1 의무화   **2** ③   **3** ⑤

4 태진   **5** ④ 💡기여, 인권

6 ❶ 학교 ❷ 예방 ❸ 안전한 ❹ 교사

어휘 다지기

1 (1) ③ (2) ② (3) ①

2 (1) 온상 (2) 경각심 (3) 경위

어휘 키우기

3 (3) V

---

1 글 **가**와 **나**가 공통으로 다루는 대상은 '교내 CCTV 설치 의무화'이며, 이에 대해 글 **가**는 찬성하고 글 **나**는 우려하고 있습니다. 그러므로 빈칸에 공통으로 들어갈 말은 '의무화'입니다.

2 글 **가**의 1문단을 보면 초·중·고등학교의 CCTV 설치는 의무 사항이 아닐 뿐, 법으로 금지되어 있는 것은 아닙니다. 또 글 **나**에서 전국의 학교에 설치된 CCTV 대수가 늘고 있다고 하였는데, 이는 교내 CCTV가 법으로 금지되어 있다면 불가능한 일입니다.

✏️ **이 문제를 틀렸다면**
①과 ④는 글 **가**의 1문단을, ②는 글 **나**의 1문단을, ⑤는 글 **가**의 2문단을 읽으며 확인해 봅니다.

3 ㉤은 사실을 있는 그대로 전달하는 문장으로, 글쓴이의 관점이 담겨 있지 않습니다.

✏️ **이 문제를 틀렸다면**
관점이 드러난 문장에서는 대상에 관한 글쓴이의 생각을 알 수 있습니다. ㉠~㉤을 글쓴이의 생각을 알 수 있는 문장과, 사실을 있는 그대로 전달하는 문장으로 구분해 봅니다.

4 글 **가**의 「학교 폭력 실태 조사」 결과에서 전체 학교 폭력의 절반 이상이 학교 안에서 발생했다고 하였으므로, 나머지 절반가량은 학교 밖에서 발생했을 것입니다.

오답 피하기 ❗
상희: 글 **가**의 2문단에서 CCTV에 촬영된 영상으로 범죄 사건의 경위를 파악하고 증거물로 활용할 수 있다고 한 것으로 보아, CCTV가 있는 곳에서도 사건이나 사고가 일어날 것입니다.
명경: 글 **나**의 2문단에서는 교내 CCTV 설치가 학생과 교사의 인권을 침해한다며, 그 사례로 CCTV가 이들의 사생활을

침해하고 표현의 자유를 제약하는 것을 들었습니다. 이를 통해 사생활 보호와 표현의 자유가 인권과 관련이 있다고 짐작할 수 있습니다.
구민: 글 **나**의 1문단에서 안전한 학교를 만들기 위해서는 인성 교육과 폭력 예방 교육을 강화해야 한다고 하였습니다. '강화'는 이미 하고 있던 것의 수준이나 정도를 더 높이는 것이므로, 이미 이러한 교육이 이루어지고 있을 것입니다.

5 글 **가**는 교내 CCTV 설치에 대해 "학교 폭력과 범죄를 예방할 수 있습니다.", "범죄 사건이 생겼을 때 도움이 됩니다.", "학교를 안전한 장소로 만드는 데 기여합니다."라며 긍정적 효과를 강조합니다. 반면 이에 대해 글 **나**는 "학교 폭력과 범죄를 완벽하게 근절할 방안이 될 수 없습니다.", "만병통치약이 아닙니다.", "학생과 교사의 인권을 침해한다는 중대한 문제가 있습니다."라며 부정적 영향을 강조합니다.

6 글 **가**의 글쓴이는 1문단에서 ❶학교 안에서 폭력과 범죄가 빈번하게 일어나고 있으므로 교내 CCTV 설치를 의무화해야 한다고 주장하였고, 2문단에서 교내 CCTV가 학교 폭력과 범죄를 ❷예방하여 학교를 안전한 장소로 만드는 데 기여할 수 있다는 근거를 제시하였습니다. 반면 글 **나**의 글쓴이는 1문단에서 교내 CCTV 설치로 학교 폭력과 범죄를 근절할 수 없으며 ❸안전한 학교를 만들기 위해서는 다각적이고 장기적인 노력이 필요하다는 점을, 2문단에서 교내 CCTV 설치는 학생과 ❹교사의 인권을 침해한다는 점을 들어 교내 CCTV 설치 의무화에 신중한 태도를 보였습니다.

어휘 다지기

2 (1)의 빈칸에는 '어떤 현상이나 사상, 세력 등이 자라나는 바탕을 비유적으로 이르는 말.'이라는 뜻의 '온상'이, (2)의 빈칸에는 '정신을 차리고 주의 깊게 살피어 경계하는 마음.'이라는 뜻의 '경각심'이, (3)의 빈칸에는 '일이 진행되어 온 과정.'이라는 뜻의 '경위'가 들어가는 것이 알맞습니다.

어휘 키우기

3 '일어나다'는 한 낱말이 여러 가지 뜻을 가진 다의어입니다. 제시된 문장에서 '일어나다'는 '어떤 일이 생기다.'라는 뜻으로 쓰였으며, 이와 같은 뜻의 '일어나다'가 쓰인 것은 (3)입니다. (1)에서는 '일어나다'가 '누웠다가 앉거나 앉았다가 서다.'라는 뜻으로, (2)에서는 '잠에서 깨어나다.'라는 뜻으로 쓰였습니다.

⑫ 자료를 통해 문제 해결하기

① 글에서 모르는 내용이나 더 알고 싶은 내용을 생각해 봅니다.
② 다양한 자료의 특성을 고려하여, 문제 해결에 도움이 되는 자료를 찾아봅니다.

확인 문제
141쪽

1 (1) ② (2) ① (3) ③　　　　**2** (2) ○

1 화전태의 춤사위는 대상의 움직임을 잘 보여 주는 춘앵전 공연 영상(②)을 찾는 것이, 춘앵전을 출 때 입는 옷의 생김새는 대상의 모습을 한눈에 알 수 있는 사진(①)을 찾는 것이, 다양한 전통 무용에 대한 정보는 책(③)을 찾는 것이 적절합니다.

✎ 이 문제를 틀렸다면
사진, 동영상, 글의 특성을 생각해 봅니다. 사진은 대상의 정확한 모습을, 동영상은 대상의 움직임이나 소리 등의 특징을, 글은 대상에 대한 자세한 정보를 알 수 있는 자료입니다.

2 은규가 찾은 자료는 14세에 춘앵전을 비롯한 우리 무용을 배워 평생 동안 이를 전승하고자 노력했던 김천홍 선생에 대한 설명입니다. 이는 "춘앵전은 어떻게 큰 변형 없이 전해 내려올 수 있었을까?"라는 질문에 답이 되는 내용입니다.

오답 피하기 ❗
(1) 효명 세자가 어머니를 위해 춘앵전을 지었다는 이 글의 내용을 통해 해결할 수 있는 질문입니다. 게다가 은규가 찾은 자료는 춘앵전을 처음 만든 사람에 대한 내용이 아닙니다.

고추의 역사

1 ②　　　　**2** ⑤ 💡후추　　　　**3** ③, ⑤
4 (1) ○

1 이 글은 15세기 말에 인도를 찾아 나선 콜럼버스가 아메리카 대륙에 도착하여 고추를 발견하고 이를 유럽에 소개하면서 고추가 전 세계로 전파된 과정을 설명하고 있습니다.

2 2문단에 따르면 콜럼버스는 후추를 대신할 향신료를 찾기 위해서가 아니라, 가격이 천정부지로 치솟은 후추를 인도에서 직접 가져오기 위해서 항해를 시작했습니다.

✎ 이 문제를 틀렸다면
①과 ③은 4문단을, ②는 1문단을, ④는 5문단을 읽으며 확인해 봅니다.

3 후추는 먼 인도에서 아라비아를 거쳐 유럽으로 수입해 와야 했기 때문에(⑤) 가격이 무척 비쌌습니다. 게다가 오스만 제국이 후추의 교역로를 전부 막아 버리고(③), 베네치아 상인들이 후추 판매를 독점하도록 함으로써 후추 가격이 치솟았습니다.

오답 피하기 ❗
① 후추 판매를 독점한 것은 인도가 아니라 베네치아 상인들입니다(3문단).
② 이 글에서 확인할 수 없습니다.
④ 후추의 가격이 무척 비쌌기 때문에 후추에 '검은 금'이라는 별칭이 붙은 것입니다(2문단).

4 콜럼버스가 인도를 찾아 서쪽으로 항해한 과정을 알려면 콜럼버스의 탐험 일대기를 다룬 책에서 그 내용을 찾아보는 것이 적절합니다.

오답 피하기 ❗
(2), (3) 콜럼버스의 항해 과정에 관한 정보가 담겨 있지 않은 자료입니다.

실전 1

동물 실험은 필요한가?

1 ② **2** (1) ㉮, ㉣ (2) ㉯, ㉰

3 ③ 💡안전한 **4** (2) × **5** ④

6 ❶ 희생 ❷ 고통 ❸ 치료법 ❹ 대체

어휘 다지기

1 (1) ③ (2) ② (3) ①

2 (1) 실효성 (2) 비윤리적 (3) 신종

어휘 키우기

3 (1) ⓒ (2) ㉠ (3) ⓛ

---

1 우리나라에서 실험에 동원되는 동물의 수가 매년 약 500만 마리에 달한다는 설명은 있지만(2문단), 세계적으로 매년 몇 마리의 동물이 실험에 동원되는지는 이 글에 나와 있지 않습니다.

✏️ **이 문제를 틀렸다면**
①은 5문단을, ③은 3문단을, ④와 ⑤는 1문단을 읽으며 확인해 봅니다.

2 ㉠이 제시하는 근거는 2~3문단에, ㉡이 제시하는 근거는 4~5문단에 나와 있습니다. ㉠은 동물 실험이 잔인하고 비윤리적인 데다가(㉮), 동물 실험을 거쳐도 인간에 대한 안전성이 보장되는 것은 아니라는 점(㉣)을 근거로 듭니다. ㉡은 인간에게 안전한 치료법을 개발하기 위해 동물 실험은 불가피하며(㉯), 현재 동물 실험을 완벽하게 대체할 방법이 없다는 점(㉰)을 근거로 듭니다.

3 인간에게 안전한 치료법을 개발하려면 동물 실험이 필요하다는 ⓒ의 앞 내용으로 보아, ⓒ에는 동물 실험을 하지 않고 개발한 약을 인간에게 사용하면 심각한 부작용이 나타나는 등 위험할 수 있다는 내용이 들어가야 합니다.

✏️ **이 문제를 틀렸다면**
ⓒ이 속한 문단에는 동물 실험에 찬성하는 사람들의 의견이 나와 있습니다. 이들의 입장에서 ⓒ에 들어갈 말이 무엇일지 생각해 봅니다.

4 동물 실험을 대체할 신기술은 동물의 영상이 아니라, 이러한 신기술에 대한 자세한 정보를 알려 주는 글이나 영상 등의 자료를 찾아보아야 알 수 있습니다.

✏️ **이 문제를 틀렸다면**
신문 기사, 영상, 통계 자료의 특성이 무엇인지 생각해 봅니다.

5 제시된 포스터에는 동물 실험에 반대하는 관점이 나타나 있습니다. ④는 동물 실험이 인간에 대한 안전성을 보장해 주지 않아 실효성이 낮다는 말로, 동물 실험에 반대하는 의견입니다.

오답 피하기 🚫
①, ②, ③, ⑤ 동물 실험에 찬성하는 사람들이 말할 만한 의견입니다.

6 1문단은 동물 실험이 여러 치명적인 질병에 대한 백신을 만들었지만, 동물을 ❶희생시킨다는 비판을 받기도 한다는 내용입니다. 2~3문단은 동물 실험에 반대하는 의견으로서 2문단은 인간의 이익을 위해 동물에게 ❷고통을 주는 것이 비윤리적이라는 내용이고, 3문단은 동물 실험이 비윤리성을 감수할 만큼 효과적이지 않으므로 다른 실험으로 대체해야 한다는 내용입니다. 한편 4~5문단은 동물 실험에 찬성하는 의견으로서 4문단은 인간에게 안전한 ❸치료법을 개발하기 위해 동물 실험이 불가피하다는 내용이고, 5문단은 당장 동물 실험을 금지할 수 없으므로 ❹대체 실험이 개발될 때까지 동물의 고통을 최소화하여 실험을 실시해야 한다는 내용입니다.

어휘 다지기

2 (1)의 빈칸에는 '실제로 효과를 나타내는 성질.'이라는 뜻의 '실효성'이, (2)의 빈칸에는 '사람이 마땅히 지켜야 할 도리를 따르지 않는 것.'이라는 뜻의 '비윤리적'이, (3)의 빈칸에는 '새로운 종류.'라는 뜻의 '신종'이 들어가는 것이 알맞습니다.

어휘 키우기

3 '이상'은 형태는 같지만 뜻이 서로 다른 동형어입니다. (1)에는 정상적인 상태와 다르다는 ⓒ의 뜻이, (2)에는 일정한 기준보다 더 많다는 ㉠의 뜻이, (3)에는 가장 완전하다고 여겨지는 상태라는 ⓛ의 뜻이 알맞습니다.

빅 데이터 전문가

1 ④　　　**2** ②, ④　　　**3** (3) ×

4 ③ 💡 시각적　**5** (1) ㉮ (2) ㉯

6 ❶ 데이터 ❷ 통계학 ❸ 분야 ❹ 수요

어휘 다지기

1 (1) ③ (2) ② (3) ①

2 (1) 이면 (2) 동향 (3) 차세대

어휘 키우기

3 (1) V (2) V

---

1 빅 데이터 전문가와 관련된 자격증에 대한 설명은 이 글에 나와 있지 않습니다.

✎ **이 문제를 틀렸다면**
①은 **1**문단을, ②는 **5**문단을, ③은 **2**문단을, ⑤는 **3**문단을 읽으며 확인해 봅니다.

2 **3**문단의 "데이터를 분석할 때 통계 프로그램을 사용하기 때문입니다."와 **1**문단의 "우리가 접속한 인터넷 사이트와 애플리케이션에는 검색 기록, 구매 정보, 대화 내역 등이 차곡차곡 쌓입니다."를 통해 ②와 ④가 알맞은 내용임을 알 수 있습니다.

오답 피하기 ❗
① 국내 빅 데이터 시장의 규모는 매년 10% 이상씩 커지는 추세입니다(**5**문단).
③ 빅 데이터 전문가는 방대한 데이터를 분석하여 가치 있는 결과물을 도출하는 사람입니다(**2**문단). **2**문단에서 말한 '광산'과 '광물'은 각각 '방대한 빅 데이터'와 '가치 있는 결과물'을 비유한 표현입니다.
⑤ 연구 데이터를 통해 과학 현상을 예측하는 사람은 연구소의 빅 데이터 전문가입니다(**4**문단).

3 **3**문단은 빅 데이터 전문가에게 필요한 지식과 능력을 나열하여 설명하고 있으므로, 분류가 아닌 열거의 설명 방법을 사용하였습니다.

오답 피하기 ❗
(1) **1**문단에서는 미래 사회를 연구하는 미래학자들의 말을 제시하여 빅 데이터의 중요성을 강조하였습니다.
(2) **2**문단에서는 빅 데이터를 무엇이 묻혀 있을지 모르는 거대한 광산에 빗대어 표현하였습니다.
(4) **4**문단에서는 빅 데이터 전문가가 활동하는 분야의 구체적인 예로 기업, 연구소, 정부 기관 등을 들었습니다.

4 ㉠이 포함된 문장과 그 뒤 문장을 살펴보면, 빅 데이터 전문가는 데이터를 어디에 활용할지 기획하고(기획) 필요한 데이터를 수집하여(수집) 이를 통계적으로 분석한 다음(분석) 일반인이 알아보기 쉽게 시각적으로 나타내는 작업(㉠시각화)을 합니다. 그러므로 자전거 사고 위험이 높은 도로를 지도에 시각적으로 표시하는 것이 ㉠의 사례입니다.

오답 피하기 ❗
①은 분석, ②는 수집, ④는 기획에 해당하며, ⑤는 '기획, 수집, 분석, 시각화'의 과정을 거쳐 결론을 내리는 작업입니다.

5 ㉮를 해결하는 데는 빅 데이터의 특징을 자세하게 설명해 놓은 백과사전 글인 (1)이 적절합니다. 그리고 ㉯를 해결하는 데는 빅 데이터 학과 교수가 축구 훈련에서 빅 데이터를 활용하는 방법에 대해 설명한 전문가 면담 자료인 (2)가 적절합니다.

6 1문단은 빅 데이터의 중요성이 강조되면서 미래를 이끌 차세대 직업으로 빅 데이터 전문가가 주목받고 있다는 내용입니다. 2문단은 빅 데이터 전문가가 방대한 ❶데이터를 분석하여 가치 있는 결과물을 도출하는 일을 한다는 내용이고, 3문단은 빅 데이터 전문가가 되기 위해서는 ❷통계학과 컴퓨터 공학에 대한 기본 지식, 논리적 사고력과 끈기, 최신 동향을 파악하고 적용하는 능력을 갖추어야 한다는 내용입니다. 4문단은 기업, 연구소, 정부 기관, 금융, 스포츠, 의료, 범죄 수사 등 빅 데이터 전문가가 활약하는 ❸분야에 대한 내용이고, 5문단은 빅 데이터 전문가에 대한 ❹수요가 꾸준히 증가할 것으로 전망된다는 내용입니다.

어휘 다지기

2 (1)의 빈칸에는 '겉으로 나타나지 않거나 눈에 보이지 않는 부분.'이라는 뜻의 '이면'이, (2)의 빈칸에는 '사람들의 사고, 사상, 활동이나 일이 되어 가는 형편 등이 움직여 가는 방향.'이라는 뜻의 '동향'이, (3)의 빈칸에는 '지금 세대가 지난 다음 세대.'라는 뜻의 '차세대'가 들어가는 것이 알맞습니다.

어휘 키우기

3 '쌓을 적(積)'이 사용된 낱말은 (1)의 '누적(累積)'과 (2)의 '적설량(積雪量)'입니다. (3)의 '적수(敵手)'는 '원수 적(敵)'이 사용된 낱말입니다.

용선생 추론독해 5단계

MEMO

MEMO

추론독해 5

정답과 해설

추론독해 ^{용년행} 5